व्यावसायिक संप्रेषण

'भारतीय बैंकर्स संस्थान' की एसोशिएट परीक्षा में निर्धारित

स्थापित 1912
100 वर्षों की
श्रेष्ठ प्रकाशन परम्परा
राजपाल

₹ 200

ISBN : 9788170281771

VYAASAYIK SAMPRESHAN (Business Communication)

by Dr. Anupchandra Bhayani

मुद्रक : जी.एस. ऑफसेट, दिल्ली

राजपाल एण्ड सन्ज़

1590, मदरसा रोड, कश्मीरी गेट, दिल्ली-110006

फोन : 011-23869812, 23865483, 23867791

website : www.rajpalpublishing.com

e-mail : sales@rajpalpublishing.com

www.facebook.com/rajpalandsons

व्यावसायिक संप्रेषण

(*Business Communication*)

इंडियन इंस्टीच्यूट आफ बैंकर्स के सिलेबस के अनुसार
एवं सरकारी कार्यालयों और उपक्रमों में
राजभाषा के सही प्रयोग के लिए सहायक

डॉ० अनूपचन्द्र पु. भायाणी

राजपाल

आमुख

मानव एक चिन्तनशील प्राणी है, फलतः उसके मन में नित नए विचार उत्पन्न होते रहते हैं और विचारों या भावों को प्रकट करने के लिए नैसर्गिक रूप में उसे कई साधन प्राप्त हैं। 'भाषा' उनमें से एक है। भाषा के द्वारा व्यक्ति अपने विचारों को सरलता से दूसरों तक पहुंचाता रहा है और विचारों के विनिमय की यही प्रक्रिया कालांतर में 'संप्रेषण' कहलायी। हम सभी जानते हैं कि विचारों को यदि लिपिबद्ध न किया जाए तो उनका दायरा अत्यंत सीमित हो जाता है। मानव को जब पहली बार इस बात का एहसास हुआ होगा, संभवतः तभी लेखन प्रणाली का विकास शुरू हुआ होगा और लेखनप्रणाली के प्रादुर्भाव के बाद मनुष्य ने अपने विचारों को चिरकाल तक सुरक्षित रखने के लिए पुस्तकों की रचना करना प्रारंभ किया होगा।

संप्रेषण, इस प्रकार, सदियों से मानव के लिए उपयोगी रहा है और आगे भी उपयोगी बना रहेगा। व्यक्ति के समान ही किसी राष्ट्र, संस्थान और विशेषकर व्यवसाय में संप्रेषण का महत्वपूर्ण स्थान है। व्यवसाय में इसका महत्व निर्विवाद है। यह सच है कि जो लोग सही प्रकार से, सही समय पर अपनी बात कहना और स्पष्टतः लिखना जानते हैं, आज के व्यवसाय में वे ही सफल हो पाते हैं। आज सरकार की उदार आर्थिक नीति एवं बैंकिंग उद्योग के आधुनिकीकरण के कारण बैंकिंग व्यवसाय में महत्वपूर्ण परिवर्तन परिलक्षित हो रहे हैं। इससे विश्वव्यापीकरण की ओर अग्रसर बैंकिंग में 'व्यावसायिक संप्रेषण' का महत्व और अधिक बढ़ जाता है।

भारतीय बैंकर्स संस्थान ने, जोकि बैंकों और अन्य वित्तीय संस्थानों के लिए असोसिएट एवं अन्य प्रमाणपत्र परीक्षाएं आयोजित करता है, परीक्षार्थियों को अपनी असोसिएट एवं अन्य कुछ प्रमाणपत्र परीक्षाओं में अंग्रेजी के साथ-साथ हिन्दी में भी उत्तर लिखने का विकल्प प्रदान किया हुआ है। परंतु, जैसा कि हम सभी जानते हैं कि संस्थान की विविध परीक्षाओं हेतु हिन्दी में मानक पाठ्य पुस्तकें उप-

लब्ध नहीं है। यद्यपि कुछ लोगों ने इस दिशा में प्रयास किए हैं परंतु, उनकी संख्या उंगलियों पर गिनने लायक है। ऐसी परिस्थिति में देना बैंक के मुख्य प्रबंधक (राजभाषा) डॉ० अनूपचन्द भायाणी ने 'व्यावसायिक संप्रेषण' जैसे महत्वपूर्ण विषय पर हिन्दी में पुस्तक लिखी है, इससे मुझे बहुत खुशी हुई है। आज बदलते आर्थिक परिवेश में संप्रेषण की विभिन्न विधाओं यथा, पत्र, रिपोर्ट, अभिवेदन इत्यादि से अनभिज्ञ व्यक्ति बैंकिंग में कदापि सफल नहीं हो सकता। वह चाहे जिस किसी पद पर कार्यरत हो उसके लिए 'संप्रेषण' की आधुनिक तकनीकों एवं साधनों को जानना नितांत आवश्यक है। लेखन एक कला है और अभ्यास एवं ज्ञान से उसमें और अधिक निखार लाया जा सकता है। बैंकिंग से जुड़े लोग भी संप्रेषण के महत्व को समझें और बिना किसी हिचकिचाहट से उचित संप्रेषण कर सकें इसी को मद्देनजर रखते हुए भारतीय बैंकर्स संस्थान ने असोसिएट परीक्षा के अपने हाल ही में संशोधित पाठ्यक्रम में इस विषय को शामिल किया है।

मुझे आशा है कि सरल, सुबोध भाषा में उदाहरण सहित समझाकर डॉ० भायाणी द्वारा हिन्दी में लिखी गई 'व्यावसायिक संप्रेषण' पुस्तक न केवल संस्थान की परीक्षाओं में बैठने वाले परीक्षार्थियों बल्कि अन्य बैंकरों एवं संस्थानों के लिए भी लाभप्रद सिद्ध होगी।

1 मई, 1994

रमेश डी पंड्या
मुख्य सचिव
भारतीय बैंकर्स संस्थान, बम्बई

आत्मनिवेदन

वर्षों से और विशेषत: बैंकिंग क्षेत्र में प्रवेश करने के बाद विभिन्न मंचों से शिकायत का स्वर मेरे कानों पर टकराता रहा कि तकनीकी विषयों पर हिन्दी में मानक साहित्य नहीं है और अगर है भी तो उसकी मात्रा नगण्य है। इच्छा हुई कि इस अभाव को दूर करने में मैं अपना विनम्र योगदान दूं। लेकिन, बम्बई की भाग-दौड़ और विभागीय उत्तरदायित्वों में यह इच्छा उलझ गई। यदि राजपाल एण्ड सन्ज़ की ओर से श्री सतीश कुमार जी का प्रताप सामने न आता तो पता नहीं इच्छा का बीज अंकुरित हो पाता या नहीं। शायद उसे मेरी सेवानिवृत्ति की प्रतीक्षा करनी पड़ती। लेकिन, उपर्युक्त प्रस्ताव ने ऐसा नहीं होने दिया इतना ही नहीं, उसने एक शक्तिशाली प्रेरणास्रोत की भूमिका निभायी। और इसके फलस्वरूप, विलंब से ही सही, प्रस्तुत है यह पुस्तक।

भारतीय बैंकर्स संस्थान द्वारा 1992 से सी० ए० आइ० आइ० बी० परीक्षा के लिए लागू किये गये नये पाठ्यक्रम में 'व्यावसायिक संप्रेषण' (Business Communication) का विषय और हिन्दी माध्यम से परीक्षा में बैठनेवाले हजारों विद्यार्थी मेरी दृष्टि समझ रहे हैं। पाठ्यक्रम में इस विषय के अध्ययन के लिए जिन अंग्रेजी पुस्तकों की सिफारिश की गयी है उनमें से उपलब्ध सभी पुस्तकों की सहायता आवश्यकतानुसार ली गयी है। एक-दो पुस्तकें मेरे गंभीर प्रयासों के बावजूद उपलब्ध नहीं हो सकीं। लेकिन, इस विषय पर या इससे संबंधित भिन्न-भिन्न विषयों पर हिन्दी एव अंग्रेजी में जो पुस्तकें लिखी जा चुकी हैं उन्होंने मेरी अवश्य सहायता की। पुस्तक के अंत में इन सभी संदर्भ ग्रंथों की सूची प्रस्तुत की गयी है। मंशा और कोशिश तो यही रही है कि इस विषय पर एक महत्वपूर्ण पुस्तक का सृजन करने में मैं निमित्त बनूं। इस पुस्तक को 'गाइड' या 'मार्गदर्शिका' का रूप न देने एवं सातवां अध्याय, जिसमें 'व्यावसायिक संप्रेषण के अन्य रूप' शीर्षक के अंतर्गत उन रूपों का समावेश किया गया है जो पाठ्यक्रम में नहीं हैं फिर भी जिनके बिना व्यावसायिक संप्रेषण की चर्चा अधूरी-सी लगती है, जोड़ने के पीछे यही

कारण है। तथापि, व्यावसायिक संप्रेषण का क्षेत्र इतना विस्तृत और व्यापक है और बैंकिंग सहित वाणिज्य के क्षेत्र में इतने बड़े परिवर्तन होते जा रहे हैं कि इसमें 'इदमित्थम्' की स्थिति संभव नहीं है। इसलिए यदि मुझे अपने प्रयास में सफलता मिली हो तो वह केवल सापेक्ष ही होगा।

हां, एक बात अवश्य है कि लेखन की बाध्यता ने मुझे अध्ययन का स्वर्णिम अवसर प्रदान किया। अध्ययन के दौरान अनेक नई बातें मेरे सामने आयीं जिसने पुन: इस सत्य को प्रमाणित किया कि ज्ञान अनंत है। संभवत: इसी लिए 'ज्ञानं ब्रह्म' कहा गया है।

जहां तक भाषा का सवाल है, प्रत्येक अंग्रेजी शब्द का हिन्दी पर्याय देने के चक्कर में मैं नहीं पड़ा। यदि ऐसा करता तो मेरे विचार से भाषा अधिक दुर्बोध हो जाती और मूल संकल्पना भी कदाचित कुंठित हो जाती। यों भी अंग्रेजी के अनेक शब्द विभिन्न कारणों से हिन्दी में आ ही रहे हैं। इसे हिन्दी की दरिद्रता का नहीं बल्कि जिंदादिली का द्योतक समझा जाना चाहिए।

इसका 'आमुख' लिखने के लिए भारतीय बैंकर्स संस्थान के मुख्य सचिव आदरणीय श्री पंड्या साहब ने मेरा अनुरोध स्वीकार किया इसे मैं अपना परम सौभाग्य समझता हूं। इस कृपा के लिए मैं उनका चिरकृतज्ञ रहूंगा।

पुस्तक-लेखन की इस प्रक्रिया के दौरान जिन संस्थाओं के पुस्तकालयों ने मुझे हरसंभव सहायता की उनमें भारतीय बैंक संघ एवं भारतीय बैंकर्स संस्थान विशेष रूप से उल्लेखनीय है। व्यक्तिगत रूप से भारतीय बैंकर्स संस्थान के उप-सचिव श्री सरकार, भारतीय बैंक संघ की प्रबंधक (राजभाषा एवं प्रचार) श्रीमती प्रभुता व्यास और मेरे ही विभाग के प्रबंधक श्री सुंदर सिंह के स्नेहसिक्त सद्भाव के लिए मैं अत्यंत ऋणी हूं।

अंत में, सहधर्मचारिणी इंदिरा के त्याग की भावस्मृति के साथ यह पुस्तक मेरी पूजनीया माताजी को समर्पित है जिन्होंने मुझे पत्र लेखन की प्रथम दीक्षा दी।

1 जून, 1994

अनूपचन्द पु. भायाणी

अनुक्रमणिका

अध्याय-1

संप्रेषण

संप्रेषण क्या है ?

जीवन में श्वासोच्छ्वास की प्रक्रिया जितनी सहज है, उतना ही सहज है संप्रेषण। जन्म के साथ ही मानव की संप्रेषणप्रक्रिया प्रारम्भ हो जाती है, जो व्यक्तित्व का अभिन्न अंग बनकर आजीवन साथ निभाती है। जब नवजात शिशु रोकर अपनी आवश्यकता जताते हुए संप्रेषण का प्रथम अध्याय प्रारम्भ करता है तब यह बात सिद्ध हो जाती है कि संप्रेषण के लिए भाषा अनिवार्य नहीं है। विभिन्न भावमुद्राओं, संकेतों, कूहों, चेष्टाओं, व्यवहार आदि से भी समय-समय पर संप्रेषण का काम लिया जाता रहा है। सिनेसृष्टि का प्रारम्भ मूक फिल्मों से ही हुआ था। केवल आंगिक अभिनय ही उन फिल्मों का प्राणतत्त्व और संप्रेषण की सफलता का मूलाधार था। मूलतः अभिव्यक्ति, जो कि मनुष्य की सामाजिकता से संलग्न सहज-वृत्ति है, ही संप्रेषण के मूल में है।

"अभिव्यक्ति की इच्छा ने अपने भावों और विचारों को व्यक्त करने तथा दूसरों तक पहुंचाने के माध्यम के रूप में भाषा को जन्म दिया और विकसित किया।"[1] भाषा सचमुच ही मनुष्य की अनमोल संपदा है। भाषा की उत्पत्ति एवं उससे संबद्ध विभिन्न वादों पर विचार करना यहां हमारा लक्ष्य नहीं है। लेकिन, भाषा की निम्नलिखित परिभाषा ध्यातव्य है—

"भाषा, उच्चारण अवयवों से उच्चारण के योग्य यादृच्छिक (arbitrary) ध्वनि-प्रतीकों (vocal symbols) की वह व्यवस्था है, जिसके द्वारा एक समाज के लोग आपस में भावों और विचारों का आदान-प्रदान करते हैं।"[2]

इस परिभाषा में भाषा, जो कि ध्वनि-प्रतीकों की एक व्यवस्था है, के माध्यम से एक ही समाज के लोगों द्वारा भावों और विचारों के आदान-प्रदान की प्रक्रिया हमें प्रस्तुत अध्याय के विषय 'संप्रेषण' के समीप ले जाती है। संप्रेषण में भावों और विचारों की केवल अभिव्यक्ति ही नहीं लेकिन उनका आदान-प्रदान ही मुख्यतः

अभिप्रेत है। आदान-प्रदान की इस प्रक्रिया में भाषा ने बड़ी महत्त्वपूर्ण भूमिका निभायी है। मानव-सभ्यता के विकास के साथ ज्ञान-विज्ञान और साहित्य के सशक्त साधन के रूप में भाषा ने जो बहुमुखी प्रगति की है उसे देखते हुए आज भाषाविहीन मानव-समाज की कल्पना करना ही कठिन हो गया है। भावमुद्राओं, संकेतों, कूहों, चेष्टाओं, व्यवहार आदि के बीच भाषा ने सर्वोपरि स्थान ग्रहण कर लिया है।

भाषा का लक्ष्य है संप्रेषण। संप्रेषण अंग्रेज़ी शब्द 'कम्यूनिकेशन (communication) के पर्याय के रूप में प्रयुक्त होता है। कम्यूनिकेशन लैटिन शब्द 'communico' से बना है,[3] जिसका अर्थ होता है आपस में बांटना या किसी वस्तु में साझा करना, हिस्सा बंटाना। संप्रेषण में विचारों और भावनाओं की साझेदारी है। इससे स्पष्ट है कि यह एकतरफा प्रक्रिया न होकर दुतरफा प्रक्रिया है, जिसमें अपने अनुभव की साझेदारी के लिए वक्ता को श्रोता की और लेखक को पाठक की आवश्यकता रहती है। हां, इस प्रक्रिया में दोनों को जिस भाषा में संप्रेषण हो रहा हो उसकी जानकारी होना आवश्यक है। राजनीतिक क्षेत्र में दुभाषिये से इसकी पूर्ति अवश्य की जाती है लेकिन, व्यवहार के क्षेत्र में यह संभव नहीं है।

विंसेंट नोलन के अनुसार 'कम्यूनिकेट' शब्द एक अर्थगत जाल (semantic trap)[4] है। उन्होंने पिटर ड्रकर द्वारा प्रभावी संप्रेषण के संदर्भ में कही गई बात से अपने कथन की पुष्टि की है।[4] पिटर ड्रकर ने कहा है कि—"प्लेटो और अरस्तू के समय से जो कुछ भी हमने जाना-समझा है, उसके अनुसार प्रभावी संप्रेषण के चार अंग हैं। व्यक्ति को यह समझ लेना चाहिए कि उसे क्या कहना है, कब कहना है, किससे कहना है और किस प्रकार कहना है। इनमें से कोई भी एक तत्त्व अनुपस्थित हो तो संप्रेषण नहीं हो सकता।" संचार-प्रक्रिया (transmission process) की दृष्टि से इन सभी का होना अनिवार्य है, लेकिन संप्रेषण में ग्रहण करने (receiving) की प्रक्रिया को नज़रंदाज नहीं किया जा सकता। वस्तुतः इसके अभाव में संप्रेषण की प्रक्रिया पूरी नहीं हो सकती। जब तक श्रोता वक्ता की बात पर ध्यान देने का इच्छुक न हो या उसमें विश्वास न रखता हो, जब तक वह वक्ता की बात को अभिप्रेत अर्थ में सुनने या समझने में सक्षम न हो, जब तक वह वक्ता के कथन के साथ अपने संचित ज्ञान या पूर्वानुभव सहित नई निर्विष्टि को इस प्रकार न जोड़े कि जिससे उसमें कोई सार्थकता नज़र आए तब तक ग्रहण की प्रक्रिया पूरी नहीं होती।[5]

'संप्रेषण' की निम्नलिखित परिभाषाएं[6] न्यूनाधिक रूप में इन्हीं बातों को उजागर करती हैं—

1. "संप्रेषण एक ऐसी प्रक्रिया है जिसके ज़रिये व्यक्तियों और/अथवा संगठनों के बीच सूचना इस रूप में संचारित की जाती है जिससे कि उसके फलस्वरूप कुछ उत्तर, प्रतिक्रिया प्राप्त हो।" (पिटर लिरल द्वारा लिखित पुस्तक 'Oral and

Written Communication')

2. "संप्रेषण किसी संगठन के व्यक्तियों के बीच सार्थक रूप से एक-दूसरे को प्रभावित करने वाली एक ऐसी प्रक्रिया है जिसके फलस्वरूप इनके बीच अर्थबोध एवं समझ की क्रियान्विति होती है।" (रुस्तम एस० दावर द्वारा लिखित पुस्तक 'The Management Process')

3. "संप्रेषण दो या दो से अधिक व्यक्तियों के बीच तथ्यों, विचारों, अभिमतों या मनोभावों का विनिमय है।" (विलियम न्यूमेन और चार्ल्स समर द्वारा लिखित पुस्तक 'The Process of Management')

4. "प्रशासनिक संप्रेषण एक ऐसी प्रक्रिया है जिसमें संगठनात्मक लक्ष्यों की पूर्ति करने वाले, प्रतिसूचना द्वारा सुनिश्चित, कार्यों को प्रकाश में लाने के प्रयोजन से विचारों का संचारण एवं विशुद्ध प्रत्युत्तर सम्मिलित है।" (विलियम स्कॉट की पुस्तक 'Organisation Theory')

5. "जब एक मन अपने परिवेश से इस प्रकार पेश आता है जिससे कि दूसरा मन प्रभावित हो और उस दूसरे मन में जो अनुभूति उत्पन्न होती है वह पहले मन की अनुभूति के समान हो और अंशतः उस अनुभूति के कारण ही हो तब संप्रेषण का आविर्भाव होता है।" (आइ०ए० रिचार्ड्स)[7]

6. "एक व्यक्ति से दूसरे व्यक्ति, एक प्राणी से दूसरे प्राणी या एक बिंदु से दूसरे बिंदु तक सूचना का अन्तरण" संप्रेषण है।[8]

संक्षेप में, संप्रेषण भाषा के माध्यम से सूचना या विचारों के विनिमय की प्राणवान प्रक्रिया है।

बैंकिंग और संप्रेषण

बैंककार्य विनिमय अधिनियम, 1949 में बैंकिंग कंपनी के अतिरिक्त 'बैंकिंग' शब्द की भी परिभाषा दी गई है। इसके अनुसार बैंकिंग मूलतः ऋण देने या निवेश करने के प्रयोजन से जनता से धनराशि स्वीकार करना है, जिसकी मांग किए जाने पर या अन्यथा चुकौती करनी होती है और जिसका आहरण चेक, ड्राफ्ट, आदेश के माध्यम से या अन्यथा किया जाता है।[9] दूसरी ओर सर ज्टीन पेजट के अनुसार "किसी भी व्यक्ति या निकाय, कंपनी या अन्य को तब तक बैंकर की संज्ञा नहीं दी जा सकती, जब तक कि उसके द्वारा (1) जमा खातों को स्वीकार न किया जाए, (2) चालू खातों को स्वीकार न किया जाए, (3) चेकों को जारी एवं उनका भुगतान न किया जाए और (4) अपने ग्राहकों के लिए रेखित और अरेखित चेकों की उगाही न की जाए।"[10] यह तो बैंकर और बैंकिंग के मूलभूत कार्यों की बात हुई। मूलतः बैंकिंग एक व्यवसाय है, कारोबार है, उद्योग है। लेकिन 1969 में किए गए 14 बैंकों के राष्ट्रीयकरण के साथ भारतीय बैंकिंग का

एक नवीन अध्याय आरम्भ हुआ।

बैंकों के राष्ट्रीयकरण से बैंकिंग केवल एक उद्योग न रहकर 'सेवा उद्योग' बन गया। भारतीय रिज़र्व बैंक के भूतपूर्व गवर्नर श्री रा० ना० मल्होत्रा के शब्दों में "वर्ष 1969 में 14 बड़े बैंकों का राष्ट्रीयकरण भारत में बैंकिंग के इतिहास की एक महत्त्वपूर्ण घटना है, क्योंकि यह इस बात का संकेत थी कि राष्ट्र के आर्थिक-सामाजिक उद्देश्यों की प्राप्ति में बैंकिंग को अधिकाधिक सक्रिय भूमिका निभानी है। राष्ट्रीयकरण के बाद बैंकों की शाखाओं और खातों की संख्या और समग्र कारोबार में भारी वृद्धि हुई है। छोटे-छोटे गांवों और कस्बों तक में बैंक कार्यालय खुल गए हैं और वे प्राथमिकताप्राप्त क्षेत्रों को अधिकाधिक ऋण दे रहे हैं जिसमें समाज के कमज़ोर वर्गों की ओर विशेषतः ध्यान दिया जा रहा है।"[11]

जनसेवा की इस प्रतिबद्धता के कारण बैंकिंग क्षेत्र में संप्रेषण का महत्व और भी बढ़ जाता है। अपने क्षेत्र की पूरी जानकारी होते हुए भी यदि बैंकर के पास संप्रेषणक्षमता नहीं होगी तो वह ग्राहकसेवा के महत्वपूर्ण कर्तव्य का निर्वाह करने में सफल नहीं होगा। बैंकर की भूमिका एक 'सेल्समैन' की भूमिका है, एक विक्रेता की भूमिका है जिसे अपनी जमा एवं ऋण योजनाओं को गांव-गांव तक ले जाना है और पुरानी आदतों से लोगों का पिंड छुड़ाकर अपनी ओर अर्थात् बैंकिंग की ओर मोड़ना है। इसमें भी प्रबंधक का दायित्व तो और भी अधिक है। उसे अपनी टीम का नेतृत्व भी करना है। सहकर्मियों के बीच सामंजस्य, सुमेल, सुसंगति लाकर ही वह अपना दायित्व सफलतापूर्वक निभा सकता है। अर्थात् उसे अंदर और बाहर प्रभावी संप्रेषक की भूमिका अदा करनी है।

संप्रेषण के प्रमुख प्रकार

जैसाकि हम इस अध्याय के आरम्भ में देख चुके हैं, संप्रेषण अनेक रूपों में हो सकता है। भाषा के संदर्भ में विचार करने पर मोटे तौर पर इसे दो वर्गों में विभाजित कर सकते हैं--(1) भाषिक संप्रेषण, और (2) भाषेतर संप्रेषण।

भाषिक संप्रेषण—किसी भी भाषा के माध्यम से होने वाले संप्रेषण को 'भाषिक संप्रेषण' कह सकते हैं। भाषा शब्द भी व्यापक है। इतिहास, भूगोल, प्रयोग, साधुता, प्रचलन और निर्माता के आधार पर भाषा के असंख्य भेद हो सकते हैं।[12] लेकिन, यहां हमारा अभिप्रेत है, भाषा का वह मूलभूत रूप जिसका कार्य वक्ता के भाव या विचारों को श्रोता तक पहुंचाना है, जिसका प्रयोग एक समाज में होता है, जिसमें एक व्यवस्था होती है, जिसके आधार यादृच्छिक ध्वनि-प्रतीक होते हैं, ये ध्वनियां भी ऐसी जो मुखावयवों से उच्चरित हों।[13]

भाषेतर संप्रेषण—इसमें भावमुद्राओं, संकेतों, कूहों, चेष्टाओं, व्यवहार जैसे वे सभी माध्यम आ जाते हैं जिनका भाषा से प्रत्यक्ष सम्बन्ध नहीं रहता। इनका

अपना अलग महत्त्व होते हुए भी अधिकांशत: ये माध्यम भाषिक संप्रषण के पूरक के रूप में कार्य करते हैं।

भाषिक संप्रेषण, जिससे कि हमारा विशेष सम्बन्ध है, के दो प्रकार हैं—

1. मौखिक संप्रेषण

2. लिखित संप्रेषण

मौखिक संप्रेषण—मुखावयवों से उच्चरित ध्वनि-प्रतीकों अर्थात् शब्दों और वाक्यों के सहारे जब संप्रेषण किया जाता है, तब उसे 'मौखिक संप्रेषण' कहते हैं। बातचीत, संवाद, बैठकें, सम्मेलन, सभाएं, साक्षात्कार (इन्टरव्यू), व्याख्यान, उद्‌घोषणाएं, रेडियो वार्ताएं, टेलीफोन पर बातचीत, कहानीकथन, पौराणिक आख्यानों का प्रस्तुतीकरण, वाद-विवाद या वक्तृत्व प्रतियोगिताएं, अदालती मुकदमे, संसदीय बहसें आदि सभी मौखिक संप्रेषण के ही भिन्न-भिन्न रूप हैं। केवल मनुष्य ही एक ऐसा प्राणी है जो अपने मुखावयवों से विभिन्न ध्वनियों, ध्वनि-प्रतीकों का निर्माण कर सकता है और असख्य रूपों में मौखिक संप्रेषण कर सकता है। अन्य सभी प्राणी केवल सीमित ध्वनियों का ही निर्माण कर पाते हैं। इनकी अभिव्यंजना शक्ति अत्यन्त मर्यादित होने के कारण ही इन्हें 'मूक' प्राणियों की सज्ञा दी जाती है। इस धरती पर वाक्‌शक्ति का वरदान यदि किसीको प्राप्त है तो वह मानव ही है।

मौखिक संप्रेषण को सफल एवं प्रभावी बनाने के लिए वक्ता में कथ्य विचारों की स्पष्टता, उनके अनुरूप शब्द, आंगिक चेष्टाएं, उच्चारण शैली, श्रोता में दोष-रहित श्रवणक्षमता और अशाब्दिक प्रतीकों की अवलोकनशक्ति एवं प्राप्त प्रतीकों को संघटित कर विचारों में रूपांतरित करने की क्षमता आवश्यक है।[14] मौखिक संप्रेषण को प्रभावी बनाने की पूर्वापेक्षाओं के रूप में डॉक्टरद्वय ने निम्नलिखित गुणों का उल्लेख किया है[15]—

(1) स्पष्ट और उचित उच्चारण

(2) शब्दसमृद्धि

(3) संक्षिप्तता

(4) उचित लहज़ा

(5) ध्वनि का समुचित उतार-चढ़ाव

(6) उचित भाषा-शैली

अच्छे मौखिक संप्रेषण में सात 'सी' का भी स्मरण किया जाता है।[16] ऐसा संप्रेषण—

(1) सरल (candid)

(2) स्पष्ट (clear)

(3) संपूर्ण (complete)

(4) संक्षिप्तता (concise)
(5) निश्चित (concrete)
(6) सही (correct)
(7) शिष्टतापूर्ण (courteous)

होना चाहिए। जब कभी कोई मौखिक संप्रेषण हमें रोचक लगता है, कर्णप्रिय लगता है, मंत्रमुग्ध करता है तब उसमें उपर्युक्त गुणों में से कोई-न-कोई गुण विद्यमान रहता है। हां, विस्तार या संक्षेप की आवश्यकता अवसर, संदर्भ या संप्रेषण के स्वरूप पर निर्भर करेगी। उदाहरणार्थ— व्याख्यान में विस्तार की अपेक्षा रहेगी तो व्यावसायिक बातचीत में संक्षिप्तता की। इसी प्रकार सम्मेलन और सभाओं में विस्तार की जितनी गुंजाइश रहती है उतनी बैठकों और साक्षात्कारों में नहीं।

आधुनिक युग में लेखन के विभिन्न स्वरूपों और सुविधाओं के बावजूद मौखिक संप्रेषण की अपनी उपयोगिता है। बैंकिंग व्यवसाय का ही विचार करें तो कारोबार-वृद्धि में ग्राहकों के साथ वरिष्ठ कार्यपालकों की बातचीत का कितना बड़ा महत्त्व है! एक शाखा प्रबंधक जमासंग्रहण के लिए जनसंपर्क करता है, लोगों से मिलता-जुलता है तब उसकी बातचीत की कला ही महत्त्वपूर्ण भूमिका निभाती है। यह तो बाहर की बात हुई। संस्था के भीतर भी औद्योगिक संबंधों और शांति को बनाए रखने में मौखिक संप्रेषण का अपना महत्त्व है। यहां लेखन रुकावट, गतिरोध या अशांति का कारण भी बन सकता है। इस संदर्भ में प्राचीन युग की विष्टियों और आधुनिक युग की संधिवार्ताओं, बातचीत या विचार-विमर्श का उल्लेख किया जा सकता है। बातचीत के अत्यावश्यक माध्यम का सहारा लिए बिना यदि कोई देश दूसरे देश के साथ लड़ाई शुरू कर देता है तो विश्व के अन्य देशों या राष्ट्रसंघ जैसी विश्वसंस्था का समर्थन तो क्या, सहानुभूति भी उसे प्राप्त नहीं होगी। इसका तात्पर्य यह है कि केवल औद्योगिक शांति के लिए ही नहीं बल्कि राजनीतिक या अंतर्राष्ट्रीय शांति के लिए भी बातचीत की अत्यंत महत्त्वपूर्ण भूमिका है।

लिखित संप्रेषण— विभिन्न अर्थछायाओं को स्पष्ट करने की क्षमता, समय व धन की बचत, तत्काल प्रतिभाव या प्रतिक्रिया प्राप्त करने की सुविधा, अवसरोचित तर्कनिरूपण, औपचारिकता का अभाव या कमी, गोपनीय या गुप्त सूचनाएं देने की सुविधा, समुदायों या समूहों से पेश आने में सर्वाधिक अनुकूलता, स्वरशैली (intonation) का प्रयोग आदि अनेक लाभ मौखिक संप्रेषण में होते हुए भी जहां उसे स्थायित्व प्रदान करने या उसका कायमी रिकार्ड रखने की आवश्यकता उत्पन्न होती है, जहां किसी विषय के सम्बन्ध में गलतफहमी को दूर करने के उद्देश्य से लेखन का सहारा लेना आवश्यक हो जाता है, जहां विषय के अतिरिक्त शुद्धता भी उतनी ही आवश्यक हो, जहां विषय का स्वरूप कानूनी या वित्तीय प्रकृति का हो

या जहां विषय-वस्तु में समय-समय पर संशोधन या समीक्षा की आवश्यकता हो वहां लिखित संप्रेषण अनिवार्य हो जाता है।

अभिव्यक्ति की इच्छा ने यदि भाषा को जन्म दिया तो स्थायित्व की आकांक्षा ने लिपि को। "भाषा के विकास में एक बड़ा मोड़ आया—लिपि या लेखनकला के जन्म के साथ। लेखनकला के आविष्कार से मनुष्य के अनुभवों और विचारों को स्थायित्व देना सभव हुआ। लिखित भाषा के दृश्य-रूप में समाए हुए भावों, विचारों और अनुभवों की व्याख्या करना तथा उस व्याख्या को अन्य व्यक्तियों तक पहुंचाना भी आसान हो गया।"[17] प्राचीन साहित्य को स्थायित्व प्रदान करने में लिपि की अपनी एक अलग ही भूमिका रही है।

लपि के बावजूद साहित्य के क्षेत्र में कुछ साहित्य ऐसा होता है जो काल की कसौटी पर खरा नहीं उतरता या जिसका केवल सामयिक महत्त्व होता है। ऐसा साहित्य अमुक समय के बाद काल के गर्त में विलीन हो जाता है। दूसरी ओर ऐसा भी साहित्य है जो अंतर्निहित सत्त्व के कारण समय की अनेक आंधियों के बीच न केवल अपना अस्तित्व बनाए रखता है बल्कि युग-युगांतर तक प्रेरणा प्रदान करता रहता है। एक को हम सामयिक साहित्य कह सकते हैं तो दूसरे को चिरंतन। इस संदर्भ में साहित्य की गुणवत्ता या साहित्यकार का जीवनदर्शन ही साहित्य को स्थायित्व प्रदान करता है।

लेकिन, जो बात साहित्य पर लागू होती है वह व्यवसाय या कारोबार के क्षेत्र में लिखित संप्रेषण पर लागू नहीं होती। यहां स्थायित्व का संदर्भ और आशय बदल जाता है। किसी बैंक की ओर से जारी होने वाला नीतिविषयक परिपत्र या उसके द्वारा प्रकाशित अनुदेश-पुस्तक इसलिए महत्त्वपूर्ण हो जाती है कि उसके आधार पर उसकी कार्यपद्धति या आचारसंहिता का निर्माण होता है जिससे आगे जाकर बैंक की एक छवि बनती है, उसकी जड़ें और मज़बूत होती हैं। किसी स्वतत्र राष्ट्र के लिए संविधान का जो महत्त्व होता है वही बैंक के लिए इन परिपत्रों या अनुदेश-पुस्तकों का होता है।

अन्य प्रतिष्ठानों या सरकारी कार्यालयों की भांति बैंक में प्रधान कार्यालय से लेकर शाखा स्तर तक असंख्य समितियां होती हैं। निदेशक मंडल, प्रबधन समिति, परिसर समिति, ग्राहक सेवा समिति, सुरक्षा समिति, राजभाषा कार्यान्वयन समिति आदि की बैठकों में लिए जाने वाले निर्णय जब कार्यवृत्त में शब्दबद्ध हो जाते हैं तब वे भविष्य के दिशानिर्देशक हो जाते हैं।

और, संविदा और करार पर तो सारे वाणिज्यिक या व्यावसायिक सम्बन्ध विकसित होते हैं। किसी भी करार या समझौते के निबंधन व शर्तों का कितना बड़ा महत्त्व होता है! इनका अनुपालन कारोबार को स्थिरता प्रदान करता है तो उल्लंघन अस्थिरता को आमंत्रित करता है।

संक्षेप में, सोच-समझकर या चिंतन-मनन कर प्रारूपण (drafting) करने की जो सुविधा लिखित संप्रेषण में है वह मौखिक संप्रेषण में नहीं है। इसी-त ।प्रारूपण सबके बस की बात नहीं है। वह भी एक कला है जिसमें प्रारूपकर्ता की विषय से संबद्ध सूझ-बूझ, परिपक्वता, दूरदर्शिता, भाषा की सूक्ष्मतम जानकारी आदि का सम्यक् परिचय मिलता है।

लिखित संप्रेषण के विभिन्न रूप—बैंकिंग के संदर्भ में

इस अध्याय में संप्रेषण पर हमने जो विचार किया उसकी पृष्ठभूमि में इस मद पर निम्नलिखित रूप में आरेखी विश्लेषण किया जा सकता है—

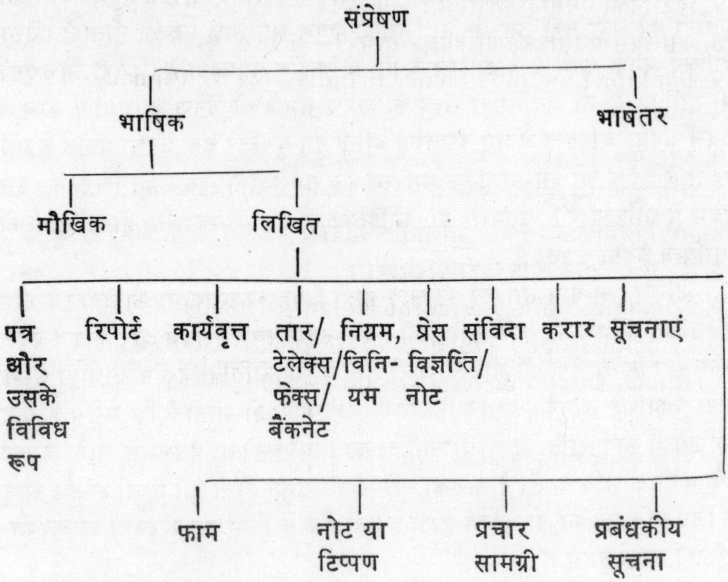

इनका विस्तृत परिचय हम आगामी अध्यायों में प्राप्त करेंगे।

संदर्भ :

1. बैंकिंग पत्र व्यवहार—भारतीय रिज़र्व बैंक—पहला संस्करण, पृ० 7
2. भाषा विज्ञान कोश—डॉ० भोलानाथ तिवारी— प्रथम संस्करण, पृ० 438
3. Modern Business Correspondence—L. Gartside—Fourth Edition 1989, P. 1
4. Communication—Vincent Nolan, 1987, P. 8, 9
5. Communication—Vincent Nolan, 1987, P. 10
6. Principles and Practice of Business Communication—Rhoda Doctor & Aspi Doctor—1991, P. 2
7. ब्रिटानिका एनसाइक्लोपीडिया—ग्रन्थ 16—1986, पृ० 685
8. कोलियर्स एनसाइक्लोपीडिया—ग्रन्थ 7—1986, पृ० 73
9. Banking Law and Practice in India—M. L. Tannan—1979 P. 126
10. वही, पृ० 125
11. वैंकिग पत्रव्यवहार—भारतीय रिज़र्व बैंक—1985—'संदेश'
12. भाषा विज्ञान कोश, डॉ० भोलानाथ तिवारी—प्रथम संस्करण, पृ० 457
13. दे० पृ० 2 पर 'भाषा' की परिभाषा ।
14. Communication—Vincent Nolan—1987, P. 6
15. Principles and Practice of Business Communication—Rhoda Doctor & Aspi Doctor—1991, P. 46
16. वही, पृ० 46
17. 'बैंकिंग पत्र व्यवहार'—भारतीय रिज़र्व बैंक—1985, पृ० 7, 8

अध्याय-2

पत्रों के विविध प्रकार और व्यावसायिक पत्र

पत्रलेखन का महत्त्व

पत्रलेखन मानव-सभ्यता के विकास की एक महत्त्वपूर्ण उपलब्धि है। मानव-सभ्यता की प्रारंभिक अवस्था पर विचार करने पर एक ऐसी तस्वीर आंखों के सामने उभरती है जिसमें मनुष्य अपने परिवार और छोटे-से समाज के बीच सीमित आवश्यकताओं के साथ अपना जीवनयापन करता हो। धीरे-धीरे परिवार की वृद्धि और मर्यादित संसाधनों ने उसे एक स्थान से दूसरे स्थान तक जाने या स्वजनों को अन्यत्र भेजने के लिए विवश कर दिया होगा। युगों तक भ्रमण का यह सिलसिला चलता रहा होगा और आज भी यह सिलसिला जारी है। मनुष्य की इस भ्रमणशीलता या घुमक्कड़ी ने मानव-सभ्यता के विकास में जो योगदान दिया उसमें संप्रेषण या संचार-माध्यमों की एक महत्त्वपूण भूमिका रही है। इनमें पत्र-व्यवहार के लोकप्रिय माध्यम का विशिष्ट स्थान है।

'पत्र' शब्द अखबार, पत्रिकाएं आदि के संदभ में भी प्रयुक्त होता है लेकिन, "जब व्यक्ति किसी दूसरे व्यक्ति के पास कोई प्रत्यक्ष संदेश भेजे तो उसे पत्र कहेंगे। आधुनिक पत्र सामान्यत: लिखित होता है, बातचीत की शैली में लिखा जाता है और डाक द्वारा भेजा जाता है।"[1] यहां प्रश्न होता है कि क्या संदेश अलिखित या मौखिक भी होता है? प्राचीन साहित्य में कालिदास का 'मेघदूत' ऐसा ही काव्य है, जिसमें मेघ के माध्यम से संदेश भेजकर विरहजन्य उद्‌गारों की अभिव्यक्ति की गई है। विरहावस्था यदि काव्य की गंगोत्री रही है तो पत्र-व्यवहार की भी जननी रही है। 'प्रीतम को पतियां लिखूं जो कहूं होय विदेस' (कबीर) में इसी सत्य की अभिव्यक्ति है तो सूरदास की यह पक्ति 'मसि खूटी, कागद जल भीज्यौ, सरदौ आगि जरै' गोपियों की विरहावस्था की तीव्रता का परिचय देती है। साहित्य में इस प्रकार के अनेक उदाहरण मिल सकते हैं। लोकगीतों में हंस, शुक, कोकिल, चातक, पपीहा, कौआ, निःश्वास, पवन, मेघ, नदी जैसे कितने जड़-चेतन

पदार्थों ने विरहीजनों के मनोभावों को वहन करने का कार्य किया है। ये संदेश प्रायः मौखिक ही रहे हैं।

संदेश भेजने के उपर्युक्त माध्यमों में आगे जाकर संदेशवाहक, पत्रवाहक, दूत, कासिद आदि का भी उपयोग होने लगा। लेकिन, यह माध्यम खर्चीला था, जिसका उपयोग करना सभीके लिए संभव नहीं था। अंग्रेज़ी राज्य की स्थापना के साथ भारतीय जनजीवन में नवीन शक्तियों, विचारों एवं साधनों का आविर्भाव हुआ। इनमें पत्र-लेखन की दृष्टि से सर्वाधिक महत्त्वपूर्ण था डाक-व्यवस्था का विकास। वैज्ञानिक आविष्कारों के कारण समुन्नत डाक-व्यवस्था ने पत्र-व्यवहार को सर्वजनसुलभ बनाने में अभूतपूर्व योगदान दिया। और, आज व्यक्ति सस्ते में सस्ते पोस्टकार्ड से भी अपना काफी काम निपटा सकता है। समय की तेज़ रफ्तार के साथ कदम मिलाने की आवश्यकता ने आज दुनिया को इतना छोटा कर दिया है कि निजी कूरियर सेवाओं और 'स्पीड पोस्ट' जैसी सरकारी सेवाओं के सहारे व्यक्तियों, व्यापारियों, संस्थाओं आदि के लिए कुछ घंटों के भीतर पत्रों को देश-विदेश में एक स्थान से दूसरे स्थान तक पहुंचाना संभव हो गया है। विज्ञान की प्रगति के बिना इस स्थिति की हम कल्पना भी नहीं कर सकते थे।

पत्रव्यवहार का क्षेत्र-विस्तार

जैसा कि हमने पहले देखा, परिस्थितिजन्य भ्रमणशीलता ने पारिवारिक स्तर पर सर्वप्रथम किसी भी रूप में पत्रलेखन को जन्म दिया। इस पत्रलेखन का प्रमुख आशय था भावनाओं की अभिव्यक्ति और/या विचारों का आदान-प्रदान। लेकिन, धीरे-धीरे मनुष्य व्यापार-वाणिज्य, प्रशासन, उद्योग, व्यवसाय, बैंकिंग आदि अनेक क्षेत्रों में प्रगति करता गया।

विभिन्न वैश्विक क्रांतियों और भारत की बात करें तो अंग्रेज़ों के आगमन के बाद, स्वार्थप्रेरित ही सही, आधुनिकता का प्रवेश, नई शहरी संस्कृति का निर्माण, पश्चिमी शिक्षा-दीक्षा, रेल, बस, स्टीमशिप जैसे यातायात के साधनों का विस्तार, प्रेस की स्थापना और पत्र-पत्रिकाओं का प्रारंभ, राजनीतिक, आर्थिक, सामाजिक संघटना में आमूल परिवर्तन, स्वतंत्रतामूलक विचारधारा आदि का योगदान संचार-माध्यमों के विकास की दृष्टि से भी उल्लेखनीय है। इन सबने मिलकर संबंधों का आयाम भी बदल दिया। संबंध पारिवारिकता की सीमा का अतिक्रमण कर राजनीति, व्यापार, व्यवसाय, उद्योग, बैंकिंग आदि इकाइयों को भी छूने लगे। फलतः पत्रव्यवहार की सीमा का भी विस्तार हुआ। आज जीवन का कोई भी क्षेत्र या पहलू ऐसा नहीं होगा जहां पत्रव्यवहार पहुंचा न हो। इसका भी क्षेत्र अब अनंत है; असीम है।

पत्रों का वर्गीकरण

तथापि, मोटे तौर पर क्षेत्र की दृष्टि से पत्रों को निम्नलिखित रूप में वर्गीकृत किया जा सकता है—

(1) पारिवारिक या निजी पत्र
(2) सामाजिक पत्र
(3) व्यावसायिक एवं कार्यालयीन पत्र

इनके अतिरिक्त अन्य श्रेणियों का भी उल्लेख एतद्विषयक पुस्तकों में मिलता है।[2] ये श्रेणियां हैं—व्यावहारिक पत्र, आधिकारिक पत्र, सार्वजनिक जीवन के पत्र, सरकारी पत्र आदि। लेकिन, उपर्युक्त वर्गीकरण में कहीं-न-कहीं इनको भी समावेश किया जा सकता है।

कहीं-कहीं पारिवारिक पत्रों को सामाजिक पत्रों के अंतर्गत ले लिया गया है[3] लेकिन, दोनों की स्वरूप-भिन्नता को देखते हुए इनपर अलग-अलग ही विचार किया जाना चाहिए।

पारिवारिक या निजी पत्र

परिवार के सदस्यों अर्थात् पिता, माता, पुत्र, पुत्री, भाई, बहन, चाचा, मामा, दादा आदि, सगे-संबंधियों, मित्रों, परिचितों आदि के बीच होने वाला पत्रव्यवहार इसी श्रेणी के अंतर्गत आता है। कुशल समाचार की जिज्ञासा, पारिवारिक समस्याओं का वर्णन और एतद्विषयक मार्गदर्शन या विचारों का आदान-प्रदान, सुखद या दुःखद प्रसंगों की सूचना, शादी-ब्याह जैसे अवसरों पर निमंत्रण या जीवन की विभिन्न परिस्थितियों में हृदय में उठने वाले भावों, संवेदनों आदि की निश्छल अभिव्यक्ति इन पत्रों की मूल प्रेरणा होती है।

इन पत्रों की सबसे बड़ी विशेषता है अनौपचारिकता, यद्यपि संबंधों के अनुरूप शिष्टाचार का पालन आवश्यक ही नहीं, अनिवार्य भी होता है। अनौपचारिकता से यहां तात्पर्य है भावना की प्रधानता, आडंबररहित आत्मीयता, विषय के बंधन से मुक्ति। इसीलिए इनकी भाषा-शैली भी स्वच्छंद या मुक्त होती है। निबंध उड़ान केवल इन्हीं पत्रों में संभव है। पति-पत्नी या मित्रों के पत्रों के संदर्भ में यह कहा जा सकता है कि 'निरंकुशाः कवयः' की भांति पत्रलेखन निरंकुश होता है। यह निरंकुशता है विषय की, भावना की, कल्पना की, शैली की।

इसकी केवल एक झलक प्रस्तुत है निम्नलिखित अंश में, जो कि मित्र के नाम लिखे गए पत्र में से उद्धृत है—

"मसूरी पहाड़ तो है ही—जब नीचे मैदान गर्मी से तपते हैं, तब भी यहां ठंड रहती है और सब ओर हरियाली दिखाई पड़ती है—पर उससे भी बड़ी बात

यह है कि जैसे दही को बिलोने पर उसका सारा मक्खन ऊपर तैर आता है, उसी प्रकार ग्रीष्म ऋतु से क्षुब्ध होकर मैदानों का सारा समर्थ वर्ग पहाड़ पर मसूरी आ जाता है। जैसा वैभव और सौंदर्य यहां मसूरी में दिखाई पड़ता है, वैसा दिल्ली या बम्बई में दिखाई नहीं पड़ता। प्रकृति की ललित पृष्ठभूमि में वह और भी मनमोहक जान पड़ता है। तुम भी आते तो देखते।"[4]

इन पत्रों का भी अपना सौंदर्य है। पं० जवाहरलाल नेहरू द्वारा लिखित 'पिता के पत्र पुत्री के नाम' इस संदर्भ में उल्लेखनीय हैं। लेकिन महानगरों की व्यस्तता, भाग-दौड़, टेलीफोन से ही अपना काम निपटा लेने की प्रवृत्ति आदि ने ऐसे पत्रों के अस्तित्व पर प्रश्नचिह्न लगा दिया है, जो चिंताजनक है। इसे केवल ग्राम-संस्कृति ही उबार सकती है।

सामाजिक पत्र

व्यक्ति का संबंध केवल अपने परिवार या परिचितों तक ही सीमित नहीं रहता। व्यक्ति चाहे कितना ही स्वकेन्द्रित या स्वार्थी क्यों न हो, उसे अपने सीमित दायरे से बाहर निकलना ही पड़ता है। उसकी भौतिक आवश्यकताएं या परिस्थितियां ग्राम, प्रदेश, राज्य आदि के विभिन्न व्यक्तियों, संस्थाओं, संगठनों, समितियों से संबंध स्थापित करने के लिए उसे विवश करती हैं। यों भी मनुष्य सामाजिक प्राणी है अतः वह समाज के बिना नहीं रह सकता। कभी उसे स्कूल या कॉलेज के प्राचार्य के संपर्क में आना पड़ता है तो कभी उसे किसी डॉक्टर या वकील की सहायता लेनी पड़ती है। कभी उसे नगरपालिका के किसी अधिकारी या कर्मचारी की शरण लेनी पड़ती है तो कभी डाक-तार या टेलीफोन विभाग की कोई समस्या घेर लेती है। अपने परिवार के अलावा व्यक्ति जहां जिस क्षेत्र में कार्य करता है वहां भी सहकार्यकर्ताओं, सहयोगियों, साथियों से उसके संबंध स्थापित होते हैं और उनसे संबद्ध अनेक सुखद या दुःखद अवसरों पर सहभागी या सम्मिलित होना उसका कर्तव्य या दायित्व हो जाता है। इन्हीं संबंधों से सामाजिक पत्रों का जन्म होता है।

इन पत्रों में वैयक्तिकता कम, सामाजिकता अधिक होती है। वैयक्तिक या सामाजिक आवश्यकता की पूर्ति, सामाजिक कर्तव्य या दायित्व निभाने की प्रवृत्ति इन पत्रों की मूल प्रेरणा है। इन पत्रों का क्षेत्र इतना विशाल और व्यापक है कि व्यावसायिक पत्रों को छोड़कर अन्य सभी प्रकार के पत्र इस श्रेणी में आ सकते हैं। इनके लक्ष्य परिचित भी हो सकते हैं और अपरिचित भी। जहां परिचय की आधारभूमि होगी वहां पत्रों में आत्मीयता, अंतरंगता या भावना का संपुट रहेगा लेकिन, अपरिचय या अल्प परिचय की स्थिति में औपचारिकता ही प्रमुख रहेगी। पारिवारिक या निजी पत्रों की भांति भाव या कल्पना की मुक्त उड़ान या स्वच्छंद

भाषा-शैली के लिए इनमें गुंजाइश नहीं है।

इन पत्रों के भी एक-दो उदाहरण देख लें—

प्रिय श्री भटनागरजी,

आज के अखबार में आपके पूज्य पिताजी के निधन का समाचार पढ़कर हमें अत्यन्त दुःख हुआ। पिता की मूल्यवान छत्रछाया से वंचित होना कितनी दुर्भाग्यपूर्ण बात है! लेकिन, विधि के विधान को कौन टाल सकता है? 'जातस्य हि ध्रुवो मृत्युः' अर्थात् जिसका जन्म है उसकी मृत्यु भी अवश्यंभावी है। इस दुःखद घड़ी में ईश्वर से मेरी प्रार्थना है कि वह दिवंगत आत्मा को शाश्वत शांति और इस आघात को सहन करने की आपको शक्ति प्रदान करे।

आपका,
सुरेश कुलकर्णी

संपादक
'वर्तमान भारत'
बम्बई

महोदय,

आजकल आपके अखबार में हत्याओं, डकैतियों, अपहरण, बलात्कार, आगजनी, दंगों आदि की घटनाएं ही छपती रहती हैं, जिससे हम जैसे पाठकों का मन निराश हो जाता है। यह सही है कि अखबार भी समाज के दर्पण हैं लेकिन, क्या समाज में केवल यही सब कुछ है? इन घटनाओं के अलावा समाज में रचनात्मक कार्य हो ही नहीं रहे हैं? जो महापुरुष या जो संस्थाएं प्रच्छन्न रूप से व्यक्ति एवं समाज को मोड़ने का पुण्यकार्य कर रही हैं, जो संस्कृति के पुनरुत्थान में लगी हुई हैं, जो मनुष्य की अस्मिता या गौरव को पुनः प्रस्थापित करने के लिए प्रयत्नशील हैं; उनके योगदान पर प्रकाश डालना भी अखबारों का पुनीत कर्तव्य हो जाता है। हमें लगता है कि अखबारों को समाज का दर्पण मात्र न रहकर समाज-निर्माण की प्रक्रिया में रचनात्मक भूमिका निभानी चाहिए। स्वाधीनता संग्राम चल रहा था उस समय भारत का अखबारी आलम यही भूमिका निभा रहा था। उस समय लोग अखबारों से त्याग और बलिदान की प्रेरणा पाते थे।

हम उस दिन की राह देख रहे हैं जब स्वाधीन भारत के अखबार अपनी रफ्तार को बदलेंगे, अपनी कलम को घिसी-पिटी घटनाओं या विध्वंसात्मक वारदातों से बाहर निकालेंगे।

भवदीय,
भास्कर जोशी

उपर्युक्त पत्र में प्रबुद्ध व्यक्ति की सामाजिक चेतना ही मुखरित हो उठी है। ऐसे पत्रों में औपचारिकता के बावजूद व्यक्ति की सामाजिकता भिन्न-भिन्न रूपों में प्रकट होती है।

व्यावसायिक एवं कार्यालयीन पत्र

व्यावसायिक एवं कार्यालयीन पत्र ही इस पुस्तक का प्रमुख विचारणीय विषय है। "व्यावसायिक पत्र से आशय ऐसे पत्रों से है जो व्यक्ति और सस्थान अथवा दो व्यावसायिक संस्थानों के मध्य व्यवसाय से संबंधित उद्देश्यों की पूर्ति के निमित्त लिखे जाते हैं।"[5] दूसरी ओर कार्यालयीन पत्र व्यवहार "सरकारी मंत्रालयों, विभागों तथा अध-सरकारी संस्थानों एवं निजी संस्थानों की विभिन्न इकाइयों के बीच प्रशासनिक काय-व्यवहार हेतु व्यक्तियों व संस्थानों के बीच"[6] किया जाता है।

पुरातन सभ्यता के प्रारंभिक चरण में वस्तु-विनिमय पद्धति से मनुष्य का काम चलता था। इसके लिए उसे बहुत दूर भी जाने की ज़रूरत नहीं पड़ती थी। दूसरी ओर उसकी आवश्यकताएं भी सीमित थीं, मर्यादित थीं। सभ्यता के विकास के साथ वैज्ञानिक प्रगति के फलस्वरूप यातायात के साधनों और दूर-संचार प्रणालियों का भी विकास होता चला गया। आज जीवन स्वयं इतना जटिल हो गया है कि कारोबार या व्यापार से संबंधित लेन-देन केवल एक स्थान-विशेष की बात न रहकर राष्ट्रीय व अन्तर्राष्ट्रीय मामला बन गया है। किसी भी देश की अर्थव्यवस्था को बनाने या बिगाड़ने में इन लेन-देनों की बड़ी महत्त्वपूर्ण भूमिका है।

जितने ये लेन-देन महत्त्वपूण हैं उतने ही महत्त्वपूर्ण हैं उनसे संबंधित पत्र। अन्य पत्रों की तुलना में इनका परिमाण इतना विशाल और व्यापक है कि इन्हें डाक-तार विभाग की रीढ़ कहा जा सकता है। भारत का ही विचार करें तो एक स्थान से दूसरे स्थान तक पत्रों को भेजने के लिए पहले आंगड़िया सेवाएं थीं, बाद में कूरियर सेवाएं भी प्रारंभ हुईं। ये दोनों निजी क्षेत्र की सेवाएं थीं। राष्ट्रीय और अन्तर्राष्ट्रीय धरातल पर इन्होंने इतना महत्त्वपूर्ण स्थान प्राप्त कर लिया कि भारत के डाक-तार विभाग को भी 'स्पीड पोस्ट' जैसी सेवा प्रारम्भ करने के लिए विवश होना पड़ा।

यद्यपि पत्रव्यवहार को संप्रेषण का 'अनुषंगी' माध्यम कहा गया है,[7] फिर भी इसी पत्रव्यवहार के लिए कई कम्पनियां अपने कर्मचारियों को विशेष प्रशिक्षण देती हैं, पत्राचार पर्यवेक्षकों और संप्रेषण विशेषज्ञों की सेवाएं लेती हैं और इस विषय पर चिकित्सालयों (क्लिनिकों) का आयोजन करती हैं।[8] भारत में भी बैंकों और वित्तीय संस्थाओं के प्रशिक्षण महाविद्यालयों या केन्द्रों में संचालित

विभिन्न पाठ्यक्रमों में अन्य तकनीकी विषयों के अलावा पत्रव्यवहार भी पढ़ाया जाता है।

इस पत्रव्यवहार का इतना महत्त्व क्यों है?

व्यावसायिक पत्रों का उद्देश्य

व्यावसायिक पत्र, जिनमें बैंकिंग क्षेत्र के पत्र भी शामिल हैं, निम्नलिखित उद्देश्य से लिखे जाते हैं—

(1) ग्राहक-सेवा (इसमें नये ग्राहकों की खोज, पुराने ग्राहकों से संबंधवृद्धि और खोए हुए ग्राहक की पुनः प्राप्ति सम्मिलित है।)

(2) विक्रय हेतु बाज़ार खोज, विक्रय का क्षेत्रविस्तार और मात्रावृद्धि

(3) नवोत्पादित वस्तुओं या नवीन सेवाओं का विज्ञापन, प्रचार और प्रसार

(4) साख, प्रतिष्ठा या सुनाम का निर्माण और उसकी रक्षा

(5) संदर्भ, साख की जांच

(6) भावों की पूछ-ताछ, निर्ख व आदेश संबंधी विभिन्न कार्यों का निष्पादन

(7) शिकायतों का समायोजन

(8) ऋणों की वसूली

(9) विभिन्न सरकारी अथवा गैर-सरकारी कार्यालयों या एजेंसियों से संबंध-निर्वाह

(10) व्यापारिक सम्बन्धों का अभिलेख निर्माण और साक्ष्य-प्रस्तुति

(11) एजेंटों तथा प्रतिनिधियों की नियुक्ति

(12) विदेश-व्यापार

उपर्युक्त के अतिरिक्त अन्य अनेक छोटे-मोटे कार्यों का संपादन करने में व्यावसायिक पत्रों की अत्यन्त महत्त्वपूर्ण भूमिका है। इसे ध्यान में रखकर ही यह कहा गया है कि "किसी व्यापार की सफलता काफी सीमा तक पत्रव्यवहार की कुशलता पर निर्भर करती है। यदि व्यापारिक पत्र निर्धारित रूप में आकर्षक ढंग से लिखा गया है तो यह लिखने वाले के 'दूत' के रूप में कार्य करता है क्योंकि यह पत्रव्यवहार व्यावसायिक सफलता का द्वार खोलता है, ग्राहकों से परिचय बढ़ाता है तथा अधिक-से-अधिक व्यवसाय दिलाने के साथ व्यावसायिक क्षेत्र में अपनी साख-वृद्धि करने में सहायक होता है।"[9]

बैंकिंग पत्रव्यवहार

1969 में बैंकों के राष्ट्रीयकरण के बाद भारतीय बैंकिंग के स्वरूप में आमूल

परिवर्तन हो गया है। राष्ट्रीयकरण के पूर्व बैंक कारोबार व्यापार और उद्योग तक सीमित एक ऐसा व्यवसाय था जिसका संबंध एक वर्ग विशेष (class) के साथ था। चौदह अनुसूचित वाणिज्य बैंकों के राष्ट्रीयकरण के फलस्वरूप "ये बैंक सीधे सामाजिक नियंत्रण में आ गये। अब बैंकों की गंगा ने गांव की ओर अपनी धारा मोड़ दी। ये राष्ट्रीयकृत बैंक छोटे-छोटे कस्बों में अपनी शाखा खोलने लगे। इनकी सहायता से बेरोज़गारों को रोज़गार मिलने लगा, किसानों के सूखे खेतों को कुएं और ट्यूबवेल मिलने लगे और जो छोटे-छोटे उद्योग-धंधे आर्थिक सहायता के अभाव में अपनी ज़िंदगी की अंतिम घड़ियां गिन रहे थे उनमें भी एक नयी ज़िंदगी आ गई।"[10] 1980 में और छः बैंकों के राष्ट्रीयकरण के साथ उसके समाजीकरण की प्रक्रिया का और अधिक विस्तार किया गया। अग्रणी बैंक योजना क्षेत्रीय ग्रामीण बैंक, सेवा क्षेत्र दृष्टिकोण, गरीबी उन्मूलन संबंधी विभिन्न सरकारी योजनाओं में राष्ट्रीयकृत बैंकों की भूमिका, बीमा, बिजली, टेलीफोन आयकर, शैक्षणिक संस्थाओं आदि से संबंधित अनेक गैर-पारंपरिक सेवाओं का समावेश, देश और समाज की बदलती हुई व्यवस्था के अनुरूप अपने ढांचे को बदलने की वृत्ति और प्रवृत्ति आदि आधुनिक भारतीय बैंकिंग के इतिहास की उल्लेखनीय घटनाएं हैं। इस कायापलट ने बैंकिंग को केवल एक व्यवसाय या उद्योग नहीं रहने दिया है बल्कि उसे महत्त्वपूर्ण सेवा में परिवर्तित कर दिया है।

आधुनिक भारतीय बैंकिंग की इस दोहरी भूमिका में पत्रव्यवहार का महत्त्वपूर्ण स्थान है। एक ओर उसे ग्राहकों की संख्या में वृद्धि और उत्कृष्ट ग्राहक-सेवा में योगदान देना है तो दूसरी ओर उसे व्यावसायिकता का भी सफलतापूर्वक निर्वाह करना है। पूंजी बाज़ार के प्रवाहों को आत्मसात् करते हुए समयोचित सेवाओं को उसे लोकप्रिय बनाना है तो दूसरी ओर अनेक कारणों से उठती हुई अविश्वास की आंधी में विश्वास और स्थिरता के वातावरण का निर्माण करना है। आज जहां ग्रामीण, कस्बाई, शहरी और महानगरीय क्षेत्रों में सार्वजनिक क्षेत्र की 42404 बैंक शाखाएं और 877904 कर्मचारीगण कार्यरत हों वहां शिकायतों का न उठना आदर्श है तो शिकायतों का उठना वास्तविकता है। इन्हें निपटाने में भी पत्रव्यवहार को एक प्रभावी माध्यम बनना है। ऋणों की वसूली जैसे दुष्कर कार्य को सरल बनाने में उसे अपना दायित्व निभाना है तो दूसरी ओर विवाद की स्थितियों में विधि की अनेक औपचारिकताएं भी उसे पूरी करनी हैं। नीति-निर्धारण और उसका कारगर कार्यान्वयन, प्रबंधतत्र और कर्मचारियों के बीच सद्भावपूर्ण संबंधों की स्थापना केवल बैंकिंग क्षेत्र की ही नहीं बल्कि किसी भी क्षत्र की परमावश्यकता है, चुनौती भी है। ऐसी स्थितियों में पत्रव्यवहार को संजीवनी का चमत्कार भी दिखाना है। विभिन्न सरकारी अथवा गैर-सरकारी कार्यालयों, एजेंसियों आदि के साथ बैंकों के संबंध-निर्वाह में उसे एक सार्थक सेतु

भी बनना है। संक्षेप में, उसे अपने आप को संवाद का सशक्त माध्यम सिद्ध करना है।

बैंकिग पत्रव्यवहार की इन विभिन्न स्थितियों को चार स्तरों में वर्गीकृत किया जा सकता है—

(1) अंतर बैंक पत्रव्यवहार (Inter Bank Correspondence)
(2) अंतः बैंक पत्रव्यवहार (Intra Bank Correspondence)
(3) बैंकों से भिन्न संस्थाओं के साथ पत्रव्यवहार (Correspondence with Institutions other than banks)
(4) ग्राहकों के साथ पत्रब्यवहार (Correspondence with the coustomers)[11]

व्यावसायिक पत्र कार्यालयीन भी है

'कार्यालय के लिए अंग्रेज़ी में 'office' शब्द प्रचलित है। हिन्दी में इसके पर्याय हैं—'दफ्तर' और 'कचहरी'। शब्दकोशों के अनुसार इसका तात्पर्य है—

- 'कारोबार चलाने का स्थान'[12]
- 'वह स्थान जहां किसी संस्था या कंपनी आदि के कर्मचारी लिखा-पढ़ी, लेनदेन आदि का कार्य करते हों'[13]

इस प्रकार, सामान्यतः जहां व्यवसाय होगा वहां कार्यालय होगा ही। हां, जहां एक ही व्यक्ति व्यवसाय करने वाला हो और उसका भी कोई स्थान निश्चित न हो वहां कार्यालय का अस्तित्व नहीं होगा। ऐसी स्थिति में व्यक्ति ही कार्यालय बन जाता है और यदि उसे कार्यालय की संज्ञा देती ही हो तो 'चल कार्यालय' की संज्ञा दे सकते हैं।

'कार्यालय' शब्द का जिन सरकारी मंत्रालयों, विभागों, अर्ध-सरकारी संस्थानों, निजी संस्थानों आदि से संबंध जोड़ा जाता है वहां पत्रव्यवहार का एक ऐसा स्वरूप विकसित हुआ है जिसे व्यावसायिक क्षेत्र ने भी विभिन्न संदर्भों और परिस्थितियों में उपयोगी समझा है और कहीं-कहीं उसी रूप में या आवश्यक परिवर्तनों के साथ अपनाया है।

रही बात प्रयोजन की। व्यावसायिक पत्रों का प्रयोजन रहता है व्यावसायिक उद्देश्यों की पूर्ति और इन उद्देश्यों की पूर्ति के लिए किसी-न-किसी प्रकार की प्रशासनिक व्यवस्था आवश्यक हो जाती है। इसके अतिरिक्त पत्रव्यवहार के कई ऐसे तत्त्व हैं जो व्यावसायिक और कार्यालयीन दोनों प्रकार के पत्रों में समान हैं। अतः हम यहां बैंकिग के विशेष संदर्भ में व्यावसायिक पत्रों के विभिन्न पहलुओं पर ही विचार करेंगे।

व्यावसायिक पत्र के कार्य (Functions)

लेन-देन की प्रकृति एवं पत्रव्यवहार करने वालों के संबंधों की भूमिका के अनुसार व्यावसायिक पत्रों के कार्य असंख्य हैं लेकिन, मोटे तौर पर चार कार्यों पर विचार किया गया है। ये हैं—(1) कानूनी कार्य, (2) विश्वासोत्पादक कार्य, (3) संदर्भमूलक कार्य और (4) सद्भावना या सुनाम संबद्ध कार्य।

(1) कानूनी कार्य

व्यावसायिक संस्थान, सरकारी कार्यालय आदि की ओर से किए जाने वाले पत्रव्यवहार का कानूनी दृष्टि से अत्यधिक महत्त्व है। बैंकिंग की ही बात करें तो वह विधि पहले है और व्यवहार बाद में। यदि व्यक्ति को सफल बैंकर की भूमिका निभानी है तो उसे कम से कम भारतीय संविदा **अधिनियम**, 1872, विवाहित महिला संपत्ति अधिनियम, 1874, परक्राम्य लिखत अधिनियम, 1881, संपत्ति अंतरण अधिनियम, 1882, भारतीय साक्ष्य अधिनियम, 1872, बैंकर बही साक्ष्य अधिनियम, 1891, साधारण खंड अधिनियम, 1897, दीवानी प्रक्रिया संहिता, 1908, दंड प्रक्रिया संहिता, 1898, भारतीय पंजीकरण अधिनियम, 1908, भारतीय परिसीमा अधिनियम, 1908, प्रांतीय दिवाला अधिनियम, 1920, भारतीय माल विक्रय अधिनियम, 1930, भारतीय साझेदारी अधिनियम, 1932, बीमा अधिनियम 1938, कंपनी अधिनियम, 1956, वाहक अधिनियम, 1865, संरक्षक और प्रतिपाल्य अधिनियम, 1890, हिन्दू उत्तराधिकार अधिनियम, 1956, आयकर अधिनियम, 1961, परिसीमा अधिनियम, 1963, भारतीय स्टांप अधिनियम, 1999, भारतीय स्टांप नियमावली, 1925, बैंकिंग विनियमन अधिनियम , 1849, भारतीय रिज़र्व बैंक अधिनियम, 1935, राजभाषा अधिनियम, 1963 (यथा संशोधित 1967) और राजभाषा नियम, 1976 की जानकारी होना आवश्यक है।

बैंकर और ग्राहक के संबंध भी विभिन्न संदर्भों में अनेक आयाम धारण करते हैं लेकिन सबकी नींव में विधि है, कानून है। ये संबंध हैं—देनदार-लेनदार का संबंध, एजेंट (अभिकर्ता) और स्वामी (Principal) का संबंध सलाहकार और अटर्नी के रूप में बैंकर की भूमिका, उपनिहिती (Bailee) और उपनिधाता (Bailor) का संबंध, पट्टाकर्ता (Lessor) और पट्टाग्राही (Lessee) का संबंध आदि।

इस परिस्थिति में बैंकर का प्रत्येक लेन-देन, प्रस्ताव, वचन, आदेश, करार, संविदा, पत्र महत्त्वपूर्ण विधिक प्रलेख बन जाता है। ऐसा ही ग्राहक से प्राप्त पत्र या उसके द्वारा निष्पादित करार, संविदा आदि के बारे में है। विवाद उत्पन्न होने

या मुकदमा दायर करने जैसी स्थितियों में यही सामग्री मूल्यवान साक्ष्य के रूप में अत्यंत उपयोगी सिद्ध होती है। जबानी या टेलीफोन पर कही गई बात से तो व्यक्ति मुकर सकता है लेकिन, लिखित प्रमाण होने पर यह संभव नहीं है। इसीलिए, बैंक कार्यालयों में जब वरिष्ठ कार्यपालकों द्वारा मौखिक रूप से या टेलीफोन पर अपने अधीनस्थ अधिकारियों को कोई आदेश दिया जाता है तब बाद में उसकी लिखित पुष्टि भेजने की परंपरा है और इसमें विलंब होने पर लिखित पुष्टि मंगवा ली जाती है।

(2) विश्वासोत्पादक कार्य

व्यावसायिक पत्रों का यह एक अत्यंत ही महत्त्वपूर्ण कार्य है। व्यावसायिक पत्र लिखने वालों का लक्ष्य अपने उत्पाद या सेवाओं की ओर ग्राहकों को आकृष्ट करना है, उनमें यह विश्वास जगाना है कि उनका माल खरीदना या उनकी सेवाओं का उपयोग करना ही उनके लिए लाभदायी है। यह पत्र ग्राहकों को 'ब्रह्म सत्यं जगन्मिथ्या' की तरह 'यही सत्य है, और सब मिथ्या है' का अहसास या प्रतीति कराता है। इसमें पत्रलेखक के कौशल एवं बुद्धि का परिचय मिलता है। यहां कौशल से तात्पर्य है अभिव्यक्ति की वह कला जो एक कुशल विक्रेता (सेल्ज़मैन) में होती है। एक सफल व्यावसायिक पत्र विक्रयकला का उत्कृष्ट उदाहरण होता है। विक्रयकला के चार सोपान हैं—**ध्यानाकर्षण** (अर्थात् अपने उत्पाद या सेवा की ओर व्यक्ति का ध्यान आकृष्ट करना), **रुचि-जागरण** (अर्थात् उत्पाद या सेवा पाने के लिए व्यक्ति के दिल में रुचि जगाना), **इच्छा-निर्माण** (अर्थात् व्यक्ति के मन में उत्पाद या सेवा के लिए स्वामित्व की इच्छा का निर्माण करना) और **तत्काल कार्रवाई** (अर्थात् इच्छातृप्ति, क्रय आदि की दिशा में तत्काल कार्रवाई के लिए व्यक्ति को प्रेरित करना)। इस प्रक्रिया को अंग्रेज़ी में ए० आई० डी० ए० कहा गया है। उपर्युक्त शब्दों के आधार पर हिन्दी में उसे 'आ० जा० नि० का०' कह सकते हैं।

(3) संदर्भमूलक कार्य

चाहे व्यावसायिक पत्र हो या कार्यालयीन पत्र, दो पक्षों के बीच होने वाले पत्रव्यवहार के संदर्भ भिन्न-भिन्न होते हैं। उदाहरणार्थ—बैंक की किसी एक शाखा को अपने ग्राहकों, क्षेत्रीय कार्यालय, अंचल कार्यालय, प्रधान कार्यालय, विभिन्न बैंकों, सरकारी एजेंसियों, निजी संस्थाओं आदि के साथ अनेक विषयों पर पत्रव्यवहार करना पड़ता है। कभी-कभी अग्रिम जैसे विषय पर बरसों तक पत्र-व्यवहार चलता है। और, दूसरी ओर शाखा प्रबंधकों के स्थानांतरण भी होते रहते हैं। इस परिस्थिति में व्यवस्थित फाइल किए गए पत्र मूल्यवान संदर्भ-सामग्री

बन जाते हैं और आगे की कार्रवाई को आसान बना देते हैं। इसीलिए कार्यालय प्रबंधन में फाइलों के व्यवस्थित और सुरक्षित रखरखाव की महत्त्वपूर्ण भूमिका है। इसे आंतरिक गृहव्यवस्था का अनिवार्य अंग कहा जा सकता है।

यों भी मनुष्य की स्मरणशक्ति की एक सीमा है। वर्तमान जीवन की जटिलताओं और तनावों के बीच प्रत्येक लेन-देन या पत्राचार को याद रख पाना संभव भी नहीं है। इस परिस्थिति में भूतकाल ही वर्तमान का सहारा बनकर भविष्य की दिशा निर्धारित करता है।

तदुपरांत, यह संदर्भ-सामग्री नवनियुक्त कर्मचारी के लिए उपयोगी प्रशिक्षण सामग्री भी बन सकती है। कार्यालयों में अंग्रेजी पत्रव्यवहार की परंपरा इसी तरह आगे बढ़ती रही है। हिन्दी में इस परंपरा-निर्माण की अभी प्रतीक्षा है।

(4) सद्‌भावना या सुनाम संबद्ध कार्य

अंग्रेजी में प्रचलित 'गुडविल' शब्द के लिए हिन्दी में सद्‌भावना, सुनाम, साख, नेकनामी, प्रतिष्ठा आदि का प्रयोग होता है। 'नेकनामी' को परिभाषित करते हुए प्रो० मेदीलाल आर्य लिखते हैं—"दीर्घकाल से चल रहा व्यापार, जिसकी नींव मज़बूत हो, बाज़ार में अच्छी साख हो, लोगों पर अच्छी धाक हो, ग्राहकों की अच्छी संख्या हो, नेकनामी हासिल करता है। ऐसा व्यापार यदि किसी अन्य को बेच दिया जाय तो वह व्यक्ति उन सारी चीज़ों का लाभ पाता है। अतः खरीददार को उस नेकनामी के लिए अच्छी रकम देकर व्यापार खरीदना पड़ता है। यह नेकनामी 'Good-will' कहलाती है। मारवाड़ी में इसे ही 'पगड़ी' कहते हैं।"[14] इसीलिए प्रयत्नसाध्य इस सद्‌भावना या सुनाम को व्यापार की अमूल्य आस्ति कहा गया है। एल० गर्टसाइड[15] ने व्यावसायिक पत्रों का जो वर्गीकरण किया है उसमें इस प्रकार के पत्रों का एक अलग ही स्थान निर्धारित किया है। इस श्रेणी में लिखे जाने वाले पत्रों में अभिनंदन, धन्यवाद, सराहना, बधाई, सहानुभूति, शोक संवेदना आदि पत्रों का उन्होंने उल्लेख किया है। यूं ऐसे पत्र लिखने की कोई बाध्यता नहीं होती लेकिन, ये पत्र ग्राहकों के साथ मधुर संबंध स्थापित करने एवं उसे बनाए रखने में अत्यंत उपयोगी सिद्ध होते हैं। स्वरूप-भिन्नता के बीच इनमें समानता यह होती है कि ये पत्र पाठकों या ग्राहकों के प्रति व्यावसायिक संस्थान की विशुद्ध अभिरुचि को अभिव्यक्त करते हैं। ऐसे पत्रों से उठने वाली सच्चाई की ध्वनि ही ग्राहकों के समीप ले जाती है और उनके हृदय में अमिट स्थान बनाती है।

यहां इस बात का विस्मरण नहीं होना चाहिए कि इस प्रकार के पत्रों में झलकने वाली सद्‌भावना के पीछे दक्षतापूर्ण, त्वरित और निष्ठापूर्ण ग्राहक-सेवा की सुदीर्घ परंपरा होती है या नये संस्थान के मामले में इस प्रकार की ग्राहक-

सेवा प्रदान करने का दृढ़ संकल्प होना चाहिए। कहने का तात्पर्य यह है कि कर्तव्यशून्य शब्दजाल सद्‌भावना का निर्माण नहीं कर सकता। जहां 'कथनी और करनी' का समन्वय हो वहां व्यावसायिक पत्र ऋणों की वसूली जैसे अप्रिय कार्य में भी कामयाबी हासिल करने की क्षमता प्राप्त करते हैं और ग्राहकों के साथ बेहतर और अधिक सार्थक व्यावसायिक संबंध स्थापित करने में शक्तिशाली साधन सिद्ध होते हैं।

व्यावसायिक पत्रों के प्रमुख तत्त्व

व्यावसायिक पत्र लिखने के पूर्व पत्रलेखक को निम्नलिखित दो प्रश्नों पर सम्यक् विचार कर लेना चाहिए—

(1) इस पत्र के माध्यम से मैं क्या कहना चाहता हूं?

(2) मैं जो कहना चाहता हूं उसे अत्यधिक प्रभावशाली रूप में कैसे कहा जा सकता है?

संक्षेप में, पत्रलेखक के लिए विचारणीय विषय हैं—

(1) उद्देश्य की स्पष्टता, और

(2) उद्देश्यपूर्ति के उपाय

इसे ही 'बैंकिंग पत्रव्यवहार' के संपादकों ने 'विषय-संयोजन' तथा 'विषय-प्रस्तुतीकरण' की संज्ञा दी है।[16]

(1) उद्देश्य की स्पष्टता

इस विषय पर लिखने वाला कोई भी लेखक ऐसा नहीं होगा जिसने इस संबंध में चिंतन न किया हो। उद्देश्यपरकता ही व्यावसायिक पत्रों को पारिवारिक या निजी पत्रों और सामाजिक पत्रों से अलग स्थान प्रदान करने में महत्त्वपूर्ण भूमिका अदा करती है। व्यवसाय के विश्व में समय सर्वोपरि है। जहां समय सर्वाधिक मूल्यवान संपदा हो वहां यह आवश्यक हो जाता है कि प्रत्येक पत्र प्रभावी हो, सार्थक हो, उद्देश्यपूर्ण हो।

इसके पूर्व हम यह भी देख चुके हैं कि व्यावसायिक पत्रों के भिन्न-भिन्न कार्य होते हैं, जैसे—कानूनी, विश्वासोत्पादक, संदर्भमूलक, सद्‌भावना या सुनाम संबद्ध कार्य आदि। रोबर्ट शर्टर के मतानुसार व्यावसायिक पत्र एक ऐसा संदेश देता है जो लेखक की अपेक्षानुसार पत्र पाने वाले को कोई कार्रवाई करने या अभिवृत्ति अपनाने के लिए प्रेरित करता है।[17] इस प्रकार के दायित्व-निर्वाह के लिए पत्र का प्रभावी होना अत्यंत आवश्यक है। और पत्र में वांछित प्रभाव उत्पन्न करना हो तो लेखनी चलाने के पूर्व चिंतन भी उतना ही ज़रूरी हो जाता है। व्यावसायिक जगत में शब्दों की बरबादी का मतलब होगा समय और धन दोनों की बरबादी।[18]

हमें लगता है कि प्रारूपण या प्रारूप-लेखन (drafting) की प्रक्रिया का प्रादुर्भाव ऐसी ही पृष्ठभूमि में हुआ होगा। एल० गर्टसाइड ने अपनी एक पुस्तक[19] में बी० एल० के० हेंडरसन का एक वाक्य उद्धृत किया है जो इस प्रकार है—

"लेखकों के तीन वर्ग हैं : वे जो लिखने के पहले सोचते हैं; वे जो लिखते समय सोचते हैं; और वे जो लिखने के बाद सोचते हैं।"

पत्रलेखन के संदर्भ में कहा जाए तो सफल पत्रलेखकों को प्रथम श्रेणी में ही रखा जा सकता है। और, इसी कारण से पत्र की आयोजना को, प्रारूपण को सर्वोपरि स्थान दिया जाता है। डॉ० भोलानाथ तिवारी और डॉ० विजय कुलश्रेष्ठ के अनुसार, "प्रारूपण किसी भी सरकारी या व्यावसायिक संस्थान के अंतर्गत किसी एतद्विषयक नियुक्त व्यक्ति द्वारा तैयार किया गया वह प्रथम आलेख या कच्चा रूप है जो एक निश्चित प्रणाली, निश्चित वाक्यावली, निश्चित नियम एवं औपचारिकताओं तथा परंपरित स्वरूप में ही प्रस्तुत किया जा सकता है।"[20] यद्यपि प्रारूपण की प्रक्रिया का संबंध सरकारी या अर्ध-सरकारी कार्यालयों से विशेष है तथापि, इसका क्षेत्र यहीं तक सीमित न होकर छोटे-से-छोटे कार्यालय एवं व्यावसायिक संस्थान तक विस्तृत है। यह ज़रूरी नहीं है कि प्रत्येक कार्यालय या संस्थान में लिपिक, प्रभाग अधिकारी, उच्चाधिकारी आदि की भिन्न-भिन्न श्रेणियां हों और विभिन्न इकाइयों से गुज़रने के बाद ही प्रारूप अंतिम रूप प्राप्त करे। छोटे कार्यालय में एकाध सक्षम व्यक्ति अकेला ही यह कार्य निपटा सकता है।

इन सबका मूल प्रयोजन केवल एक ही है—पत्र अपने उद्देश्य की पूर्ति में सफल हो। यह तभी संभव है जब पत्रलेखक के सामने उद्देश्य की पूर्ण स्पष्टता हो और यह स्पष्टता तभी होगी जब उसका चिंतन सुस्पष्ट होगा। सुस्पष्ट चिंतन ही स्पष्ट लेखन-शैली को जन्म देता है।

4 'सी'

व्यावसायिक पत्र-लेखन के संदर्भ में प्राय: 4 'सी' का उल्लेख किया जाता है। ये चार 'सी' इस प्रकार हैं—

(1) स्पष्टता (Clarity)
(2) संक्षिप्तता (Conciseness)
(3) शुद्धता (Correctnees)
(4) शिष्टता (Courtosy)

इनमें से स्पष्टता का विचार तो हम ऊपर कर चुके हैं। शेष तीन का भी परिचय यहां प्राप्त कर लें—

संक्षिप्तता—समयाभाव के कारण व्यवसायियों, कार्यपालकों, प्रबंधकों आदि के पत्र छोटे या संक्षिप्त होते हैं। लेकिन, ये पत्र इतने संक्षिप्त भी न हों कि तार

और उनके बीच कोई अंतर ही न रहे। संक्षिप्तता से अभिप्रेत यह है कि मूल मंतव्य या कथ्य की सीधी और स्पष्ट अभिव्यक्ति हो। अनावश्यक विस्तार के लिए इन पत्रों में कोई गुंजाइश नहीं। शब्दों की मितव्ययिता या शब्दों के संयत और विवेकपूर्ण प्रयोग से ही संक्षिप्तता लाई जा सकती है। एक वाक्य में कहना हो तो संक्षिप्तता के अंतर्गत अपेक्षित है 'काम की बात'।

शुद्धता—व्यावसायिक पत्र में 'शुद्धता' का होना अत्यंत आवश्यक है। 'शुद्धता' से यहां तात्पर्य है—(i) भाषाशुद्धि और (ii) तथ्यशुद्धि। भाषा अपना वांछित प्रभाव, सौंदर्य तभी उत्पन्न कर सकती है जब वह व्याकरणसम्मत हो, व्याकरण के अनुशासन से आबद्ध हो। लेकिन, यदि व्याकरण के नियमों से जकड़कर भाषा अपना सहज, स्वाभाविक सौंदर्य खो बैठती है तो वह शुद्धता किसी काम की नहीं रहती। व्याकरण की भूमिका केवल सेवक की ही रहनी चाहिए, स्वामी की नहीं। भाषा शुद्ध भी हो और सुंदर भी हो।

दूसरी बात है तथ्यशुद्धि की। यदि व्यावसायिक पत्र को विश्वसनीय बनाना है तो उसमें तथ्यों की शुद्धता होनी ही चाहिए। दूसरे शब्दों में वह भ्रामक न होकर तथ्य और सत्य पर आधारित होना चाहिए। उसमें जो भी सूचना या आंकड़े दिए जाएं वे शुद्ध होने चाहिए, सही होने चाहिए। अन्यथा, पत्रलेखक अपनी साख खो बैठेगा।

शिष्टता—शिष्टता से अभिप्रेत है विनम्रता, सभ्यता और संस्कार, जो मानवजाति की मूल्यवान पूंजी है। और व्यावसायिक पत्रों में तो शिष्टता ही वह गुण है जो मधुर व्यावसायिक संबंधों के निर्माण और निर्वाह में महत्त्वपूर्ण भूमिका निभाता है। शिष्टता के मूल में है दूसरे के व्यक्तित्व का स्वीकार। सामाजिक संबंधों की आधारशिला भी यही है। यदि व्यक्ति दूसरों से सम्मान या आदर चाहता है तो उसे दूसरों को भी वही सम्मान देना चाहिए। व्यवसाय के क्षेत्र में ऐसी स्थितियां भी आ सकती हैं जब ग्राहक द्वारा अपने पत्र में की गई शिकायत या आलोचना सही न हो और इन स्थितियों में पत्र पाने वाला व्यक्ति या व्यावसायिक संस्थान सहज ही उत्तेजित हो सकता है। लेकिन, ऐसी स्थितियों में भी यदि वह धैर्य और संयम से काम लेता है और अपने पत्र में शिष्टता या विनम्रता का परिचय कराता है तो बिगड़ी हुई बाजी को सुधारने में इससे बड़ी सहायता मिलती है। इस प्रकार की विनम्रता कमज़ोरी नहीं बल्कि आभूषण है। इससे यदि ग्राहक को आप मित्र भले ही न बना सकें लेकिन उसे दुश्मन बनाने से तो रोक ही लेंगे। इस दृष्टि से 'मान्यवर', 'श्रीमान', 'महाशय', 'कृपया', 'धन्यवाद', 'खेद है', 'कष्ट के लिए क्षमा करें' आदि शब्दों या शब्दावली का संदर्भानुसार प्रयोग अत्यंत आवश्यक हो जाता है।

शिष्टता केवल शब्दों में ही प्रकट नहीं होती, उसे शीघ्र उत्तर देकर, शिका-

यतों की ओर तत्काल ध्यान देकर, व्यक्तिवाचक संज्ञाओं को सही रूप में लिखकर, अनुरोधों पर शीघ्र कार्रवाई कर, अविलंब भुगतान कर, उत्तर देते समय पूरी संदर्भ संख्या उद्धृत कर[21] विभिन्न रूपों में व्यक्त किया जा सकता है। इसमें भी शिकायती पत्रों का त्वरित उत्तर देना अलग ही महत्त्व रखता है। व्यवहार में विलंबित न्याय का तात्पर्य होगा न्याय देने से इन्कार, जिसका व्यावसायिक और औद्योगिक संबंधों पर बहुत ही विपरीत प्रभाव पड़ता है। यदि ऐसे पत्रों में की गई शिकायत का तुरंत निपटारा करना संभव न हो तो भी कम-से-कम इनकी प्राप्ति-सूचना तो तुरंत भेज ही देनी चाहिए, और वह भी त्रुटि या कमी की ओर ध्यान आकृष्ट करने के लिए ग्राहक को धन्यवाद देकर। संक्षेप में, शिष्टता पत्रलेखक के स्वभाव या संस्थागत संस्कृति का अभिन्न अंग बन जानी चाहिए।

हमने 'उद्देश्य की स्पष्टता' के संदर्भ में 4 'सी' अर्थात् स्पष्टता, संक्षिप्तता, शुद्धता और शिष्टता पर विचार किया। इनके अतिरिक्त 'उद्देश्य की स्पष्टता' के संदर्भ में व्यावसायिक पत्रों में निम्नलिखित गुणों का होना भी आवश्यक है—

संबद्धता—इसका संबंध पत्र में व्यक्त विचार, तथ्य, भाव आदि से है। वर्ण्य विषय के साथ न केवल इनका ताल-मेल होना चाहिए बल्कि विभिन्न पैराग्राफों के साथ इनमें क्रमबद्धता या तार्किक अनुक्रम भी होना चाहिए। संबद्धता से ही एक संश्लिष्ट एवं सुरक्षित पत्र का जन्म होता है।

इसीलिए ही, एक ही पत्र में भिन्न-भिन्न विषय से संबंधित बातों को समाविष्ट करने का प्रलोभन पत्रलेखक को छोड़ना चाहिए। ऐसा करने से मितव्ययिता तो होती है लेकिन, पत्र का समग्र प्रभाव समाप्त हो जाता है। प्रशासनिक दृष्टि से भी इसका दुष्परिणाम यह होता है कि पत्र में वर्णित भिन्न-भिन्न विषय कार्यालय के भिन्न-भिन्न अनुभागों या विभागों से संबंधित रहने के कारण सब पर कार्रवाई करना संभव नहीं होता। फलतः सारा परिश्रम व्यर्थ हो जाता है। उदाहरण के लिए—यदि नये कर्मचारी की भर्ती का संबंध कार्मिक विभाग से है और स्थानांतरण का मानव संसाधन विकास विभाग से है तो दोनों विषयों को एक ही पत्र में मिलाने के बदले दोनों विभागों को अलग-अलग पत्र लिखे जाने चाहिए।

पूर्णता—पूर्णता से तात्पर्य है विषय से संबद्ध सभी आवश्यक बातों का पत्र में इस तरह समावेश करना, जिससे कि ग्राहक को उस संबंध में पूछताछ करने के लिए पुनः समय और पैसा बरबाद न करना पड़े। सूचना और क्रमबद्धता, दोनों ही दृष्टियों से पत्र अपने आप में पूर्ण होना चाहिए।

विषय का जब तक सांगोपांग विचार नहीं होगा तब तक पत्र में पूर्णता नहीं आ सकेगी। जब एक ही विषय के संदर्भ में बार-बार पत्र लिखना पड़े या पत्र लिखने के बाद एक या अनेक बार पुनश्च जोड़ना पड़े तब उसे पत्रलेखक की कमज़ोरी ही माना जा सकता है। इसीलिए ही प्रारूपण को कला माना गया है।[22] इसके लिए

विषयवस्तु तथा उसके उद्देश्य की स्पष्टता, विषय के पूर्वापर संदर्भ की पूर्ण जानकारी, विषय के सभी पहलुओं का विचार और विश्लेषण आवश्यक है।

(2) उद्देश्यपूर्ति के उपाय

पत्रलेखक के सामने जब उद्देश्य स्पष्ट हो तब उद्देश्य की पूर्ति सफलतापूर्वक कैसे हो इसपर विचार करना ज़रूरी हो जाता है। इस संदर्भ में मुख्यत: तीन बातें विचारणीय हैं—

(i) पाठक की सर्वोपरिता
(ii) व्यक्तित्व की अभिव्यक्ति
(iii) भाषा-शैली

(i) पाठक की सर्वोपरिता

किसी भी कार्य के पीछे व्यक्ति की तीन प्रकार की मनोवैज्ञानिक पृष्ठभूमि रहती है। व्यक्ति या तो 'स्वांत: सुखाय' अर्थात् अपने सुख या लाभ के लिए कोई कार्य करता है या वह ऐसा कार्य करता है जिससे 'स्व' और 'पर' दोनों का हित हो या उसका कार्य केवल दूसरे के हित के लिए हो। कभी-कभी मनुष्य आचरण की उस अति तक भी पहुंच जाता है जब दोनों में से किसी को भी लाभ नहीं होता। ईर्ष्या या द्वेष की स्थिति में यह भी संभव है। पूर्वोक्त तीन भूमिकाओं की बात करें तो प्रथम भूमिका सामान्य व्यक्ति की है। द्वितीय भूमिका व्यवहार-कुशल व्यक्ति की है और तृतीय भूमिका संत की है। अब, पत्रों के संदर्भ में इसका विचार करें तो पारिवारिक पत्र केवल 'स्वांत: सुखाय' हो सकते हैं जबकि सामाजिक एवं विशेष रूप से व्यावसायिक पत्र 'स्व' और 'पर' का समान रूप से हितसाधन करते हैं। तृतीय भूमिका में तो केवल संतों के पत्र ही आ सकते हैं, जो कि हमारे विषय की परिधि से बाहर हैं।

जैसा कि हमने ऊपर देखा, व्यावसायिक पत्रों में 'स्व' और 'पर' दोनों का हित निहित रहता है। कोई भी व्यवसायी ऐसा कार्य नहीं करेगा जिसमें उसे कुछ लाभ न होता हो। यदि वर्तमान में लाभ नहीं होता तो भविष्य के लाभ पर भी उसकी दृष्टि रहेगी। इसलिए, व्यवसायी की हर कृति के मूल में अपने लाभ की वृत्ति तो रहेगी ही। इतना होते हुए भी सफल व्यावसायिक पत्र वे ही हैं जो पाठक को सर्वोपरि स्थान देते हैं अर्थात् अपने उत्पाद या सेवाओं के प्रचार का प्रयोजन दृष्टि समक्ष रखते हुए भी उनसे ग्राहक किस तरह लाभान्वित होगा यही दिखाने की कोशिश करते हैं। इसे ही अंग्रेजी में 'you' attitude कहा गया है। हिन्दी में इसे हमने 'पाठक की सर्वोपरिता' कहा है।

रोबर्ट शर्टर के अनुसार व्यावसायिक पत्रलेखन में इससे अधिक महत्त्वपूर्ण वस्तु हो ही नहीं सकती।[39] यदि पत्रलेखक पाठक को सतत दृष्टि में रखे तो वह अपने उद्देश्य की पूर्ति प्रभावशाली ढंग से कर सकता है। यह दृष्टिकोण उसे न केवल अपने उत्पाद या सेवा के उपभोक्ताओं की वृद्धि करने में सहायता देता है बल्कि भाषा-शैली इत्यादि के निर्माण में भी महत्त्वपूर्ण भूमिका निभाता है। उसे 'अगर मैं पाठक होता' इसकी कल्पना करते हुए अपने आप से ये प्रश्न पूछने होंगे—

"यदि पाठक के रूप में मैं इस पत्र को पढ़ूंगा तो क्या मैं इसे समझ पाऊंगा?"

"क्या इसे पढ़ने में मेरी रुचि होगी?"

"लिखने वाले के प्रति मेरे मन में आक्रोश तो उत्पन्न नहीं होगा?"

"क्या मैं पत्र पढ़ते ही उसमें बताई गई बातों को कार्यान्वित करने के लिए प्रेरित हो जाऊंगा?"

"क्या मैं यह मानता हूं कि इस पत्र में कार्यालयीन औपचारिकता तथा सौजन्य का निर्वाह किया गया है?"[24]

इन प्रश्नों का उत्तर यदि 'हां' में मिलता है तो पत्र निश्चित रूप से सफल होगा, सार्थक होगा, प्रभावी होगा। ऐसे पत्र में पाठक को होने वाले लाभ, आनंद, वस्तु की उपयोगिता, बाह्याकृति या दिखावट, रसास्वादन आदि का प्रक्षेपण होगा। रोज़गार पाने के लिए लिखे जाने वाले आवेदनपत्र में भी यह दृष्टिकोण अनुकूल प्रभाव उत्पन्न कर सकता है तो 'बिक्री' पत्रों में तो निश्चित ही यह जादू या चमत्कार का सृजन करता है।

लेकिन, स्मरण रहे कि यह एक आडंबर की वस्तु या नुमाइशी चीज़ न बन जाए अन्यथा, 'आप' का बाहुल्य होने पर भी उसका कोई प्रभाव नहीं रहेगा। व्यावसायिक पत्र को एक ऐसा संबंध-सेतु बन जाना चाहिए जो पत्रलेखन की ईमानदारी, सत्यता एवं सत्यनिष्ठा का परिचय कराते हुए उसके व्यावसायिक संबंधों को सुदृढ़ करे। दूसरे शब्दों में, 'पाठक की सर्वोपरिता' केवल व्यावसायिक औपचारिकता या कलम की करामात न रहकर मन की अभिवृत्ति में परिणत होनी चाहिए। तभी उसकी बात दूसरे के दिल को छू सकेगी और अभीप्सित परिणाम ला सकेगी। यहां अभीप्सित परिणाम का तात्पर्य केवल आदेश की प्राप्ति नहीं है बल्कि उस सद्भावना का निर्माण है जो व्यावसायिक संबंधों की नींव है।

निम्नलिखित उदाहरण से यह बात अधिक स्पष्ट होगी—

भारत विकास बैंक
महात्मा गांधी रोड,
राजकोट — 360001
तार का पता................

टेलीफोन सं०...............
संदर्भ सं०......................   दिनांक............
सेवा में,
श्री / श्रीमती / सुश्री............. ....
....
....
....

प्रिय महोदय,

विषय—**हमारी शाखा का स्थलांतरण**

हमें यह सूचित करते हुए बड़ी प्रसन्नता हो रही है कि हमारी शाखा का अब उपर्युक्त रोड पर स्थित नये परिसर में 1 दिसंबर 1992 से स्थलांतरण हो गया है। पुराने परिसर में अपनी उत्कट इच्छा और प्रामाणिक कोशिशों के बावजूद हम आपको संतोषजनक सेवाएं प्रदान नहीं कर पा रहे थे, जिनका हमें बेहद अफसोस था। वहां आपको अनेक असुविधाओं का सामना करना पड़ता था फिर भी आपकी उदारता का ही परिणाम था कि हमारे मधुर व्यावसायिक संबंधों में आपने कोई आंच नहीं आने दी। आपकी इस उदारता के लिए हम सदैव आपके आभारी रहेंगे।

अब उपर्युक्त परिसर में शाखा के स्थलांतरित होने के फलस्वरूप ग्राहक बिना किसी कठिनाई के अपना कामकाज निपटा सकेंगे। हमने नये परिसर का चयन करते समय इस बात का भी ध्यान रखा है कि आपका मूल्यवान समय बरबाद न हो। हमने आपकी सुविधा के लिए न केवल काउंटरों की संख्या बढ़ा दी है बल्कि अपने स्टॉफ को भी इस तरह प्रशिक्षित कर दिया है कि वे आपकी प्रत्येक व्यावसायिक आवश्यकता की ओर तुरंत ध्यान दे सकें।

हम आपकी जानकारी के लिए यह भी बता दें कि हम शीघ्र ही इस शाखा का पूर्णतः कम्प्यूटरीकरण करने जा रहे हैं जिससे कि आज के बदले हुए माहौल में अधिक दक्षता, शुद्धता और शीघ्रता के साथ आपकी सेवा कर सकें।

हमें विश्वास है कि आप हमें सेवा के अधिकाधिक अवसर प्रदान करते हुए

हमारे सद्भावपूर्ण संबंधों को और सुदृढ़ करेंगे।

भवदीय,

....

शाखा प्रबंधक

(ii) व्यक्तित्व की अभिव्यक्ति

स्वाभाविकता—प्रभावी व्यावसायिक पत्र में लेखक का व्यक्तित्व अंतर्निहित रहता है। व्यक्तित्व की सर्वोत्कृष्ट अभिव्यक्ति उसकी स्वाभाविकता में है, कृत्रिमता में नहीं। पत्र पढ़कर यदि पाठक को पत्रलेखक से मिलने या उसे जानने-समझने की इच्छा उत्पन्न होती है, पत्र में यदि मैत्री का स्वर ध्वनित होता है या कहीं हल्का-फुल्का व्यंग्य आ जाता है तो पत्र उसकी स्वाभाविकता और वैयक्तिकता के कारण जीवंत हो उठता है। इसके कारण केवल पत्र में ही नहीं, व्यावसायिक संबंधों में भी चेतना का चमत्कारी प्रवाह बहने लगता है। और, इन सबके होते हुए भी शिष्टता अबाधित ही रहनी चाहिए। एक उदाहरण प्रस्तुत है—

प्रिय सुदर्शनजी,

कल आपके संगीत के कार्यक्रम में सम्मिलित होकर मुझे बड़ी खुशी हुई। मैं तो संगीत के क्षेत्र में औरंगज़ेब ठहरा, फिर भी आपने अपने कार्यक्रम में जो समां बांध दिया उससे कोई भी प्रभावित हुए बिना नहीं रह सकता। विशेष खुशी तो तब होती है जब मंच पर कोई अपना होता है। ऐसे अवसरों पर न केवल प्रसन्नता से बल्कि गौरव से हमारा हृदय फूला नहीं समाता, क्योंकि आप हमारे ग्राहक हैं। आपने संगीत के क्षेत्र में जो कमाल हासिल किया है उसके लिए आप सचमुच हार्दिक अभिनंदन के अधिकारी हैं। ईश्वर आपकी इस कला में दिन दूनी रात चौगुनी वृद्धि करता रहे यही अंतर की कामना है।

कुशल होंगे।

आपकी सेवा के लिए सदैव तत्पर,

आपका

ब्रजमोहन शर्मा

कल्पनाप्रवणता—यहां यह प्रश्न उठ सकता है कि कल्पना का व्यावसायिक पत्र से क्या संबंध है? कल्पना की सृष्टि खड़ी करना तो कवि या कहानीकार या उपन्यासकार का काम है। व्यवसाय का क्षेत्र तो पूर्णतः वास्तविक है। उसमें या उससे संबद्ध पत्रों में कल्पना की गुंजाइश कहां है? लेकिन, व्यावसायिक पत्र को यदि नीरस या अनाकर्षक होने से बचाना है, उसमें यदि वैविध्य का सौंदर्य लाना

है, आपको यदि अपने ग्राहक के साथ दीर्घजीवी संबंध बांधना है, उसके व्यक्तित्व को सही-सही समझना है, उसकी आवश्यकताओं का अंदाज़ लगाना है तो कल्पना का सहारा आपको लेना ही पड़ेगा। इसीलिए लेखनी उठाने के पहले पत्रलेखक को यह चिंतन कर लेना चाहिए कि उसे अपने पत्र में क्या कहना है, कैसे कहना है और किससे कहना है। इस प्रारंभिक चिंतन में लगाए गए क्षण व्यावसायिक पत्र में जान डाल देंगे, उसमें ताज़गी भर देंगे, उसे सरस बना देंगे।

कल्पना की इस उद्‌भावनाशक्ति को साकार करने में उपयुक्त शब्दों, वाक्यांशों, मुहावरों, कथनशैली आदि का चयन अत्यंत उपयोगी सिद्ध होगा। दूसरे शब्दों में, पत्रलेखक का भाषा पर प्रभुत्व होना चाहिए। वह अपने पत्र में लक्षणा और व्यंजना का प्रयोग भले ही न करे लेकिन, अभिधा को भी रोचक और सुंदर बनाने की कला उसे हस्तगत होनी चाहिए। यहीं पर यह सिद्ध हो जाता है कि पत्रलेखन भी एक कला है।

उदाहरण ही क्यों न देखें? प्रस्तुत है बैंक के एक महा प्रबंधक का पत्र—
इस महानगर के मेधावी मित्रो,

दो साल पहले हमें एक युवक की ओर से पत्र मिला। पत्र के एक-एक शब्द से मायूसी टपकती थी। स्वाभाविक भी था। एक युवक ने बड़े अरमानों के साथ स्नातक की उपाधि हासिल की हो, प्रथम श्रेणी भी प्राप्त की हो और उसके बाद दर-दर भटकने पर भी नौकरी कहीं मयस्सर न हो, तब जीवन का सारा मज़ा किरकिरा हो जाता है और आंखों के सामने निराशा का अंधकार छा जाता है। उस पत्र को पढ़कर हमें इस आशंका ने घेर लिया कि कहीं वह युवक आत्महत्या न कर ले। इस स्थिति से उबारने का कर्तव्य वस्तुतः किसी सामाजिक संस्था का ही था, लेकिन हमने सोचा 'क्या ऐसे समय में हमारा बैंक कुछ नहीं कर सकता?'

काफी सोच-विचार के बाद हमने एक योजना का सूत्रपात किया जिसके अनुसार यदि आप स्नातक हैं तो कम्प्यूटर का एक साल तक अध्ययन कर आप न केवल प्रमाणपत्र पा सकते हैं बल्कि, रोज़गार भी पा सकते हैं। हमने इसके लिए कंप्यूटर की एक प्रतिष्ठित कंपनी के साथ प्रशिक्षण की व्यवस्था भी की, जो चयन और प्रशिक्षण से लेकर रोज़गार दिलाने का दायित्व भी संभालती है। अध्ययन के लिए आवश्यक फीस का 85% हिस्सा हम ऋण के रूप में देते हैं। केवल 15% ही आपको देना पड़ता है। ऋण की चुकौती का प्रारंभ रोज़गार मिलने के एक महीने बाद होता है। किस्तों का निर्धारण भी आपकी चुकौती-क्षमता के आधार पर ही होता है।

इस योजना का सारा विवरण उस युवक को भेजा तब उसे मानो नवजीवन मिल गया। आज वह एक औद्योगिक प्रतिष्ठान में अच्छी तनख्वाह कमा रहा है। यदि आप भी अपने सपनों को साकार करना चाहते हैं तो हमारी योजना का

भरपूर लाभ उठाएं। योजना की विस्तृत रूपरेखा इसके साथ संलग्न है।

आशा है, आपको यह योजना पसंद आएगी और इसके ज़रिए आप स्वयं ही अपने भाग्यविधाता बनेंगे।

आपका

(हरिकांत पाठक)

पत्र के प्रारंभ में उल्लिखित घटना कल्पना का ही चमत्कार है। विशेष रूप से 'बिक्री' पत्रों में तो कल्पनाशक्ति के प्रयोग की पूरी गुंजाइश है।

चातुर्य—व्यावसायिक पत्रों में एक विशेष कौशल एवं चातुर्य की भी ज़रूरत पड़ती है। चातुर्य एक ऐसा रसायन है जो स्पष्टता, शुद्धता, सरलता और नम्रता के सम्मिश्रण से निर्मित होता है। कुशल व्यवसायी वही है जिसमें समयानुसार तत्काल कार्य करने की बुद्धि हो, जो प्रत्युत्पन्न मति हो। कारोबार में ऐसे भी क्षण आते हैं जब अपनी नाराज़गी, खेद, आक्रोश आदि भावों को व्यक्त करना आपका धर्म हो जाता है। उस समय संतुलित ढंग से की गई अभिव्यक्ति में आपके चातुर्य या कौशल का परिचय मिलता है। उदाहरण के रूप में—"...की किस्त का भुगतान हमें अभी तक प्राप्त नहीं हुआ है। हमें आश्चर्य तथा खेद है कि आप जैसे प्रतिष्ठित ग्राहक भी भुगतान में इतना विलंब कर सकते हैं। इस विलंब से आपके और हमारे संबंधों की आत्मीयता व मधुरता में अंतर पड़ने की आशंका है।"[25]

लेकिन, यह चातुर्य धोखेबाज़ी का पर्याय नहीं है और न तो वह भ्रामक और अतिरंजित अभिव्यक्ति का दूसरा नाम है। पत्रलेखक को हर हालत में अपनी व्यावसायिक विश्वसनीयता बनाए रखनी होगी।

यहीं पर एक और गुण की आवश्यकता पड़ जाती है। वह है मानसिक संतुलन।

मानसिक संतुलन—व्यवसाय का सम्बन्ध यदि ग्राहकों से है तो कार्यालयों का सम्बन्ध कर्मचारियों से है। जहां मानव-सम्बन्धों की बात आती है वहां चाहे कारोबार का कर्ता-धर्ता हो या कार्यालय का कार्यपालक हो, मानसिक संतुलन बनाए रखना बहुत ही जरूरी है। उसे तुलसीदास की इन पंक्तियों को सदैव याद रखना चाहिए—

तुलसी इस संसार में
भांत भांत के लोग
सब से हिल-मिल चालिये
नदी - नाव संजोग।

'बैंकिंग पत्रव्यवहार' के लेखकों ने बिलकुल ठीक ही कहा है—"व्यक्ति का मन परिस्थितियों की ठंडक और गर्मी को बताने वाला थर्मामीटर नहीं होना

चाहिए। किसीसे थोड़ा नाराज़ हुए बस उसे मेमो दे डाला। किसीसे थोड़ा खुश हुए, तो उसकी प्रशंसा के पुल बांध दिए। यही नहीं, घर का गुस्सा दफ्तर के पत्रों में उतर पड़ा। कभी-कभी तो लोग मन में दूसरों के प्रति एक स्थायी घृणा का भाव बना लेते हैं और यह मान लेते हैं कि अमुक व्यक्ति को कड़ा पत्र ही लिखना चाहिए, क्योंकि वह एक बार गलत काम करते पाया गया था, फिर वह हमेशा गलत ही काम करता होगा। यह मन की कमज़ोरी है। मन इतना संयत होना चाहिए कि वह परिस्थितियों की ठंडक और गर्मी बर्दाश्त कर अपने सही स्वरूप को अभिव्यक्ति दे सके। ऐसा व्यक्ति ही सही ढंग से पत्र लिख सकता है।"[26]

किस ग्राहक या कर्मचारी के साथ किस तरह पेश आना, कब और कहां अर्ध-शासकीय पत्र या ज्ञापन लिखना, कहां नरम होना और कहां गरम होना और कितनी मात्रा तक—इन सबमें मानसिक संतुलन की आवश्यकता पड़ती है। वस्तुत: पत्र लेखक के व्यक्तित्व का दर्पण है। उससे लेखक के व्यक्तित्व का अध्ययन किया जा सकता है।

अनुशीलनपूर्ण व्यक्तित्व—जहां तक कार्यालयों का सम्बन्ध है, तीन प्रकार के व्यक्तित्व दृष्टिगोचर होते हैं: (1) अधिकारपूर्ण (Authoritarian), (2) समर्पणपूर्ण (Submissive), (3) अनुशीलनपूर्ण (Persuasive)। पत्रों में भी इन तीनों के दर्शन होते हैं।

हमेशा नियम, कोड, संहिता, संवैधानिक अधिकारों आदि का प्रदर्शन अधिकारपूर्ण व्यक्तित्व का द्योतक है। पद या कुर्सी से संबद्ध अहं अधिकारपूर्ण भाषा को जन्म देता है। 'बिनु भय प्रीति न होई'—ऐसे लोगों का प्रेरणास्रोत होता है। वे मानते हैं कि चमत्कार से ही नमस्कार होता है। लेकिन, आज के इस लोकतांत्रिक युग में ऐसे पत्रों का सानुकूल प्रभाव नहीं पड़ता। कार्यालयों में तो इससे औद्योगिक सम्बन्धों में दरार पड़ जाती है। और, व्यावसायिक पत्रों में तो अधिकारपूर्ण भाषा ग्राहक-सेवा की मूल भावना पर ही कुठाराघात करती है। इस प्रकार की भाषा का नमूना देखिए—

> "यदि एक सप्ताह के भीतर आपका उत्तर प्राप्त न हुआ तो हमें आपके विरुद्ध कानूनी कार्रवाई करनी पड़ेगी।"

दूसरा व्यक्तित्व है समर्पणपूर्ण जिसमें भक्त की दीनता, विनम्रता के दर्शन होते हैं। जब कोई भी गुण व्यवहार की सीमा का अतिक्रमण करता है तब वह हास्यास्पद हो जाता है। दीनता या समर्पण भाव एक भक्त के विकास का महत्त्वपूर्ण सोपान है, लेकिन वही एक प्रबन्धक या कार्यपालक के लिए सबसे बड़ी कमज़ोरी सिद्ध हो सकता है। यदि कोई शाखा प्रबन्धक लिखता है कि "आपके ही बल पर मैं शाखा प्रबन्धक बना और यदि आप ही जमा के मामले में मेरी सहायता नहीं करेंगे तो मैं यह कैसे करूंगा।"[27] तो उसका यह समर्पणभाव कोई ठोस परिणाम

तो नहीं ही लाएगा बल्कि दूसरों की नज़र में वह एक असहाय, निरीह प्राणी ही साबित होगा।

तीसरा व्यक्तित्व है अनुशीलनपूर्ण "जो इन दोनों के मध्यबिन्दु पर अवस्थित होते हैं। वे न तो अधिकारपूर्ण भाषा बोलते हैं, न पूरी तरह समर्पित व्यक्तित्व के होते हैं। वे यह देखते हैं कि काम किस तरह बनेगा। वे कभी नियमों का सहारा लेते हैं तो कभी संवेदना का। वे अनुशीलन के बल पर अपना काम करवा लेते हैं। अनुशीलनपूर्ण व्यक्तित्व व्यवहारकुशल होता है।"[28] उत्कृष्ट पत्रलेखक इसी श्रेणी में आते हैं। उदाहरण के लिए देखिए—

"आपकी सेवा में हमने दो पत्र दिनांक 10 जुलाई 77 तथा 20 जुलाई 77 को भेजे। पत्रों का सम्बन्ध आपके उधार खाते में पड़े 2000 रुपयों से था। दुख है कि आप इस ओर कोई ध्यान नहीं दे पा रहे हैं। आपने पत्रों के उत्तर में भी कुछ नहीं लिखा। आपके द्वारा की जा रही उपेक्षा हमारे लिए आर्थिक क्षति का कारण बन रही है। हमें आशंका है आपका व्यवहार हमारे परस्पर सम्बन्धों में बाधक बन सकता है। आशा है, रुपये शीघ्र भेज रहे हैं।"[29]

संस्थागत निष्ठा—किसी संस्था की ओर से व्यक्ति जब पत्र लिखता है तब उसकी भूमिका एक राजदूत की-सी होती है जहां उसके प्रत्येक व्यवहार में, संप्रेषण में संस्था का हित सर्वोपरि होना चाहिए। संस्था की नीति के साथ व्यक्ति के अपने मतभेद हो सकते हैं लेकिन, यह मतभेद जब बाह्य पत्रव्यवहार में सतह पर आ जाता है, जब ग्राहक को उसकी झलक दिखाई देती है तब संस्था और पत्र-लेखक दोनों का नुकसान तो होता ही है लेकिन, व्यावसायिक सम्बन्धों में भी दरार पड़ने लगती है और यही दरार कभी संस्था को डुबो भी सकती है। इसलिए, पत्र लिखते समय सतर्क रहना ही चाहिए। उसमें उसकी संस्थागत निष्ठा, सौजन्य, कार्य-संस्कृति आदि का दर्शन होना चाहिए। व्यावसायिक या शासकीय पत्रों में 'हम' का प्रयोग इस दृष्टि से बहुत ही औचित्यपूर्ण है। अर्धशासकीय पत्रों में जहां 'मैं' का प्रयोग होता है वहां भी उसका 'मैं' संस्था के व्यक्तित्व से भिन्न नहीं होना चाहिए। ऐसी स्थितियों में संस्था के साथ उसके अद्वैत का ही परिचय मिलना चाहिए। एक उत्कृष्ट व्यावसायिक पत्र हमेशा सहयोगी भावना (Team spirit) का मूर्तिमंत रूप होता है। ऐसा पत्र ही संस्था और ग्राहक के बीच सेतु की भूमिका निभाता है। इस दृष्टि से व्यावसायिक सम्बन्धों के निर्माण एवं विकास में पत्रों का अत्यन्त ही महत्त्वपूर्ण स्थान है।

यदि व्यक्तित्व के उपर्युक्त अंग व्यावसायिक पत्र में उभर पाते हैं तो ये उद्देश्य-पूर्ति में साधक ही सिद्ध होंगे।

(iii) भाषा-शैली

हम अपने प्रथम अध्याय 'संप्रेषण' में देख चुके हैं कि भावों और विचारों के आदान-प्रदान की प्रक्रिया में भाषा एक साधन होते हुए भी उसकी भूमिका महत्त्वपूर्ण है। अंग्रेजी में 'वाणिज्यिक अंग्रेजी' (Commercial English) शब्द प्रचलित है जिसका संबंध 'वाणिज्य और व्यवसाय' के क्षेत्र से है। विश्वविद्यालयों में वाणिज्य के विद्यार्थियों को वाणिज्य के अन्य विषयों के साथ इस विषय का भी अध्ययन कराया जाता है। इसी प्रकार, सरकारी कार्यालयों, उपक्रमों, बैंकों आदि के संदर्भ में 'प्रयोजनमूलक या कामकाजी हिन्दी' शब्द उभर कर सामने आया है।

यह 'प्रयोजनमूलक या कामकाजी हिन्दी' क्या है? क्या 'निष्प्रयोजनमूलक हिन्दी' नाम की भी कोई चीज़ है? कुछ विद्वानों ने इसे व्यावहारिक हिन्दी भी कहा है। विभिन्न विद्वानों की विचारधाराओं से अवगत कराते हुए डॉ० विनोद गोदरे ने लिखा है—"वस्तुत: प्रयोजनमूलक भाषा, भाषा का वह रूप है जिसका प्रयोग किसी प्रयोजन-विशेष अथवा कार्य-विशेष के सन्दर्भ में होता है—प्रयोग के आधार पर भाषा के दो रूप माने जा सकते हैं। **पहला** जिसका प्रयोग सामान्य जनजीवन में दैनिक कार्यों के सन्दर्भ में होता है और जिसका अभ्यास या ज्ञान कोई व्यक्ति सामान्य जीवन के परिवेश से ही प्राप्त कर लेता है, और **दूसरा** रूप है—जिसका प्रयोग सामान्य जीवन के सन्दर्भों से भिन्न किन्हीं विशेष कार्यों के सन्दर्भों में होता है और जिसे अभ्यास या ज्ञान-विशेष द्वारा प्राप्त किया जाता है। इसी दूसरे रूप को प्रयोजनमूलक भाषा कहेंगे। दूसरे शब्दों में कहा जा सकता है कि जीवन-जगत की विभिन्न आवश्यकताओं अथवा लोक-व्यवहार, उच्च शिक्षा तंत्र तथा जीविकोपार्जन आदि के लिए विशेष अभ्यास और ज्ञान के द्वारा विशेष शब्दावली में विशेष अभिव्यक्त इकाइयों एवं संप्रेषण कौशल से समाज-सापेक्ष व्यावहारिक प्रयोजनों की संपूर्ति के लिए प्रयुक्त की जाने वाली विशेष भाषा प्रयुक्तियों को प्रयोजनमूलक हिन्दी कहा जा सकता है।"[30]

'प्रयोजनमूलक या कामकाजी हिन्दी' की विशेषताएं संक्षेप में निम्नानुसार हैं—

(1) विशिष्ट एवं मानक शब्दावली

(2) शब्दों की मितव्ययिता

(3) स्पष्ट एवं शीघ्र संप्रेषण

(4) वैधानिकता एवं कार्यालयीन औपचारिकता

(5) भाषा केवल साधन, साध्य नहीं

व्यावसायिक पत्रों के संदर्भ में हम इन पर यहां क्रमानुसार विचार करेंगे—

(1) **विशिष्ट एवं मानक शब्दावली**—इसे भी हम दो वर्गों में विभाजित

कर सकते हैं—

- प्रारूपगत शब्दावली
- पारिभाषिक शब्दावली

प्रारूपगत शब्दावली—इस शब्दावली का सम्बन्ध व्यावसायिक और कार्यालयीन पत्रों के विभिन्न प्रारूपों अर्थात् शासकीय, अर्ध-शासकीय, ज्ञापन, कार्यालय आदेश, परिपत्र आदि से है जहां पत्रों के स्वरूप के अनुरूप शब्दों का प्रयोग आवश्यक हो जाता है, जैसे—महोदय/महोदया, भवदीय, सेवा में, संदर्भ, विषय, अधोहस्ताक्षरी, आपका, धन्यवाद, शुभ कामनाओं सहित, आदरणीय, विभिन्न पदनाम आदि।

पारिभाषिक शब्दावली—पारिभाषिक शब्द की परिभाषा डॉ० भोलानाथ तिवारी ने इस प्रकार दी है—"ऐसा शब्द, जो ज्ञान के विशेष क्षेत्र में विशिष्ट अर्थ में प्रयुक्त होता हो।"[31] इस प्रकार की शब्दावली में शामिल होने वाले शब्द या तो सामान्य भाषा में प्रयुक्त होते ही नहीं या होते भी हैं तो सामान्य अर्थों में या कभी-कभी विभिन्न संदर्भों में भिन्न-भिन्न अर्थों में प्रयुक्त होते हैं। बैंकिंग के संदर्भ में प्रयुक्त होने वाली शब्दावली में से कुछ उदाहरण इस प्रकार हैं—

नकदी ऋण, प्रविष्टि, पासबुक, टोकन, समाशोधन, वसूली, उगाही, सकारना, प्रतिभूति, ज़मानत, पृष्ठांकन या परांकन, रेखांकन, चुकौती, निवेश, उचंत, गिरवी अग्रिम, निभाव, अभिरक्षा, अधिग्रहण आदि।

इसमें मानकीकरण अत्यन्त आवश्यक है। पूरे बैंकिंग उद्योग में सभी वित्तीय संस्थाओं, बैंकों, शाखाओं आदि के लिए भारतीय रिज़र्व बैंक द्वारा प्रकाशित 'बैंकिंग शब्दावली' को, विधि के क्षेत्र में 'विधि शब्दावली' को आधार बनाया जाना चाहिए। अन्यथा, भाषा के क्षेत्र में अव्यवस्था या अराजकता की स्थिति उत्पन्न हो सकती है।

(2) **शब्दों की मितव्ययिता**—शब्दों की मितव्ययिता का तात्पर्य है कम-से-कम शब्दों का प्रयोग। आज के यांत्रिक युग में शहरों या महानगरों में ज़िन्दगी जहां जेट की गति से दौड़ रही हो वहां व्यक्ति के पास न तो अधिक लिखने का समय है, न पढ़ने का। पारिवारिक पत्रों में तो व्यक्ति फिर भी 5-6 पृष्ठों की चिट्ठी लिख सकता है लेकिन, व्यावसायिक पत्रों में तो अनावश्यक विस्तार को दोष ही समझा जाता है। व्यावसायिक पत्रों में तो अपेक्षित है केवल 'काम की बात' और वह भी 'कम-से-कम शब्दों में'।

उदाहरणार्थ—

- 'मेरे हाथ में आपका ता० 10 जनवरी का पत्र है' के स्थान पर 'आपके 10 जनवरी के पत्र के लिए धन्यवाद'।

- 'निकट भविष्य में' के स्थान पर 'शीघ्र' का प्रयोग।
- 'यह कहने की मुझे अनुमति दें' जैसे शब्दप्रयोगों की ज़रूरत ही नहीं है।
- 'पुन: धन्यवाद' की आवश्यकता ही नहीं है। एक बार ही धन्यवाद देना काफी है।
- 'यह पत्र इस अनुरोध के प्रयोजन से लिखा जा रहा है' जैसी लम्बी-चौड़ी वाक्य-रचना की आवश्यकता ही नहीं है। जो कुछ भी कहना हो, अनुरोध करना हो, सीधे कहिए।
- 'बिना अधिक विलंब के' के स्थान पर 'तुरन्त'।
- 'मेरी व्यक्तिगत राय' के स्थान पर 'मेरी राय'।
- 'मुझे आशा और श्रद्धा है' के स्थान पर 'आशा है' या 'उम्मीद है'।
- 'प्राप्ति-सूचना' के स्थान पर 'पावती'।
- 'जानने की इच्छा' के स्थान पर 'जिज्ञासा'।
- 'जिसका निवारण नहीं किया जा सके' के स्थान पर 'अनिवार्य'।
- 'समझने में कठिन' के लिए 'दुर्बोध'।
- 'भविष्य में होने वाला' के लिए 'भावी'।

पुनरुक्ति, अप्रत्याशित, दुर्लभ, सुलभ, चिरस्थायी, सेवानिवृत्त, भूतपूर्व, प्रत्यक्ष, सपरिवार, नाबालिग, निरंकुश, विक्रेता, हृदयविदारक, विशेषज्ञ, अवैध, गैरकानूनी, अनिवासी, आगामी, अनुगामी, लब्धप्रतिष्ठ, तर्कसम्मत, आलोच्य, विश्वसनीय, चल सम्पत्ति, प्रतिवादी, शत-प्रतिशत, धरोहर, थाती, ज़मानत, दु:खद, दूरदर्शी, समसामयिक, प्रतिबद्ध, स्थानापन्न, स्थानांतरित, हस्तांतरित, आजीवन, अनन्य, यथाक्रम, अनुसूची, अधिसूचना, नि:शुल्क जैसे असंख्य शब्द 'गागर में सागर' भरने का दम रखते हैं। ऐसे शब्द भाषा में जितने ही अधिक होंगे वह उतनी ही समृद्ध और प्रगतिशील कहलाने की अधिकारिणी होगी।

(3) **स्पष्ट एवं शीघ्र संप्रेषण**—हम इसके पहले 'स्पष्टता' की आवश्यकता पर विचार कर चुके हैं। प्रयोजनमूलक या कामकाजी भाषा का उद्देश्य है—स्पष्ट एवं शीघ्र संप्रेषण के द्वारा अपेक्षित कार्रवाई करवाना, कार्य में गति लाना। इसके लिए श्री रामनारायण वि० तिवारी ने चार बातों पर बल दिया है[32]—

- **वस्तुनिष्ठ कथन**—इसका तात्पर्य है तर्कसम्मत कथन। एल० गार्टसाइड के मतानुसार व्यावसायिक पत्रों में 'संवेदना' (feeling) का महत्त्व नहीं है, 'विचार' (thinking) का महत्त्व है क्योंकि 'संवेदना' का आधार 'अंत: प्रज्ञा' या 'सहज बोध' (intuition) होना है जबकि व्यावसायिक निर्णयों के मूल में तर्क या विचार (reasoning) रहना चाहिए।[33] इसी सन्दर्भ में वस्तुनिष्ठ कथन या निरूपण का महत्त्व है।

- **शब्द-संतुलन**—शब्द-संतुलन का मतलब है उचित शब्द-चयन अथवा

उचित शब्द का उचित स्थान पर प्रयोग। जब एक ही शब्द के अन्य समानार्थी या पर्यायवाची शब्द उपलब्ध हों तब संदर्भ को ध्यान में रखते हुए उचित शब्द का प्रयोग अभिव्यक्ति को सटीक बनाता है। ऐसे कुछ उदाहरण नीचे प्रस्तुत हैं—

हाथ	करकमल
महिला	औरत
आना	पधारना
सभापति	अध्यक्ष
निदेशक	निर्देशक
कीमत	मूल्य
तुलना	मिलान
कर्जदार	ऋणी
प्रबंध	व्यवस्था
करार	समझौता
आदमी	सज्जन
परंपरा	प्रथा
विज्ञप्ति	सूचना
अनुरोध	प्रार्थना…आदि

○ **अर्थ संकोच**—व्यावसायिक पत्रों में द्विअर्थी या अनेकार्थी शब्दों के स्थान पर जहां तक संभव हो ऐसे शब्दों का प्रयोग करना चाहिए जिनसे एक ही अर्थ प्रकट हो। जैसे—प्रविष्टि, साख, भुगतान, वेतन, मूल्यह्रास, पृष्ठांकन, रेखांकन, बिल, वाउचर, चेक, बट्टा, परिचालन, राष्ट्रीयकृत, अंतरण, औपचारिकता, पंजीकरण, स्वरोज़गार, लघु उद्योग, जमा संग्रहण, अनुदान, आयकर, जमाकर्ता, लेखाकार, बागबानी, पशुपालन, आदि।

○ **शुद्ध संरचना**—इसका तात्पर्य है व्याकरणसम्मत भाषा का प्रयोग। संज्ञा, सर्वनाम, लिंग, वचन, कारक, विभक्ति, वाक्य-संरचना आदि के अनुसार शुद्ध भाषा का प्रयोग भाषा को सुन्दर एवं आकर्षक बनाता है। कम-से-कम हमें उन अशुद्धियों से बचना चाहिए जो हम जाने-अनजाने कर बैठते हैं, जैसे—

अशुद्ध	**शुद्ध**
बात दरअसल में यह है।	बात दरअसल यह है।
ये शीघ्र ही उनका पद ग्रहण करेंगी	वे शीघ्र ही अपना पद ग्रहण करेंगी।
तुम हमारे बैंक का सम्माननीय ग्राहक है।	आप हमारे बैंक के सम्माननीय ग्राहक हैं।

हम लोगो में बचत की आदत डालता है।	हम लोगों में बचत की आदत डालते हैं।
मैंने ग्राहक को बातचीत की।	मैंने ग्राहक से बातचीत की।
उसका चेकबुक खो गया।	उसकी चेकबुक खो गई।
कृपया पत्र का उत्तर देने की कृपा करें।	कृपया पत्र का उत्तर दें। या पत्र का उत्तर देने की कृपा करें।
इस चेकबुक में दस चेक है।	इस चेकबुक में दस चेक हैं।
उनका पत्ता लगाना चाहिए।	उनका पता लगाना चाहिए। आदि

(4) **वैधानिकता एवं कार्यालयीन औपचारिकता**--पत्र चाहे व्यावसायिक संस्थान से लिखा जा रहा हो, चाहे सरकारी कार्यालय से, शब्दों का प्रयोग करते समय उनके वैधानिक पहलू को सदैव दृष्टि-समक्ष रखना चाहिए। श्री रा० वि० तिवारी का यह कथन उचित ही है कि "कार्यालय में लिखी जाने वाली हर बात एक दस्तावेज़ है, भले ही वह एक छोटा-सा नोट हो, सूचना हो, रसीद हो या करार हो।"[34] व्यावसायिक पत्रों के सम्बन्ध में भी यही बात लागू होती है।

शासकीय, अर्ध-शासकीय, ज्ञापन, कार्यालय आदेश, परिपत्र आदि में से कौन-सा प्रकार कहां उपयुक्त होगा, इसका एक बार चयन कर लेने पर कहां 'हम' का प्रयोग करना चाहिए और कहां 'मैं' का, कहां 'भवदीय' का प्रयोग करना चाहिए और कहां 'आपका' का, वाक्यरचना भी कहां कर्तृवाच्य हो और कहां 'कर्मवाच्य' आदि का निर्णय करने में पत्रों की स्वरूपगत वैधानिकता और कार्यालयीन औपचारिकता ही मार्गदर्शक भूमिका निभा सकती है। कुछ उदाहरण नीचे प्रस्तुत हैं—

1. "मित्रवर, मैं निस्संकोच कहूंगा कि यह क्षेत्र समग्र रूप से अपने लक्ष्य से··· रुपये पीछे है।
2. कृपया उक्त माल इस पत्र को लाने वाले श्री······को सौंपने की व्यवस्था करें। उनके नमूना हस्ताक्षर नीचे दिए गए हैं।
3. स्टाफ के सभी सदस्यों को सूचित किया जाता है कि स्वाधीनता दिवस के अवसर पर शाखा परिसर में 15 अगस्त 1993 को प्रात: 9.30 बजे ध्वजारोहण समारोह होगा। स्टाफ के सभी सदस्यों से अनुरोध है कि वे उक्त समारोह में भाग लें।
4. हम यह भी सूचित करना चाहते हैं कि वेतनवृद्धि की अवधि के दौरान उक्त कर्मचारी ····दिन के असाधारण अवकाश पर था। अत: नियमानुसार वार्षिक वेतनवृद्धि की तारीख तदनुसार समायोजित की गई है।

5. हम आपको आमंत्रित करते हैं, आप कभी भी आइए और अपनी आवश्यकताओं और अपेक्षाओं के बारे में हमसे चर्चा कीजिए।
अपनी ओर से सदैव उत्कृष्ट सेवाओं का हम आपको आश्वासन देते हैं।
6. श्री कर्तारसिंह, वॉचमैन, कल अपनी ड्यूटी पर नहीं आए थे। उन्होंने इस विषय में न तो कोई सूचना दी थी और न अवकाश ही स्वीकृत करवाया था। कृपया वे अपना स्पष्टीकरण अधोहस्ताक्षरी के पास तीन दिन के अन्दर भेज दें।
7. मुझे आपको यह सूचित करने का निदेश हुआ है कि तिमाही प्रगति रिपोर्ट के प्रोफार्मा में संशोधन किया गया है।···आदि

(5) **भाषा केवल साधन है, साध्य नहीं**—डॉ० विनोद गोदरे जब लिखते हैं कि "प्रयोजनमूलक हिन्दी का पहला और अन्तिम लक्ष्य सेवा माध्यम (Service Tools) होना है, जीविकोपार्जन का साधन बनना है"[35] तब इसका तात्पर्य इतना ही है कि यहां भाषा केवल साधन है, साध्य नहीं है। जब कोई कवि लक्षणा, व्यंजना आदि शब्दशक्तियों के सहारे अपना शाब्दिककौशल या कारीगरी दिखाता है, जब कोई वक्ता अपने भाषाप्रभत्व के बल पर श्रोताओं को मंत्रमुग्ध कर देता है, जब कोई पंडित शब्दों की भूलभूलैया में पाठकों को भटकाता है, तब भाषा ही साध्य बन जाती है। इसके विपरीत सुस्पष्ट संप्रेषण ही प्रयोजनमूलक हिन्दी का लक्ष्य है।

इसीलिए इस विषय के विशेषज्ञों ने पत्रलेखकों को बड़े-बड़े, कठिन, अटपटे या भारी-भरकम शब्दों (Jargon) से बचने की सलाह दी है। देखिए निम्नलिखित उदाहरण —

1. लौटती डाक से **शीघ्र** उत्तर भेजें।
2. **बिलकुल** वही।
3. **निःशुल्क** उपहार।
4. हर व्यक्ति अपने भाग्य का स्वयं ही **अधिष्ठाता** है।
5. **संयोगवश** परिवार का मुखिया चल बसा।
6. आपकी उपस्थिति **प्रार्थनीय** है।
7. बम्बई में '**हताहत**' लोगों के लिए रक्तदान का प्रबन्ध किया गया।
8. सर्वसम्मति हेतु अब **प्रसार मार्ग** खुल गया है।
9. आपकी स्वीकृति पाते ही मैं **भावविभोर** हो उठा।
10. उनकी मृत्यु अत्यन्त **क्षोभजनक** है।

उपर्युक्त उदाहरणों में मोटे छपे शब्द ऐसे हैं जो या तो आवश्यक नहीं हैं या तो गलत रूप से प्रयुक्त हुए हैं। इनमें बिना सोचे-समझे भारी-भरकम शब्दों के प्रयोग की प्रवृत्ति भी हम देखते हैं।

कभी-कभी पांडित्य-प्रदर्शन की वृत्ति भी इस प्रवृत्ति के मूल में रहती है। लेकिन, "जब हम कठिन शब्दों का प्रयोग करते हैं और उनकी सहायता से जटिल वाक्य रचकर जटिल भाव प्रकट करना चाहते हैं, तब हम मानो आप ही अपना उद्देश्य विफल करने पर उद्यत होते हैं। लिखते समय हमारा मुख्य ध्येय होना चाहिए -- पाठकों को कोई विषय समझाना। जब हम उस उद्देश्य से दृष्टि हटाकर केवल अपना रचना-कौशल दिखलाने या पांडित्य प्रकट करने लगते हैं, तब हमारा मुख्य उद्देश्य आप-से-आप विफल होने लगता है और हमारा सारा परिश्रम व्यर्थ हो जाता है। हमारा वास्तविक कौशल या पांडित्य तभी प्रकट होगा, जब हमारी कृति पाठकों की समझ में आएगी और उससे वे लाभ उठा सकेंगे। यहां प्रश्न हो सकता है कि लिखने वाला यह कैसे समझे कि हमारे पाठकों में कितनी योग्यता है। साधारण अवस्थाओं के लिए इसका उत्तर यही है कि लेखक अपने पाठकों को भी अपने ही समान योग्यता रखने वाला समझे। पर वास्तव में होता यह है कि लेखक प्रायः सुयोग्य और विद्वान् होते हैं, और साधारण पाठकों में अधिक योग्य तथा विद्वान लेखकों की सभी बातें समझने की योग्यता नहीं होती। अतः हम जो कुछ लिखें, वह अपने पाठकों का पूरा-पूरा ध्यान रखकर लिखें—अपने स्तर से साथ-साथ पाठकों के स्तर का भी पूरा ध्यान रखें।"[36] श्री रामचन्द्र वर्मा द्वारा लेखकों या सर्जकों के सम्बन्ध में कही गई यह बात पत्र लेखकों के सम्बन्ध में भी उतनी ही सही है।

प्रयोजनमूलक भाषा अभिधाप्रधान होती है। "उसमें लक्षणा और व्यंजना के लिए कोई स्थान नहीं होता; पत्रों की भाषा में तो कतई नहीं।··· कामकाज की भाषा में सपट-बयानी अधिक होती है। जो मुहावरे और कहावतें भाषा में अर्थ-सौंदर्य उत्पन्न करने के लिए साहित्य में आवश्यक हैं, कामकाजी भाषा में उनका भी प्रयोग करने में सोचना पड़ता है। इसका अर्थ यह भी नहीं है कि कामकाज की भाषा अथवा पत्रों की भाषा लचर होनी चाहिए। भाषा की शुद्धता, स्पष्टता और सरलता अच्छा पत्र लिखने के लिए पहली आवश्यकता है। उसमें इतनी कसावट होनी चाहिए कि वह बात को कम-से-कम शब्दों में स्पष्ट और प्रभावपूर्ण ढंग से प्रकट कर सके। एक शब्द या वाक्य के अनेक अर्थ हों, यह विशेषता काव्य-सौन्दर्य के लिए आवश्यक हो सकती है, किन्तु कामकाज की भाषा में किसी शब्द का वही अर्थ निकलना चाहिए, जो अर्थ हम देना चाहते हैं। कार्यालय में पत्रों का उद्देश्य अपनी बात दूसरे तक पहुंचाना है, न कि पांडित्य-प्रदर्शन। अतएव पत्र की भाषा सहज और सरल ही होनी चाहिए, नहीं तो पत्र का उद्देश्य पूरा नहीं होगा।"[37]

भाषा के सम्बन्ध में इतनी चर्चा करने के बाद पत्रलेखन की शैली के सम्बन्ध में अधिक विचार करने की आवश्यकता नहीं रहती। तथापि, उपर्युक्त भाषाविचार

शैली की ओर भी संकेत करता है। व्यावसायिक पत्र सुचिंतित होने पर भी जितना सहज और स्वाभाविक होगा उतना ही प्रभावी और आकर्षक होगा। शर्टर करते हैं —प्रत्येक पत्रलेखक को अपने आप से दो सवाल पूछने चाहिए—

1. क्या इसे मैंने यथासंभव सीधे और संक्षिप्त रूप में कहा है?

2. लिखने के बदले यदि मैं बातचीत करता तो क्या इस रूप में करता?[38]

यदि इनका जवाब वह 'हां' में दे पाता है तो उसका पत्र सहज और स्वाभाविक होगा। इसका तात्पर्य यह भी नहीं है कि पत्र नाटक की संवाद शैली में लिखा जाना चाहिए। तब तो पत्र का स्वरूप ही बदल जाएगा और यह सबके बस की बात नहीं होगी। ऊपर हम यह भी देख चुके हैं कि इन पत्रों में कार्यालयीन औपचारिकता भी अपेक्षित है। इस समस्या का हल यही है कि औपचारिकता और स्वाभाविकता का समन्वय किया जाए अर्थात् वाग्वैभव या शब्दाडंबर से पत्र को बचा लिया जाए। सरलता ही स्वाभाविकता ला सकेगी।

संदर्भ

1. 'हिन्दी साहित्य कोश'—भाग 1—ज्ञानमंडल लिमिटेड—प्रथम संस्करण, पृ० 433
2. 'सरल पत्रव्यवहार'—विराज—1969, पृ० 20
   'शुद्ध हिन्दी कैसे लिखें'—राजेन्द्र प्रसाद सिंह—1971, पृ० 252
3. 'High School English Grammar and Compositions'—Wren & Marin—Det. 1990, P. 331
4. 'सरल पत्र-व्यवहार'—विराज—1969, पृ० 50,51
5. 'पत्रव्यवहार निर्देशिका'—डॉ० भोलानाथ तिवारी, डॉ० विजय कुलश्रेष्ठ—प्रथम संस्करण—1986, पृ० 100
6. 'बैंकिंग पत्रव्यवहार'—भारतीय रिज़र्व बैंक—पहला संस्करण—1985, पृ० 15
7. 'Principles and Practice of Business Communication'—Rhoda Doctor & Aspi Doctor.—1716 Edition—1991, P. 173
8. 'Effective Letters in Business'—Robert L. Shurter—Second Edition—1989, P. 6
9. 'पत्रव्यवहार निर्देशिका'—डॉ० भोलानाथ तिवारी—डॉ० विजय कुलश्रेष्ठ—प्रथम संस्करण—1986, पृ० 101, 102.
10. 'बैंकिंग उन्मुख हिन्दी'—पहला पाठ्यक्रम—भारतीय रिज़र्व बैंक—प्रथम संस्करण—1981, पृ० 2

11. 'बैंकिग पत्रव्यवहार'—भारतीय रिज़र्व बैंक—पहला संस्करण—1985, पृ० 5
12. 'Chambers Twentieth Century Dictionary'—1964, P 744
13. 'बृहत् हिन्दी कोश'—ज्ञानमण्डल लिमिटेड—द्वितीय संस्करण—सं० 2013, पृ० 595
14. 'व्यावसायिक हिन्दी'—प्रो० मेदीलाल आर्य—प्रथम संस्करण—1979, पृ० 259
15. 'Modern Business Correspondence'—L. Gartside—Fourth Edition, P. 256, 258, 259
16. 'बैंकिग पत्रव्यवहार'—भारतीय रिज़र्व बैंक—पहला संस्करण—1985, पृ० 29
17. 'Effective Letters in Business'—Robert L. Shurter—Second Edition—1989, P. 8
18. वही, पृ० 8
19. 'Modern Business Correspondence'—L. Gartside—Fourth Edition,—P. 195
20. 'पत्र-व्यवहार निर्देशिका'—डॉ० भोलानाथ तिवारी, डॉ० विजय कुलश्रेष्ठ —प्रथम संस्करण—1986, पृ० 11
21. 'A Manual of Bank Correspondence'—Aspi Doctor—Fifth Edition—1979, P. 12
22. 'टिप्पण और प्रारूप-लेखन'—भारतीय रिज़र्व बैंक—पहला संस्करण—1984, पृ० 8
23. 'Effective Letters in Business'—Rabert L. Shurter – Second Edition—1989, P. 11
24. 'बैंकिग पत्रव्यवहार'—भारतीय रिज़र्व बैंक—पहला संस्करण—1985, पृ० 22
25. 'बैंकिग पत्र-व्यवहार'—भारतीय रिज़र्व बैंक—पहला संस्करण—1985, पृ० 15
26. 'बैंकिग पत्रव्यवहार'—भारतीय रिज़र्व बैंक—पहला संस्करण—1985, पृ० 18
27. 'बैंकिग उन्मुख हिन्दी—पहला पाठ्यक्रम'—भारतीय रिज़र्व बैंक—प्रथम संस्करण—1981, पृ० 109
28. 'बैंकिग पत्रव्यवहार'—भारतीय रिज़र्व बैंक—पहला संस्करण—1985, पृ० 19

29. 'व्यावसायिक हिन्दी'— प्रो० मेदीलाल आर्य—प्रथम संस्करण—1979, पृ० 177
30. 'प्रयोजनमूलक हिन्दी'—डॉ० विनोद गोदरे—प्रथम संस्करण—1989, पृ० 10-11
31. 'भाषा विज्ञान कोश'—डॉ० भोलानाथ तिवारी—प्रथम संस्करण—1964, पृ० 362
32. उच्चस्तरीय बैंकिग उन्मुख हिन्दी पाठ्यक्रम'—भारतीय रिज़र्व बैंक—प्रथम संस्करण—1983, पृ० 176
33. 'Modern Business Correspondence'—L. Gartside—Fourth Edition—1989, P. 66
34. 'उच्चस्तरीय बैंकिंग उन्मुख हिन्दी पाठ्यक्रम'—भारतीय रिज़र्व बैंक—प्रथम संस्करण—1983, पृ० 180
35. 'प्रयोजनमूलक हिन्दी' --डॉ० विनोद गोदरे—प्रथम संस्करण—1987 पृ० 12
36. 'अच्छी हिन्दी'—रामचन्द्र वर्मा—अठारहवां संस्करण—1980, पृ० 53
37. 'बैंकिग पत्रव्यवहार'—भारतीय रिज़र्व बैंक—पहला संस्करण--1985, पृ० 41
38. 'Effective Letters in Business'—Robert L. Shurter—Second Edition—1989, P. 59

अध्याय-3

व्यावसायिक पत्र के अंग और शैलियां

शीर्षक

व्यावसायिक पत्र के प्रमुख तत्त्वों पर विचार करने के बाद उसके विभिन्न अंगों एवं लेखन की विविध शैलियों पर विचार करना इस अध्याय का प्रमुख विषय है।

जिस प्रकार मानव-शरीर का अध्ययन करने वाले विद्यार्थी के लिए शरीर के विभिन्न अंगों का अध्ययन अनिवार्य हो जाता है उसी प्रकार व्यावसायिक पत्र का अध्ययन करने वाले व्यक्ति के लिए पत्र के विभिन्न अंगों का परिचय आवश्यक हो जाता है। एक लेखक ने लिखा है—"पत्र और आदमी में क्या अंतर है ? इन दोनों में शायद कोई भी अन्तर नहीं। अन्तर केवल इतना ही है कि आदमी हाड़-मांस का बना होता है और पत्र कागज़ का। पर पत्र साधारण कागज़ का टुकड़ा नहीं होता, वह आदमी के दिल का टुकड़ा होता है। इतना ही नहीं, पत्र और आदमी के रूप में भी काफी समानता होती है।"[1] यहां उन्होंने मानव-शरीर के चार अंगों—सिर, गर्दन, धड़ और पांव—का प्रतिरोपण करते हुए पत्र को मानव-आकृति ही प्रदान कर दी है।

आइए, हम इस विषय पर अपने ढंग से विचार करें।

व्यावसायिक पत्र के अंग

व्यावसायिक पत्र के अंगों को भी दो श्रेणियों में विभाजित किया जा सकता है—(1) प्रमुख और (2) गौण। प्रमुख अंगों से अभिप्रेत हैं वे अंग जो किसी भी व्यावसायिक पत्र के लिए आवश्यक ही नहीं, अनिवार्य भी हैं। ये अंग हैं—शीर्ष पता, दिनांक अथवा तारीख, सन्दर्भ संख्या, आभ्यन्तर पता (प्रेषिती या पत्र पाने वाले का नाम व पता), सम्बोधन, विषय शीर्षक, विषय-वस्तु या मुख्य भाग,

अभिवादनात्मक समाप्ति और हस्ताक्षर।

गौण अंगों में ध्यानाकर्षण और संकेतन (उदा० गोपनीय, संलग्नक, प्रतिलिपि, टंकक के आद्यक्षर, पुनश्च आदि) का समावेश होता है। इन्हें गौण इसलिए कहा गया है कि इनके बिना भी काम चल सकता है। पत्र में इनकी उपस्थिति अनिवार्य नहीं है।

डॉ० भोलानाथ तिवारी और डॉ० विजय कुलश्रेष्ठ ने व्यावसायिक पत्र को तीन मुख्य अंगों में विभक्त किया है—

(1) शिरोभाग
(2) मध्य भाग
(3) अंत्य भाग

इनके अंतर्गत उन्होंने निम्नलिखित अंगों को समाविष्ट किया है—

अंग	भाग
(1) शीर्षक/संस्थान का नाम (2) तार का संक्षिप्त नाम, टैलेक्स या फोन नम्बर (3) पत्रांक एवं दिनांक (4) प्रेषिती—पत्र प्राप्तकर्ता (5) सम्बोधन एवं अभिवादन (6) विषय शीर्षक (7) विषय-सामग्री	अ—शिरोभाग
(i) आरम्भिक भाग (ii) मुख्य विषय (iii) अन्त्य भाग	आ—मध्य भाग
(8) सम्मानार्थ शब्द (9) स्वनिर्देश (10) हस्ताक्षर (11) पदनाम (12) संलग्न (13) पुनश्च (14) टंकक/लिपिक के संकेताक्षर	इ—अंत्य भाग[2]

अब हम इन अंगों पर विस्तार से विचार करें—

शीर्ष पता—शीर्ष पता किसी भी संस्था का संक्षिप्त परिचय (Bio-data) है। अब पत्र शीर्ष में सबसे ऊपर बैंक, कम्पनी, फर्म आदि का नाम, डाक पता (पिन कोड सहित), टेलीफोन और टेलेक्स संख्या, फेक्स संख्या, तार का पता आदि

आकर्षक रूप में मुद्रित करवाया जाना है। यदि नाम में व्यवसाय का संकेत न मिलता हो तो उसका भी निर्देश किया जाता है। इसके साथ कम्पनी के कार्य-पालकों के नाम और संदर्भ संख्या के लिए स्थान का समावेश किया जा सकता है। इसमें भागीदारों या निदेशकों के नामों के अतिरिक्त पंजीकृत कम्पनियों के मामले में पंजीकरण संख्या, पंजीकरण स्थान (देश का नाम) और पंजीकृत कार्यालय का पता मुद्रित करने की भी परिपाटी है। किसी कम्पनी, बैंक आदि की शाखा के पत्र-शीर्ष में उसके प्रधान कार्यालय का पता भी कोष्ठक में या पृष्ठ के निचले भाग में दे दिया जाता है। कम्पनियों के पत्र-शीर्ष में उनका प्रतीक चिह्न भी अंकित रहता है।

पत्र-शीर्ष किसी कम्पनी या संस्था के व्यक्तित्व का प्रतिबिम्ब है। पत्र-लेखक की संस्था की पहली छवि उससे बनती है अतः उसका मनोवैज्ञानिक महत्त्व भी है। संस्कृत में कहा गया है न—'आकृतिः गुणान् कथयति'। अंग्रेजी में भी 'Face is the index of mind' की उक्ति प्रसिद्ध ही है। जिस प्रकार मनुष्य का चेहरा उसके आंतरिक व्यक्तित्व की झलक प्रस्तुत करता है उसी प्रकार पत्र-शीर्ष भी संस्था का प्रथम प्रभाव उत्पन्न करने में महत्त्वपूर्ण भूमिका निभाता है। इसलिए कुछ कम्पनियां अपने पत्र-शीर्ष तैयार करवाने में सिद्धहस्त रूपकारों (डिज़ाइनरों) की सहायता लेती हैं। कहने का आशय यह है कि पत्र-शीर्ष चित्ताकर्षक होना चाहिए। लेकिन उसमें सादगी और गरिमा भी बनी रहनी चाहिए। जहां तक संभव हो, पत्र-शीर्ष की सामग्री में विभिन्न रंगों के प्रयोग से बचना चाहिए। संतुलन की दृष्टि से इस सामग्री के लिए कागज़ की कुल जगह का एक-पंचमांश हिस्सा ही दिया जाना चाहिए।

जहां यह सामग्री मुद्रित रूप में न हो वहां इसे कम-से-कम टंकित रूप में प्रस्तुत करने की परम्परा रही है।

दिनांक अथवा तारीख—पत्र में इसका स्थान पत्र की विविध शैलियों, जिनका हम आगे परिचय देने जा रहे हैं, पर निर्भर करता है, जैसे—

- इन्डेन्टेड, ब्लॉक, अर्ध-ब्लॉक, संशोधित ब्लॉक, हैंगिग पैराग्राफ और अर्ध-शासकीय शैलियों में दाहिनी ओर।
- पूर्ण ब्लॉक और 'नोमा' शैली में बायीं ओर।
- सरल या बी० एफ० जी० शैली में पृष्ठ के मध्य में कुछ संस्थाएं पृष्ठ के निचले भाग में बायीं ओर हस्ताक्षर के बाद तारीख लिखती हैं।

अमेरिका और ब्रिटेन में तारीखें लिखने की परम्पराएं भिन्न-भिन्न हैं। अमेरिकी परंपरा में महीना, दिवस और वर्ष का क्रम रहता है, जैसे—जनवरी 10, 1993, जबकि, ब्रिटिश परम्परा में दिवस, महीना और वर्ष के क्रम में तारीख लिखी जाती है, जैसे—10 जनवरी, 1993। अंग्रेज़ी में दिवस के साथ st, nd, rd, th आदि जोड़ने की भी परम्परा है जैसे 1st, 2nd, 3rd, 4th आदि। लेकिन, भारतीय परिवेश में इसका अनुसरण बेहूदा ही लगेगा, जैसे—1ली, 2री, 3री, 4थी आदि, अतः इसे नहीं अपनाया गया है। अंग्रेज़ी में भी इसे अनिवार्य नहीं माना गया है।

व्यवहार में कभी-कभी तारीख लिखने का यह ढंग भी देखा जाता है, जैसे—10-1-1993 या 10/1/1993 या 10 : 1 : 1993 लेकिन, व्यावसायिक पत्रों के लिए इसे वर्ज्य माना गया है। इसके प्रयोग से पत्रलेखक की लापरवाही या दूसरे के प्रति अवज्ञा तो ज़ाहिर होती ही है साथ ही, यदि पत्र अमेरिका में या परम्परा का अनुसरण करने वाली किसी कम्पनी को भेजा जाता है तो इससे गड़बड़ी या गम्भीर गलतफहमी भी उत्पन्न हो सकती है। इसलिए, इस ढंग को सर्वथा त्याज्य ही समझा गया है।

प्रसंगवश, यहां यह भी उल्लेखनीय है कि कुछ सरकारी कार्यालय, भारतीय रिज़र्व बैंक आदि अपने पत्रव्यवहार में तारीख के साथ सरकार द्वारा स्वीकृत राष्ट्रीय कैलेंडर के अनुसार शक संवत की तिथियों का भी उल्लेख करते हैं और अद्यतन सरकारी निर्देशों के अनुसार चेक जैसे लिखतों पर भी यदि कोई ग्राहक तारीख के स्थान पर इन तिथियों का उपयोग करता है तो इन्हें स्वीकार किया जाना चाहिए। कम-से-कम इस चर्चा से 'तिथि' और 'तारीख' का अन्तर तो स्पष्ट हो ही जाना चाहिए।

जहां तक इसकी उपयोगिता का प्रश्न है, कौन-सा लेन-देन कब हुआ, कौन-सा निर्णय कब लिया गया, कौन-सी बातचीत कब हुई, अमुक प्रस्ताव के सम्बन्ध में समय पर क्या-क्या मोड़ आए, इन सारी बातों का सिलसिलेवार रिकार्ड तैयार करने व रखने के लिए देखने में छोटी लगने वाली तारीख बहुत ही महत्त्वपूर्ण भूमिका निभाती है।

संदर्भ संख्या या क्रमांक—संदर्भ संख्या पूर्ण ब्लॉक शैली को छोड़कर सामान्यतः बायीं ओर या तो तारीख के बराबर सामने या सामने ही तनिक ऊपर या नीचे टंकित करने की परंपरा है। पूर्ण ब्लॉक शैली में तारीख को ठीक ऊपर दाहिनी ओर टंकित किया जाता है। बैंक और अधिकांश व्यावसायिक संस्थाएं पत्र-शीर्ष में ही संदर्भ संख्या का स्थान स्पष्ट रूप से निर्दिष्ट कर देती हैं। वहां टंकक को केवल रिक्त स्थान की पूर्ति ही करनी होती है।

संदर्भ-पंक्ति के मुद्रण की विभिन्न पद्धतियां प्रचलित हैं, जो निम्नानुसार हैं—

- आपका संदर्भ :......................
  हमारा संदर्भ :......................
- हमारा संदर्भ :......................

आपका संदर्भ : ....

० संदर्भ सं० : ....

० सं० सं० : ....

क	ख
० कृपया भविष्य में पत्रव्यवहार करते समय उल्लेख करें। सी/ईजी/3638	कृपया इस भाग को अपने उत्तर के साथ जोड़ें। सी/ईजी/3638

संदर्भ में सामान्यतः जिस विभाग, अनुभाग या कार्यालय से पत्र लिखा गया हो उसका उल्लेख रहता है जैसे—

प्रका/साबै/ या क्षेका/राक/

संदर्भ संख्या का आधार है किसी कार्यालय की फाइलिंग प्रणाली, जो वर्णमाला, अनुक्रम, क्षेत्र, प्रदेश या अंचल, विषय आदि में से किसी एक के अनुसार रहती है।

छोटे कार्यालयों में इसके अंतर्गत पत्र लिखवाने वाले व्यक्ति एवं टंकक के आद्यक्षर ही रहते हैं जिससे दायित्व का निर्णय करने में सुविधा रहती है।

चाहे पत्र भेजने वाला कार्यालय हो या पत्र पाने वाला, यह प्रणाली एक ही विषय पर भूतकाल में हुए पत्रव्यवहार को खोजने में सहायता करती है और पत्र में प्राप्तकर्ता की संदर्भ संख्या भी जब दी जाती है तब शिष्टाचार की दृष्टि से तो अच्छा लगता ही है लेकिन, इसके अतिरिक्त प्राप्तकर्ता को भी फाइलिंग करने में सुविधा रहती है।

आभ्यंतर पता (प्रेषिती या पत्र पाने वाले का नाम व पता)—जिस व्यक्ति, फर्म, कपनी, संस्थान, समिति, निगम, निकाय, सरकारी अधिकारी या कार्यालय को पत्र लिखा जा रहा हो उसका पूरा नाम, अधिकारी को अगर पत्र लिखा जा रहा हो तो उसका पदनाम और पूरा डाक पता बायीं ओर के हाशिये में तारीख की पंक्ति से कम-से-कम दो स्पेस नीचे और संबोधन से कम-से-कम दो स्पेस ऊपर टंकित किया जाना चाहिए। अर्ध-शासकीय पत्र में इसका स्थान परिवर्तित होकर पत्र के अंत में बायीं ओर के हाशिये में चला जाता है।

आभ्यंतर पता निम्नलिखित शैलियों में लिखा जाता है —

(इन्डेन्टेड शैली)	(अमेरिका में प्रचलित ब्लॉक शैली)
श्री बी०के० मशरूवाला,	श्री बी०के० मशरूवाला
महाप्रबंधक,	महाप्रबंधक
उत्कर्ष सहकारी बैंक लिमिटेड,	उत्कर्ष सहकारी बैंक लिमिटेड,
चर्चगेट,	चर्चगेट
बम्बई-400020.	बम्बई-400020.

दोनों शैलियों के अवलोकन से स्पष्ट होगा कि इन्डेन्टेड शैली में प्रत्येक पंक्ति के अंत में अल्प विराम का और अंतिम पंक्ति के अंत में पूर्ण विराम का प्रयोग किया गया है जब कि, ब्लॉक शैली में अंतिम पंक्ति को छोड़कर विरामचिह्नों का प्रयोग नहीं किया गया है। दूसरे शब्दों में इसे 'मुक्त विरामचिह्न (**O**pen Puctuation) कहते हैं। पते के पूर्व 'सेवा में' या 'प्रति' लिखने की परंपरा अब लगभग समाप्त-सी हो गई है।

कभी-कभी फर्म, कंपनी, संस्थान, समिति, निगम, निकाय को लिखे जाने वाले पत्रों में यह समस्या खड़ी होती है कि पत्र किसको लिखा जाए। इसकी भी कुछ परंपराएं हैं जिनका पालन शिष्टाचार की दृष्टि से ज़रूरी हो जाता है, जैसे—

कंपनी के मामले में

पालीवाल एण्ड कं०
15 बी, आगरा रोड
ठाणे (पश्चिम)-400602

किसी कंपनी के साथ जब पहली बार पत्रव्यवहार हो रहा हो तब किसी व्यक्ति के नाम से पत्र न लिखकर कंपनी के नाम से ही पत्रव्यवहार किया जाना चाहिए।

भागीदारी फर्म या व्यापारिक संस्थान के मामले में

सर्वश्री वाणी प्रकाशन
61-एफ, कमलानगर
दिल्ली-110007
या
सर्वश्री धनजीभाई और पोपटलाल
या
सर्वश्री धनजीभाई पोपटलाल

यहां ध्यान दें कि 'सर्वश्री' अंग्रेजी में प्रयुक्त M/S., Messers (मूल फ्रेंच शब्द Messieurs से निष्पन्न) का हिन्दी पर्याय है।

लेकिन, किसी कंपनी के निर्वैक्तिक नाम के साथ 'सर्वश्री' नही लगाया जाना चाहिए। यहां प्रारंभ में अंग्रेज़ी The के लिए 'दि' लगाना ही उचित होगा, जैसे—

दि एटलस कंपनी, लिमिटेड

किसी समिति, निगम अथवा निकाय के मामले में

अध्यक्ष
ग्राहक सेवा समिति
भाग्योदय बैंक
कफ परेड
बम्बई-400005

या

अधिशासी अधिकारी (प्रशासन)
दिल्ली नगर निगम
नई दिल्ली-110002

सरकारी अधिकारी या कार्यालय के मामले में

उप निदेशक (कार्यान्वयन)
भारत सरकार
राजभाषा विभाग, क्षेत्रीय कार्यालय
गृह मंत्रालय
तीसरा माला, कामर्स हाउस
करीमभाई रोड
बैलार्ड इस्टेट
बम्बई-400038

इसी प्रकार निदेशक, सचिव, उपसचिव, संयुक्त सचिव, वरिष्ठ अनुसंधान अधिकारी आदि अनेक पदनाम सरकारी कार्यालयों, विभागों, मंत्रालयों आदि से संबद्ध रहते हैं।

किसी व्यक्ति, ग्राहक आदि के मामले में

किसी व्यक्ति, ग्राहक आदि को लिखे जाने वाले पत्रों में श्री, श्रीमती, सुश्री या कु०, प्राचार्य, प्राध्यापक (प्रोफेसर), डॉक्टर आदि शिष्टाचारमूलक या व्यवसायवाची विशेषणों का प्रयोग किया जाता है, जैसे—

श्री सुधीर कुमार चैटर्जी
श्रीमती भाग्यवती मल्लिक

डॉ० ए०आर० पाठक, एम०डी०
प्राचार्य वी०एन० देसाई, एम०ए०, एम०काम०, एल-एल० एम० आदि

जहां व्यवसायवाची नाम आए हैं वहां उनकी शैक्षणिक उपाधियां भी लिखने की परिपाटी है, जैसा कि उपर्युक्त उदाहरणों से स्पष्ट है।

व्यवस्थित रूप से लिखित आभ्यंतर पता न केवल पत्र के वितरण को गति प्रदान करता है बल्कि फाइलिंग एवं संदर्भ प्रक्रिया को भी आसान बनाता है। सुरक्षा की दृष्टि से पत्र में प्रेषिती का पूरा पता ही लिखना उचित है, भले ही लिफाफा छपा हुआ हो या लिफाफे पर पूरा पता टंकित किया गया हो।

संबोधन—संबोधन पत्र का प्रवेशद्वार है। 'आभ्यंतर पता' की प्रथम पंक्ति के साथ इसका तालमेल बैठना चाहिए अर्थात् प्रेषिती के लिंग, वचन, श्रेणी के अनुसार संबोधन होना चाहिए। यह 'आभ्यंतर पता' के नीचे बायीं ओर सामान्यतः तीन पंक्तियों की स्पेस छोड़कर टंकित किया जाता है। यह इन्डेन्टेड शैली में कभी नहीं लिखा जाता। 'नोमा' शैली में तो संबोधन का प्रयोग किया ही नहीं जाता।

प्रेषिती के साथ पत्रलेखक का जैसा संबंध है वैसा ही संबोधन का स्वरूप होगा। लेकिन संबोधन का महत्त्व उतना ही है जितना कि अभिवादन का। दो व्यक्ति जब मिलते हैं तब 'राम-राम', 'नमस्कार', 'प्रणाम' जैसा कोई-न-कोई अभिवादन रहता है। व्यावसायिक पत्रों में ऐसे अभिवादन के लिए गुंजाइश भले ही न हो पर, शिष्टाचार की थोड़ी गरिमा तो रहनी चाहिए। इस गरिमा की रक्षा व्यावसायिक पत्रों में संबोधन एवं अभिवादनात्मक समाप्ति के माध्यम से होती है।

संबोधन के प्रकार निम्नानुसार हैं—

1. **व्यक्ति या किसी संस्था के अधिकारी को लिखते समय**	प्रिय महोदय/महोदया या महोदय/महोदया

'महोदय/महोदया' का प्रयोग अधीनस्थों द्वारा अपने वरिष्ठ अधिकारियों के लिए या सरकारी पत्रव्यवहार में किए जाने की परंपरा है लेकिन, ऐसा कोई चुस्त नियम नहीं है। व्यावसायिक पत्रों में भी इनका धड़ल्ले से प्रयोग हो रहा है। हां, 'महोदय/महोदया' में 'प्रिय महोदय/महोदया' की तुलना में औपचारिकता अधिक है।

2. **परिषदों, बोर्डों, समितियों को लिखते समय**	सज्जनो/देवियो

अमेरिका में इसके लिए अंग्रेज़ी में 'Gentlemen' प्रचलित है, जो बहुवचन

में ही प्रयुक्त होता है। और, यदि उपर्युक्त संस्थाओं का प्रबंधन महिलाओं के हाथ में है तो 'देवियो' का संबोधन ही उचित रहेगा।

3. ग्राहकों के लिए परिपत्र जारी करते समय	प्रिय ग्राहक/पाठक
4. परिचित व्यक्ति को पत्र लिखते समय	प्रिय श्री गांधी, श्रीमती गांधी, सुश्री गांधी, परम श्रद्धेय श्री मुक्तेश्वर जी

इस प्रकार का संबोधन अर्धशासकीय पत्रों, जिनमें 'व्यक्तिगत स्पर्श' प्रमुख होता है, में प्रयुक्त होता है। महिलाओं के मामले में 'प्रिय' विशेषण का प्रयोग उस समय विशेष रूप से विचारणीय है जब पत्र पुरुष की ओर से लिखा जा रहा हो। भारतीय परिवेश में इस प्रकार के प्रयोगों का मोह छोड़ना ही बेहतर होगा।

5. पुराने स्कूल मास्टरों या कालेज के प्राध्यापकों को लिखते समय	आदरणीय/मान्यवर/ माननीय महोदय/महोदया
6. प्रतिष्ठित व्यक्तियों को पत्र लिखते समय	महामाननीय राज्यपाल महोदय, माननीय मुख्यमंत्री महोदय, महामहिम राष्ट्रपति महोदय,

ऐसे पत्रों में पद या स्तर की गुरुता को ध्यान में रखते हुए विविध प्रकार के संबोधनों का प्रयोग किया जाता है। यहां तो केवल एक-दो उदाहरण मार्गदर्शन के लिए दिए गए हैं।

विषय शीर्षक—पत्र में संबोधन के नीचे और विषय-वस्तु के ऊपर, पूर्ण ब्लॉक शैली में बायीं ओर और शेष शैलियों में पृष्ठ के मध्य भाग में टंकित होने वाला विषय शीर्षक पत्र के प्रवेशक या प्रस्तावना के समान है जिससे पाठक को तुरन्त पता चल जाता है कि पत्र का विषय क्या है। केवल स्मरणीय यह है कि यह बहुत ही छोटा या संक्षिप्त होना चाहिए। शीर्षक से विषय का संकेत मिल जाए इतना ही पर्याप्त है। उदाहरणार्थ—

विषय : **स्टॉक संबंधी विवरण प्रस्तुत करना**

या

विषय : **ओवरड्राफ्ट**

या

विषय : **ऋण सुविधाएं**

कभी-कभी ऐसे पत्र भी देखने में आते हैं जिनमें, विषय शीर्षक चार-पांच पंक्तियों में चला गया हो और पत्र केवल दो-तीन पंक्तियों का ही हो । यह स्थिति ज्योर्ज बनार्ड शॉ के नाटकों की याद दिलाती है जिनमें मूल नाटक से प्रस्तावनाएं प्रायः लंबी हुआ करती हैं । खैर, वहां उनका औचित्य भी है लेकिन, पत्र में यह स्थिति बड़ी विचित्र लगती है और इसके कारण पत्र असंतुलित-सा लगता है ।

विषय शीर्षकों में शीर्षक के पूर्व 'विषय', 'संदर्भ', 'बाबत' आदि शब्दों का भी प्रयोग किया जाता है । लेकिन, अमेरिका में इनका प्रयोग अब अनावश्यक समझा जा रहा है । वे इनमें से किसी का प्रयोग किए बिना सीधे ही विषय का संकेत कर देते हैं और उसे रेखांकित कर देते हैं । लेकिन, ऐसी स्थिति में विषय-निर्देश संबोधन के पहले ही कर दिया जाता है, बाद में नहीं ।

यहां एक बात और ध्यान में रखने योग्य है । जब 'संदर्भ' शब्द का प्रयोग किया जाता है तब उसके साथ प्रेषिती की ओर से प्राप्त पत्र का संदर्भ दिया जाना चाहिए, जैसे—

संदर्भ : **आपका 10 अक्तूबर, 1992 का पत्र**

लेकिन, ऐसा प्रयोग सर्वथा गलत है, जैसे—

संदर्भ : **हमारे यहां आपका खाता सं०**............

चूंकि विषय शीर्षक वाक्य नहीं है अतः उसके अंत में किसी भी विराम-चिह्न का प्रयोग नहीं होता ।

कभी-कभी पत्रों में विषय शीर्षक का अभाव रहता है । इसके फलस्वरूप पत्र जिसके भी हाथ में जाता है उसे अनिवार्यतः पूरा पत्र पढ़ना पड़ता है । यदि पत्र छोटा हो तो भी ठीक लेकिन, पत्र यदि लंबा हो और कार्यालय बड़ा हो तो उस पत्र का भाग्य कैसा होगा यह कहना मुश्किल है । विषय शीर्षक रहने से उसका भविष्य सुरक्षित हो जाता है । उसे तुरन्त ही संबद्ध अधिकारी या विभाग को भिजवा दिया जाता है । इसके अलावा, जिस कार्यालय में विषय के अनुसार पत्रों को फाइल करने की व्यवस्था है वहां विषय शीर्षक फाइलें करने वाले कर्मचारियों का काम आसान बना देता है ।

विषय-वस्तु या मुख्य भाग—विषय शीर्षक से एक या दो स्पेस नीचे पत्र की कथ्य विषय-वस्तु का प्रारम्भ होता है । यही वह भाग है जिसमें पाठक या पाठकों के लिए आपका संदेश निहित रहता है । पत्र के अन्य सारे अंगों की सार्थकता तभी है जब विषय-वस्तु व्यवस्थित रूप में या प्रभावी ढंग से प्रस्तुत की गई हो और फिर भी वह सरल हो, ग्राह्य हो । आप क्या कहते हैं यह उतना महत्त्वपूर्ण नहीं है जितना कि आप उसे किस रूप में कहते हैं । हम इसके पूर्व व्यावसायिक पत्रों के प्रमुख तत्त्वों पर काफी विस्तार से विचार कर चुके हैं । यहां थोड़ा पैराग्राफों की उपयोगिता पर विचार करना आवश्यक हो जाता है ।

किसी भी अच्छे व्यावसायिक पत्र के केन्द्र में एक विचार या एक संदेश रहता है जिसे विभिन्न पैराग्राफों के माध्यम से व्यक्त किया जाता है। पैराग्राफों की संख्या कितनी होनी चाहिए इस सम्बन्ध में कोई नियम नहीं बनाया जा सकता। विषय-वस्तु के अनुसार पैराग्राफ कम या अधिक हो सकते हैं। यहां प्रश्न केवल यही है कि क्या पैराग्राफों का भी कोई सैद्धांतिक पक्ष है या पैराग्राफ व्यक्ति के मन की तरंग मात्र है?

इस विषय के विशेषज्ञों ने इसपर भी विचार किया है। पहली बात तो यह है कि विषय-वस्तु को पैराग्राफों में इस तरह विभाजित करना चाहिए जिससे कि प्रत्येक पैराग्राफ विषय-वस्तु से संबद्ध विचार का निरूपण करते हुए सहज रूप से दूसरे पैराग्राफ तक पहुंचे। इस प्रकार निर्मित पैराग्राफों की श्रृंखला एक सुरक्षित पत्र का रूप धारण करेगी। केवल इस बात का ध्यान रहना चाहिए कि पैराग्राफों के आकार में संतुलन बना रहे। उनमें कहीं अत्यधिक विस्तार और कहीं अत्यधिक संक्षेप संतुलन को बिगाड़ देगा। बेहतर यह होगा विषय-वस्तु के निरूपण की पहले से ही एक योजना बना ली जाए और उसी का अनुसरण किया जाए।

विषय-वस्तु के अनुसार प्रत्येक पत्र की योजना अलग-अलग होगी लेकिन, पैराग्राफ निर्माण के सिद्धांत मोटे तौर पर निम्नलिखित होंगे।

पहले पैराग्राफ की भूमिका क्या है? पाठक की रुचि जगाते हुए मैत्री एवं सौजन्यपूर्ण स्वर में पाठक को विषय-वस्तु तक पुराने संदर्भ के साथ, यदि कोई हो, ले जाना पहले पैराग्राफ का प्रमुख कार्य है। इसे प्रभावी बनाने के लिए सैद्धांतिक रूप से पहले पैराग्राफ को दो बातों का अनुसरण करना चाहिए—

(1) वह संक्षिप्त होना चाहिए। और

(2) उसे कुछ करना चाहिए।[3]

अर्थात्, उसमें अधिकतम दो या तीन वाक्य होने चाहिए और उसमें विषय का निर्देश दे दिया जाना चाहिए। किसी पत्र के उत्तर में यदि पत्र लिखा जा रहा हो तो उसका संदर्भ भी उल्लेखनीय हो जाता है। 'बिक्री पत्र' में संदर्भ का सवाल नहीं उठता क्योंकि उसमें ध्यानाकर्षण ही पहले पैराग्राफ का ध्येय होता है।

जहां किसी पत्र का संदर्भ देना है वहां भी 'आपका ता० 14 जून 1992 का पत्र हमें मिला' या 'कृपया आप अपने ता० 14 जून 1992 के पत्र का अवलोकन करें' यह कहने के स्थान पर प्रारम्भ ऐसा होना चाहिए कि संदर्भाधीन विषय के सम्बन्ध में आपकी प्रतिक्रिया या आपके द्वारा की जाने वाली या की गई कार्रवाई का तुरन्त संकेत मिल जाए। पाठक की रुचि इसी में ही होती है। इस प्रकार के प्रारम्भ के कुछ उदाहरण नीचे प्रस्तुत हैं—

1. आपके ता०............के पत्र के लिए धन्यवाद।

2. आपने अपने ता०............के पत्र के साथ जो साहित्य भेजा था उसका

मैंने रुचिपूर्वक अध्ययन किया।

3. आपने हमारे क्रेडिट कार्ड के सम्बन्ध में अपने ता० ....के पत्र द्वारा जो जानकारी मांगी है उस सम्बन्ध में अपने बैंक द्वारा प्रकाशित विवरणिका भेजते हुए हमें प्रसन्नता हो रही है।
4. आपके ता० ....के पत्र में उल्लिखित समस्या के बारे में छान-बीन करने के लिए हमने अपने अधिकारी को अनुदेश दे दिया है।
5. आपका ता० ....का पत्र मिलते ही मैंने अपनी शाखा को टेलीफोन किया।
6. आपके ता० ....के पत्र पर हम कुछ कार्रवाई कर सकें इस उद्देश्य से कृपया निम्नलिखित सूचना भेजकर हमारी सहायता करें।

जहां प्रत्युत्तर के स्थान पर मूल पत्रलेखन का सवाल है वहां पत्र के प्रारम्भ की शैलियां विविध अवसरों के अनुसार भिन्न-भिन्न होंगी। जैसे—

'मानव जीवन की तीन प्रमुख आवश्यकताएं हैं—रोटी, कपड़ा और मकान। लेकिन, बम्बई जैसे महानगर में तो मकान की समस्या सर्वोपरि है। इस समस्या का समाधान ढूंढ़ने के उद्देश्य से हमने निम्न एवं मध्यम आय स्तर के व्यक्तियों के लिए 'गृहनिर्माण योजनाएं' तैयार की हैं जिनका विवरण हम इसके साथ भेज रहे हैं।'

'आज तक यह कहा जाता था कि हिन्दी में ज्ञान-विज्ञान की सामग्री उपलब्ध नहीं है। लेकिन, हमारी ओर से प्रकाशित विश्वकोशों को देखकर लगेगा मानो सब के लिए ज्ञान-विज्ञान का खजाना खुल गया है। विभिन्न विषयों के विशेषज्ञों की सहायता से तैयार किए गए इन विश्वकोशों की विशेषताएं निम्नानुसार हैं :'

'मानव ही एक ऐसा प्राणी है जो दूसरों के अनुभवों से सीखता है। शायद आप भी हमारे अनुभवों से लाभान्वित होकर खर्च में कटौती करने के लिए प्रेरित हों। इस दृष्टि से हमने नई धुलाई मशीन बनाई है। जरा इसकी विशेषताएं देखिए—'

व्यावसायिक पत्रों में पैराग्राफों का उद्देश्य विषय या विचार को रोचक इकाइयों में विभाजित करना है। अत: यह ज़रूरी हो जाता है पैराग्राफ, जहां तक संभव हो, छोटे हों और अपने आप में पूर्ण हों। सामान्यत: व्यावसायिक पत्रों की पैराग्राफ योजना निम्नानुसार होगी—

पैराग्राफ	**कार्य**
1.	पहले यदि कोई पत्राचार हुआ हो तो उसका संदर्भ और/अथवा पत्र का विषय-निर्देश
2.	मुख्य संदेश या विचार

3. संदेश या विचार-विस्तार
4. आपकी ओर से की जाने वाली कार्रवाई या आपकी अपेक्षा की ओर संकेत

लेकिन, सभी पत्रों में इस योजना का अनुसरण अनिवार्य या संभव नहीं होगा, विशेष रूप से उन पत्रों में जहां कुल मिलाकर दो ही पैराग्राफों में पत्र समाप्त हो जाता है।

कुछ विशेष स्थितियों को छोड़कर पैराग्राफों को अंक लगाने की आवश्यकता नहीं है। कुछ लोग पैराग्राफों को उप-शीर्षक भी देते हैं। इनका भी प्रयोग कुछ विशेष प्रकार के बिक्री पत्रों तक ही सीमित रखना चाहिए।

जिस प्रकार पत्र में पहले पैराग्राफ का महत्त्व है उसी प्रकार अन्तिम पैराग्राफ का भी अपना महत्त्व है। पत्र में जैसे ही आपका संदेश पूरा हो, पत्र भी समाप्त हो जाना चाहिए। एक ही बात या संदेश को दोहराकर पत्र का अनावश्यक विस्तार बढ़ाना पत्रलेखक की कमजोरी है। आप पाठक से जो कार्रवाई करवाना चाहते हैं या उसके दृष्टिकोण में जो परिवर्तन लाना चाहते हैं उसे सरल और प्रभावी बनाना, यही अन्तिम पैराग्राफ का उद्देश्य है। पत्र में इसके पूर्व जो भी पैराग्राफ आए हों उनकी तार्किक क्रम में स्वाभाविक समाप्ति यहां होनी चाहिए। अन्तिम पैराग्राफ के कुछ उदाहरण नीचे प्रस्तुत हैं—

(1) कृपया हस्ताक्षर कर संलग्न कार्ड हमें भेज दें और आपकी सेवा का हमें अवसर दें।
(2) अपनी ओर से सदैव उत्कृष्ट सेवाओं का हम आपको आश्वासन देते हैं।
(3) इस सम्बन्ध में आपको हुई असुविधा के लिए हमें खेद है।
(4) इस सम्बन्ध में हमें आपके अगले निर्देशों की प्रतीक्षा है।
(5) आशा है आप हमारे अनुरोध के अनुसार तुरन्त कार्रवाई करेंगे।
(6) आप अपनी सुविधानुसार शाखा में आकर अधोहस्ताक्षरी को मिलने की कृपा करेंगे?
(7) यदि हम किसी भी रूप में आपकी सहायता कर सकते हैं तो हमें बड़ी प्रसन्नता होगी।
(8) हमें विश्वास है कि संलग्न सामग्री से आपके सभी प्रश्नों के उत्तर मिल जाएंगे। तथापि, यदि और किसी सूचना की आवश्यकता हो तो हमें निस्संकोच लिखें।

अंग्रेज़ी पत्रों में एक ज़माने में वर्तमानकालिक कृदंतों से पत्र को समाप्त करने की परंपरा थी लेकिन, आज उसके स्थान पर पूरा वाक्य लिखने पर ज़ोर दिया

जा रहा है। उसी प्रकार हिन्दी में भी 'आपके उत्तर की प्रतीक्षा में' के स्थान पर 'हम आपके उत्तर की प्रतीक्षा करेंगे' जैसे प्रयोगों को विशेष महत्त्व दिया जा रहा है।

अभिवादनात्मक समाप्ति—अभिवादनात्मक समाप्ति पत्र की विनम्र पूर्णाहुति है, 'अलविदा' करने की रूढ़ परंपरा है। 'नोमा' शैली में तो संबोधन की तरह इसे भी हटा दिया गया है। इसे पत्र की विषय-वस्तु से दो-तीन स्पेस नीचे, पूर्ण ब्लॉक शैली में बाईं ओर के हाशिये में और शेष शैलियों में दाहिनी ओर टंकित किया जाता है।

अभिवादनात्मक समाप्ति का संबोधन के साथ ताल-मेल होना चाहिए। जैसे—

संबोधन	**समाप्ति**
महोदय, प्रिय महोदय/महोदया	भवदीय
सज्जनो/देवियो	भवदीय
प्रिय ग्राहक/पाठक	भवदीय
	आपका सद्भावी
प्रिय श्री..................	आपका
परम श्रद्धेय श्री................	आपका विनीत
आदरणीय/मान्यवर/माननीय महोदय/महोदया	आपका विनीत
महामाननीय/माननीय/	आपका सद्भावी
महामहिम	आपका विनीत

कहीं-कहीं 'भवदीय' के स्थान पर 'आपका विश्वासभाजन' या 'आपका विश्वसनीय' जैसे प्रयोग भी दृष्टिगोचर होते हैं लेकिन, ये प्रयोग सीधे Yours faithfully का शब्दानुवाद लगते हैं जब कि, 'भवदीय' में न केवल अपनापन है बल्कि सांस्कृतिक गरिमा भी है।

और, आधुनिकता इन औपचारिकताओं को भले ही कम करती जा रही हो लेकिन, इन औपचारिकताओं में भी सम्बन्ध निर्वाह की आवश्यकता का औचित्य है।

हस्ताक्षर—पत्रलेखक के हस्ताक्षर को व्यावसायिक पत्र का एक अभिन्न एवं महत्त्वपूर्ण हिस्सा कहा जा सकता है। पत्र में सुन्दर एवं प्रभावी पत्र के सारे गुण विद्यमान होने पर भी यदि उसमें हस्ताक्षर ही न हों तो ऐसा लगता है जैसे शरीर है लेकिन उसमें प्राण ही नहीं हैं। कार्यालयों, कंपनियों, व्यावसायिक प्रतिष्ठानों

आदि में तो पत्र प्राय: टंकित ही किए जाते हैं। ऐसी परिस्थिति में हस्ताक्षर ही एक ऐसा माध्यम है जिसे पाकर या देखकर पत्रलेखक से मिलने का संतोष ग्रहण किया जा सकता है। और, कानूनी दृष्टि से तो हस्ताक्षर के बिना पत्र की वैधता ही समाप्त हो जाती है। पत्र का प्रारूप चाहे किसी अन्य अधिकारी ने तैयार किया हो या लिपिक ने, अंततोगत्वा कानूनी दायित्व हस्ताक्षरकर्ता का ही हो जाता है। इसीलिए राजभाषा नियम 1976 के नियम 6 में राजभाषा अधिनियम की धारा 3 (3) में निर्दिष्ट सभी दस्तावेज़ हिन्दी और अंग्रेज़ी दोनों में तैयार, निष्पादित या जारी किए जाएं—यह सुनिश्चित करने का दायित्व हस्ताक्षर करने वाले व्यक्तियों का ही माना गया है।[4] यद्यपि, इन दस्तावेज़ों में पत्र का समावेश नहीं होता लेकिन, व्यावसायिक पत्रों के 'कानूनी कार्य' पर हम दूसरे अध्याय में विचार कर चुके हैं। इसलिए व्यावसायिक पत्रों में हस्ताक्षर का एक अलग ही कानूनी महत्त्व है।

व्यावसायिक पत्र यदि पूर्ण ब्लॉक शैली में टंकित है तो हस्ताक्षर का स्थान बाईं ओर अभिवादनात्मक समाप्ति के नीचे अन्यथा दाहिनी ओर उसी प्रकार होगा। 'नोमा' शैली में बाईं ओर अन्तिम पैराग्राफ की अन्तिम पंक्ति की एक-दो स्पेस नीचे हस्ताक्षर होते हैं।

'हस्ताक्षर' के साथ इतनी चीज़ें जुड़ी हुई हैं—(1) पत्रलेखक के हस्ताक्षर (2) पत्रलेखक का नाम टंकित रूप में (किसी संस्था के आंतरिक पत्रव्यवहार में इसके बिना भी काम चल सकता है। हां, जिसके हस्ताक्षर सुपाठ्य न हों ऐसे मामलों में टंकित नाम व्यावहारिक दृष्टि से अत्यन्त उपयोगी है।) (3) कंपनी या फर्म का नाम (लेकिन, जहां पत्र-शीर्ष छपा हुआ हो वहां इसकी आवश्यकता नहीं है), और (4) हस्ताक्षरकर्ता का पदनाम, जैसे—मुख्य प्रबंधक, सहायक महाप्रबंधक, सचिव, उप-सचिव आदि। कभी-कभी हस्ताक्षर के स्थान पर उसकी रबड़ की मुहर का भी प्रयोग किया जाता है लेकिन, उसमें वह वैयक्तिक संस्पर्श नहीं रहता जो मूल हस्ताक्षर में रहता है। उसका कानूनी महत्त्व भी कम हो जाता है।

महिला हस्ताक्षरकर्ताओं के मामले में हस्ताक्षर के नीचे नाम टंकित करने के पूर्व उसके वैवाहिक दर्जे का भी संकेत करने की परंपरा है, जैसे—श्रीमती प्रमीला ठाकुर या सुश्री/कु० अर्चना पाठक।

नाम टंकित करते समय भी नाम जिस रूप में हस्ताक्षरित है उसी रूप में नाम टंकित होना चाहिए। उदाहरणार्थ—यदि हस्ताक्षर में 'एल० एस० शर्मा' ही है तो पूरा नाम टंकित करने की आवश्यकता नहीं है। दोनों में एकरूपता या संगति बनी रहनी चाहिए और हमेशा एक ही पद्धति अपनायी जानी चाहिए।

भिन्न-भिन्न संदर्भों में हस्ताक्षर की अलग-अलग पद्धतियां इस प्रकार हैं—

भागीदारी फर्म

चोकसी ब्रदर्स (फर्म का नाम)
जे० एन० चोकसी (भागीदार के हस्ताक्षर)
या
चोकसी ब्रदर्स

कंपनी

भवदीय
रा० ना० सक्सेना (हस्ताक्षर)
प्रबंधक
या
भवदीय
चिंतामणि प्रकाशन लिमिटेड
रा० ना० सक्सेना (हस्ताक्षर)
प्रबंधक
या
कृते चिंतामणि प्रकाशन लिमिटेड
रा० ना० सक्सेना (हस्ताक्षर)
प्रबंधक

सामान्य या विशेष मुख्तारनामा हस्ताक्षर

भवदीय
वास्ते/कृते अंतर्राष्ट्रीय व्यापार कंपनी
ए० आर० घोष (हस्ताक्षर)
क्षेत्रीय प्रबंधक

जब किसी व्यक्ति को एक लिखित प्रलेख द्वारा किसी अन्य व्यक्ति या कंपनी के लिए कार्य करने हेतु नियुक्त किया जाता है और ऐसे व्यक्ति की ओर से जब पत्र लिखा जाता है तब 'वास्ते' का प्रयोग किया जाता है। 'कृते' उतना वज़नदार नहीं है क्योंकि लिखित प्रलेख के अभाव में किसी कनिष्ठ अधिकारी या एजेन्ट द्वारा इस प्रकार के हस्ताक्षर किए जाते हैं।

गौण अंग

(i) **ध्यानाकर्षण**—जब किसी संस्था, कंपनी या फर्म को पत्र लिखा जाता है तब पत्रलेखक यदि उसे किसी विशेष अधिकारी के पास भिजवाना चाहता है तो '......के ध्यानाकर्षण हेतु' शब्दावली का प्रयोग कर सकता है। इसे 'आभ्यंतर

'पता' से दो स्पेस नीचे और संबोधन से दो स्पेस ऊपर टंकित किया जाता है। इसे सामान्यत: और ब्लॉक शैली में तो विशेष रूप से पृष्ठ के मध्य भाग में लिखा जाता है लेकिन, बाईं ओर के हाशिये में भी लिखा जा सकता है। दोनों के नमूने इस प्रकार हैं—

अध्यक्ष एवं प्रबंध निदेशक
भारतीय बैंक
कफ परेड
बम्बई-400005

श्री मधुकर व्यास के ध्यानाकर्षण हेतु

प्रिय महोदय,

अथवा

अध्यक्ष एवं प्रबंधक निदेशक
भारतीय बैंक
कफ परेड
बम्बई-400005

श्री मधुकर व्यास के ध्यानाकर्पण हेतु

प्रिय महोदय,

चूंकि इसका आशय विशेष व्यक्ति का ध्यान आकृष्ट करना है अत: ध्यानाकर्षण पंक्ति को छोड़कर आभ्यंतर पता या संबोधन में व्यक्ति के नामोल्लेख की आवश्यकता नहीं है।

जब व्यावसायिक पत्र भी अर्धशासकीय रूप में लिखा जा सकता है तब कुछ लोग ध्यानाकर्षण पंक्ति वाली शैली को अनुपयोगी और निरर्थक मानते हैं। और, इस शैली के प्रयोग से सबसे बड़ा नुकसान यह हो सकता है कि यदि संबद्ध व्यक्ति किसी कारण से अनुपस्थित है तो जब तक वह वापस नहीं लौटेगा तब तक आपके पत्र पर कोई कार्रवाई नहीं होगी।

(ii) **संकेतन**—संकेतन से तात्पर्य उन संकेतों से है जिनका प्रयोग पत्रलेखक आवश्यकतानुसार करता है। ऐसे संकेतन हैं—गोपनीय, संलग्नक, प्रतिलिपि, टंकक के आद्यक्षर, पुनश्च आदि।

गोपनीय—जब पत्र की विषय-वस्तु का संबंध केवल प्रेषिती से हो अथवा विषय-वस्तु का स्वरूप गोपनीय प्रकृति का हो (जैसे, किसी व्यक्ति या फर्म की साखपात्रता रिपोर्ट, चारित्र्य संबंधी राय, स्थिति की पूछताछ, नीति संबंधी निर्णय आदि) तब इस शब्द को पत्र में बायीं ओर संदर्भ संख्या के नीचे या पत्र-शीर्ष के

बिल्कुल नीचे टंकित किया जाता है। और, एक बार पत्र 'गोपनीय' हो जाने के बाद लिफाफे पर भी इसे टंकित किया जाना चाहिए ताकि संबंधित व्यक्ति को छोड़कर अन्य कोई व्यक्ति लिफाफा खोलने की गलती न करे।

कई बार 'निजी' एवं 'गोपनीय' शब्दों का प्रयोग साथ-साथ किया जाता है। वस्तुतः 'गोपनीय' शब्द का संबंध विषय-वस्तु या व्यापारिक गतिविधियों से है जबकि 'निजी' का संबंध व्यक्तिगत मामलों से है, व्यक्ति से है अतः दोनों संकेतनों को मिलाना परम्परागत होते हुए भी उचित नहीं है।

संलग्नक—पत्र के साथ जब चेक या मांग ड्राफ्ट या रसीद या विवरण या अन्य कागज़ात संलग्न किये जाते हैं तब हस्ताक्षर के नीचे बायीं ओर संलग्नकों का क्रमानुसार उल्लेख करना आवश्यक हो जाता है, जैसे—

संलग्नक : 1.

2.

3.

हां, जब पत्र में ही उपर्युक्त ढंग से संलग्नकों का निर्देश कर दिया गया हो तब हस्ताक्षर के नीचे बायीं ओर 'संलग्नक : उपर्युक्तानुसार' या 'संलग्नक: यथोक्त' ही टंकित करना पर्याप्त होगा।

इस प्रकार के संकेतन से भेजने और पाने वाले लिपिक का यह दायित्व हो जाता है कि संलग्नक में निर्दिष्ट कागज़ात ठीक से हैं या नहीं इसे सुनिश्चित कर ले। यदि दोनों कार्यालयों की ओर से इस प्रकार की सावधानी बरती जाती है तो किसी भी कागज़ के छूट जाने की संभावना नहीं रहती।

प्रतिलिपि—यदि पत्र की प्रतिलिपि किसी व्यक्ति, पार्टी या कार्यालय को भेजी जा रही हो तो उसका भी 'संलग्नक' के संकेतन से दो स्पेस नीचे बायीं ओर, 'प्रतिलिपि' शीर्षक के अंतर्गत उल्लेख कर दिया जाता है। अंग्रेज़ी में इसे भले ही C. C. अर्थात् 'Carbon Copy' कहा जाता हो लेकिन, हिन्दी में 'प्रतिलिपि' से ही काम चल जाता है। 'प्रतिलिपि' संकेतन के साथ जिसको प्रतिलिपि भेजी जा रही हो उसका नाम और पूरा पता भी टंकित किया जाना चाहिए। इस संकेतन का ढंग निम्नानुसार होगा—

प्रतिलिपि :...............

....

....

....

यदि पत्र की प्रतिलिपि एक से अधिक व्यक्तियों, पार्टियों या कार्यालयों को भेजनी हों तो 'प्रतिलिपि' शब्द के बाद आवश्यकतानुसार (1), (2), (3) आदि

क्रम संख्या देकर उनके नाम और पते टंकित किए जाने चाहिए।

जब व्यावसायिक, व्यावहारिक या प्रशासनिक कारण से पत्र के मूल प्राप्तकर्ता को यह जानकारी न देनी हो कि उसके पत्र की प्रतिलिपि अन्यत्र भेजी गई है तब पत्र की कार्यालय प्रति में 'प्र० प्र०' संक्षेपाक्षर का प्रयोग आपके नाम, पते के साथ किया जाना चाहिए, जिसका तात्पर्य होगा—'प्रच्छन्न प्रतिलिपि'। टंकक को भी प्रारूप में ही प्रेषिती/प्रेषितियों के नाम, पते के साथ इसका संकेत दे दिया जाना चाहिए जिससे कि प्रथम प्रति पर 'प्रतिलिपि' संकेतन के अंश को वह टंकित न करे, केवल अन्य प्रतियों पर ही टंकित करे।

कभी-कभी पत्रलेखक प्रतिलिपि भेजने का आशय भी स्पष्ट करना चाहता है तब वह वाक्यांश या वाक्य का सहारा लेता है। यदि वाक्यांश हो तो 'प्रतिलिपि' के साथ उसे जोड़ा जा सकता है, जैसे—'प्रतिलिपि—सूचना के लिए' या 'प्रतिलिपि — आवश्यक कार्रवाई के लिए'। लेकिन, जब वाक्य हो तब 'प्रतिलिपि' वाले अंश के ठीक सामने दाहिनी ओर उसे लिखकर या टंकित कर वाक्य के नीचे पत्रलेखक को पुनः अपने हस्ताक्षर करने चाहिए, जिससे कि वह छोटा संदेश भी प्राधिकृत हो जाए। उदाहरणार्थ—

प्रतिलिपि................	आपसे अनुरोध है कि
....	उपर्युक्त मामले में आप अपने
....	स्तर पर जांच करें और
....	उसकी रिपोर्ट हमें भेजें।
	(हस्ताक्षर)

पत्रलेखक/श्रुतलेखक और टंकक के आद्यक्षर—संस्थाओं, कंपनियों, सरकारी कार्यालयों आदि की परंपरा के अनुसार पत्रलेखक के हस्ताक्षर या अर्ध-शासकीय शैली में प्रेषिती का नाम और पता टंकित किए जाने के बाद बायीं ओर के हाशिये में पहले पत्रलेखक/श्रुतलेखक और बाद में टंकक या आशुलिपिक के आद्यक्षर टंकित किए जाने चाहिए, जैसे—

रला/अचि

यदि इसमें जांचकर्ता भी शामिल है तो उसके आद्यक्षर भी बीच में टंकित कर दिए जाने चाहिए, जैसे—

रला/मद/अचि

इस औपचारिकता का आशय केवल इतना ही है कि प्रेषक कार्यालय जब बहुत बड़ा हो तब जांच करते समय दायित्व निर्धारण आसानी से हो सके।

पुनश्च—अंग्रेज़ी में प्रचलित P. S. के लिए 'पुनश्च' केवल तभी जोड़ा जाना चाहिए जब कोई ताज़ा सूचना या संदेश पत्र में डालना आवश्यक हो और जब नये सिरे से पत्र लिखने/लिखवाने का समय न हो। अन्यथा, व्यावसायिक पत्रों में

इसकी कोई आवश्यकता नहीं है। जब कभी 'पुनश्च' जोड़ना हो तब 'पुनश्च' में दिए गए संदेश के नीचे पत्रलेखक के आद्यक्षर अवश्य होने चाहिए जिससे कि प्रेषिती आश्वस्त हो कि पत्रलेखक ने ही पुनश्च जोड़ा है।

बिक्री या अनुस्मारक पत्रों में कभी-कभी विशेष प्रभाव उत्पन्न करने के उद्देश्य से एकाध पंक्ति 'पुनश्च' में डाल दी जाती है, जैसे—

पुनश्च—यदि आपने इसके मिलने के पूर्व पैसे भेज दिए हों तो इसपर आप कृपया ध्यान न दें।

(हस्ताक्षर)

यह तो हुई पत्र के अंगों की बात। अब पत्र, लिफाफे और उसपर लिखे जाने वाले 'ऊपरी लेख' के संबंध में भी थोड़ा विचार कर लें।

लिफाफा—लिफाफा छोटा हो या बड़ा इसका निर्णय पत्र के आकार को ध्यान में रखकर किया जाना चाहिए। पत्रों के आकार के संबंध में गर्टसाइड ने दो मापों का उल्लेख किया है[5]—

अंतर्राष्ट्रीय 'ए' श्रृंखला

ए5 148×210 मि० मि० (लगभग $5\frac{7}{8} \times 8\frac{1}{4}$ इंच)
ए4 210×297 मि० मि० (लगभग $8\frac{1}{4} \times 11\frac{3}{4}$ इंच)
ए3 297×420 मि० मि० (लगभग $11\frac{3}{4} \times 16\frac{1}{2}$ इंच)

ब्रिटिश मानक

5×8 इंच बड़ा पत्र अठपेजी (Large post octavo)
8×10 इंच बड़ा पत्र चौपेजी (Large post quarto)
8×13 इंच फुलस्केप पन्ना (Foolscap folio)
लिफाफों के संबंध में गर्टसाइड ने दो मापों का उल्लेख किया है[6]—

अंतर्राष्ट्रीय आकार

ए4 और ए5 कागज़ के लिए (बैंकर स्टाइल)—114×162 मि० मि०
($4\frac{1}{4} \times 6\frac{3}{4}$ इंच)
ए3 और ए4 कागज के लिए (बैंकर स्टाइल)—110×220 मि० मि०
($4\frac{1}{4} \times 8\frac{5}{8}$ इंच)

ब्रिटिश मानक लिफाफे

वाणिज्य—$3\frac{1}{2} \times 6$ इंच
अदालत—$4\frac{3}{4} \times 5\frac{5}{8}$ इंच

फुलस्केप (बैंकर स्टाइल)—9 × 4 इंच

फुलस्केप (पोकेट स्टाइल)—9 × 4 इंच

लिफाफे भी, जहां तक संभव हो, सादे ही होने चाहिए। यदि लिफाफे रंगीन रखे जाते हैं तो भी रंगों में भड़कीलापन न हो इस बात का ध्यान रखा जाना चाहिए।

कई कार्यालयों में पारदर्शी लिफाफों का भी उपयोग किया जाता है। इनमें पत्र इस प्रकार मोड़कर रखे जाते हैं जिससे कि प्रेषिती का नाम व पता लिफाफे के पारदर्शी हिस्से से साफ-साफ दिखाई दे। इससे लिफाफे पर प्रेषिती का नाम व पता टंकित करने की ज़रूरत नहीं रहती। परिपत्र, पावतियां, सूचना, अनुस्मारक आदि भेजने के लिए इनका उपयोग किया जाता है। लेकिन, निजी या गोपनीय पत्र ऐसे लिफाफों में कभी भी नहीं भेजे जाने चाहिए।

पारदर्शी लिफाफों को छोड़कर शेष लिफाफों पर टंकित किए जाने वाले अपने लेख (Superscription) में निम्नलिखित सामग्री का समावेश किया जाना चाहिए—

(i) मध्य में प्रेषिती का नाम व पता (पिन कोड संख्या सहित)

(ii) बायीं ओर ऊपर या नीचे प्रेषक का नाम व पता जो कि सामान्यतः मुद्रित रहता है।

(iii) प्रेषण अनुदेश जैसे, 'पंजीकृत रसीदी', 'डाक प्रमाण-पत्र के अधीन', 'स्पीड पोस्ट', 'शीघ्र डाक सेवा', आदि।

(iv) कम्पनी या फर्म को भेजे जाने वाले पत्र के मामले में ध्यानाकर्षण पंक्ति यदि कोई हो।

व्यावसायिक पत्र की विभिन्न शैलियां

व्यावसायिक पत्र के अंगों की चर्चा करने के बाद आइए, अब हम व्यावसायिक पत्रों की सृष्टि में प्रयुक्त विभिन्न शैलियों पर विचार करें। चाहे मकान बनाना हो या पत्र-पत्रिका का प्रकाशन करना हो, चाहे उपन्यास लिखना हो या कहानी, चाहे किसी विषय पर फिल्म का निर्माण करना हो या टी० वी० सीरियल का, चाहे व्याख्याता का व्याख्यान हो या कलाकार का कलाप्रदर्शन, सर्जक या निर्माता के मन में पहले एक कल्पना जन्म लेती है जिसकी सुन्दर, प्रभावशाली, कलात्मक या व्यवस्थित अभिव्यक्ति के लिए प्रारंभ में एक खाका, नक्शा, अभिन्यास, रूप-रेखा (lay-out) तैयार करना आवश्यक हो जाता है। व्यावसायिक पत्र के लिए भी अभिन्यास का उतना ही महत्त्व है। इसका उद्देश्य केवल यही है कि बाहर जाने वाला पत्र साफ-सुथरा, व्यवस्थित और आकर्षक हो। पत्र में प्रारूपण का जितना महत्त्व है उतना ही पत्र के लिए प्रयुक्त किए जानेवाले कागज़, टाइपराइटर,

शैलियों आदि के बीच स्थापित होने वाले संतुलन का है। संतुलन की इस प्रक्रिया में पत्रलेखन के उपयोग में लाई जानेवाली शैलियों की बड़ी महत्त्वपूर्ण भूमिका है।

व्यावसायिक जगत् में पत्रलेखन की विभिन्न शैलियां प्रचलित हैं। इसमें भी परम्परा से हटकर औपचारिकताओं को, जहां तक संभव हो, कम करने की प्रवृत्ति दृष्टिगोचर हो रही है लेकिन, परम्परा यदि हानिकारक नहीं है और उससे सुविधा और व्यवस्था बनाए रखने में सहायता मिलती है तो उसका त्याग भी क्यों किया जाए?

हम पत्रलेखन की जिन शैलियों की यहां बात करना चाहते हैं वे निम्नानुसार हैं —

(1) पूर्ण ब्लॉक शैली
(2) अर्ध ब्लॉक शैली
(3) संशोधित ब्लॉक शैली
(4) पूर्ण इन्डेंट शैली
(5) अर्ध इन्डेंट शैली
(6) हैंगिग पैराग्राफ शैली
(7) अर्ध शासकीय शैली
(8) 'नोमा' शैली

(1) **पूर्ण ब्लॉक शैली**— यह शैली व्यापक रूप से प्रचलित है। इसे पूर्ण ब्लॉक शैली इसलिए कहते हैं कि तारीख, आभ्यंतर पता, संबोधन, पैराग्राफ आदि सब बायीं ओर ब्लॉकों अर्थात् खंडों में टंकित किए जाते हैं। पैराग्राफों के बीच छोड़ी जाने वाली दुगुनी या तिगुनी जगह इन ब्लॉकों को विभाजित करती है। इस शैली में जगह छोड़कर पंक्ति आरंभ नहीं की जाती। जहां तक विरामचिह्नों का सवाल है, 'विषय-वस्तु' वाले हिस्से को छोड़कर अन्य कहीं भी पंक्ति की समाप्ति के बाद उनका इस्तेमाल नहीं किया जाता।

कुछ लोगों की दृष्टि से यह शैली असंतुलित अभिन्यास का उदाहरण है क्योंकि यह एकपक्षी है अर्थात् इस शैली का झुकाव बायीं ओर ही है। लेकिन, टंकक की दृष्टि से यह सर्वाधिक सुविधाजनक शैली है, जिसका कारण यह है कि जगह छोड़ने की प्रक्रिया में उसका समय नष्ट नहीं होता।

इसका उदाहरण आगे प्रस्तुत है—

भारतीय बैंक
डी० एन० रोड
बम्बई-400001

सं० सं० भाबैं/शाप्र/83/93
28 फरवरी, 1993
श्री सुन्दरदास सिंधवी
281, परीख मेन्शन
बाजार गेट
बम्बई-400001

प्रिय महोदय

विषय : आपका अपरिचालित बचत बैंक खाता सं० 10391

आपका उपर्युक्त खाता लम्बे अरसे से परिचालित नहीं हो रहा है। हमारा अनुरोध है कि आप उक्त खाते का परिचालन प्रारम्भ कर हमें सेवा का अवसर दें। आपसे अनुरोध है कि पत्र मिलते ही आप हमसे मिलें और जब आप आएं तब अपनी पासबुक भी साथ लेते आएं।

भवदीय

(राम कुमार तिवारी)
शाखा प्रबंधक
रला/अचि

(2) **अर्ध ब्लॉक शैली**—इसमें ब्लॉक शैली और इन्डेन्टेड शैली का मिश्रण है। विषय-वस्तु के पैराग्राफ इन्डेन्टेड शैली का प्रतिनिधित्व करते हैं तो आभ्यंतर पता और संबोधन ब्लॉक शैली की छाप लिए हुए हैं, जिनमें विराम-चिह्नों का प्रयोग वैकल्पिक है।

इस शैली में तारीख और अभिवादनात्मक समाप्ति का स्थान दाहिनी ओर रहता है।

जो लोग परम्परा का निर्वाह करते हुए समय की बचत करने वाली आधुनिक ब्लॉक शैली से ताल-मेल बिठाना चाहते हैं वे प्रायः इस शैली को अपनाते हैं। यह शैली भारतीय बैंकों और व्यावसायिक प्रतिष्ठानों में अधिक प्रचलित है।

उदाहरण आगे प्रस्तुत है—

भारतीय बैंक
डी० एन० रोड
बम्बई-400001

सं० सं० भाबैं/शाप्र/83/93 28 फरवरी 1993

श्री सुन्दरदास सिंधवी
281, परीख मेन्शन
बाजार गेट
बम्बई-400001

प्रिय महोदय

विषय : आपका अपरिचालित बचत बैंक खाता सं० 10391

आपका उपर्युक्त खाता लम्बे अरसे से परिचालित नहीं हो रहा है। हमारा अनुरोध है कि आप उक्त खाते का परिचालन प्रारम्भ कर हमें सेवा का अवसर दें।

आपसे अनुरोध है कि पत्र मिलते ही आप हमसे मिलें और जब आप आएं तब अपनी पासबुक भी साथ लेते आएं।

भवदीय
(राम कुमार तिवारी)
शाखा प्रबंधक

रला/अचि

(3) **संशोधित ब्लॉक शैली**—इसमें तारीख और अभिवादनात्मक समाप्ति का स्थान दाहिनी ओर इन्डेन्ट शैली में, विषय का स्थान मध्य में और शेष सामग्री का स्थान बायीं ओर ब्लॉक शैली में रहता है। गर्टसाइड ने अभिवादनात्मक समाप्ति को पृष्ठ के मध्य में लिया है।

बायीं ओर का हाशिया अखंड रहने के कारण पत्र आकर्षक अवश्य लगता है लेकिन, जिन्हें इन्डेन्ट शैली में पत्र लिखने की आदत पड़ी हुई है वे इसे पसंद नहीं करते।

भारतीय बैंक
डी० एन० रोड
बम्बई-400001

सं० सं० भाबैं/शाप्र/83/93 28 फरवरी 1993

श्री सुन्दरदास सिंधवी
281, परीख मेन्शन
बाजार गेट
बम्बई-400001

प्रिय महोदय

विषय : आपका अपरिचालित बचत बैंक खाता सं० 10391

आपका उपर्युक्त खाता लम्बे अरसे से परिचालित नहीं हो रहा है। हमारा अनुरोध है कि आप उक्त खाते का परिचालन प्रारम्भ कर हमें सेवा का अवसरदें।

आपसे अनुरोध है कि पत्र मिलते ही आप हमसे मिलें और जब आप आएं तब अपनी पासबुक भी साथ लेते आएं।

भवदीय
(राम कुमार तिवारी)
शाखा प्रबंधक

रला/अचि

(4) **पूर्ण इन्डेन्ट शैली**—कुछ साल पहले तक यही शैली व्यावसायिक क्षेत्र में प्रचलित थी। स्कूलों में पढ़ाए जाने के कारण लोग इससे विशेष परिचित हैं। इसमें शीर्ष पता, दिनांक, आभ्यंतर पता, और प्रत्येक पैराग्राफ पांच स्पेस (और कभी-कभी दस स्पेस) की इन्डेन्ट शैली को लिए हुए रहते हैं। इन्डेन्ट शैली का तात्पर्य है कुछ जगह छोड़कर दूसरी पंक्ति (आभ्यंतर पता) या दूसरे पैराग्राफ का प्रारम्भ करना। बायीं और दाहिनी ओर तीन-तीन से०मी० का हाशिया छोड़ दिया जाता है। संबोधन के नीचे दो पंक्ति की स्पेस छोड़कर मध्य में विषय-निर्देश का स्थान रहता है। दो पैराग्राफों के बीच दोहरी स्पेस जोड़ दी जाती है और पत्र केवल इकहरी स्पेस में टंकित किया जाता है। पत्र पूरा हो जाने पर मध्य में आनेवाली अभिवादनात्मक समाप्ति में पुनः इन्डेन्ट शैली प्रयुक्त होती है। विरामचिह्नों का प्रयोग इसमें सर्वत्र होता है।

पूर्णतः संतुलित होने के कारण इस शैली का अपना अनूठा आकर्षण है लेकिन, सुन्दर लगने वाली इस शैली की कठिनाई यह है कि स्पेस छोड़ने की प्रक्रिया और विरामचिह्न टंकक या आशुलिपिक का अधिक समय ले लेते हैं। इसलिए अधिकांश व्यावसायिक प्रतिष्ठानों ने इसे छोड़ दिया है।

इसका भी नमूना देख लें।

भारतीय बैंक,
डी० एन० रोड,
बम्बई-400001.

सं० सं० भाबैं/शाप्र/83/93 28 फरवरी 1993

श्री सुन्दरदास सिंधवी,
281, परीख मेन्शन,
बाजार गेट,
बम्बई-400001

प्रिय महोदय,

विषय : **आपका अपरिचालित बचत बैंक खाता** सं० 10391

आपका उपर्युक्त खाता लम्बे अरसे से परिचालित नहीं हो रहा है। हमारा अनुरोध है कि आप उक्त खाते का परिचालन प्रारम्भ कर हमें सेवा का अवसर दें।

आपसे अनुरोध है कि पत्र मिलते ही आप हमसे मिलें और जब आप आएं तब अपनी पासबुक भी साथ लेते आएं।

भवदीय,

(राम कुमार तिवारी)
शाखा प्रबंधक

रला/अचि

(5) **अर्ध इन्डेन्ट शैली**—इसमें आभ्यंतर पता ब्लॉक शैली में लिखा जाता है। विरामचिह्नों का खुलकर प्रयोग इस शैली की दूसरी विशेषता है, उदाहरणार्थ—तारीख में महीने और आभ्यंतर पते में अंतिम पंक्ति को छोड़कर प्रत्येक पंक्ति के अन्त में और सम्बोधन एवं अभिवादनात्मक समाप्ति के उपरांत अल्प-विराम का प्रयोग होता है। तारीख और आभ्यंतर पता टंकित किए जाने के बाद पूर्ण-विराम की अनुपस्थिति भी इसकी विशेषता ही कही जा सकती है। सभी संक्षेपाक्षरों के बाद पूर्णविराम का इस्तेमाल किया जाता है।

अभिवादनात्मक समाप्ति का स्थान टाइपिंग पंक्ति के मध्य में रहता है।

कुल मिलाकर यह शैली अनेक लोगों को यहां तक कि रूढ़िवादी पाठकों को भी आकर्षक लगती है।

इस शैली का उदाहरण आगे प्रस्तुत है—

भारतीय बैंक,
डी० एन० रोड,
बम्बई-400001

सं० सं० भाबैं/शाप्र/83/93 28 फरवरी, 1993

श्री सुन्दरदास सिंघवी,
281, परीख मेन्शन,
बाजार गेट,
बम्बई-400001

प्रिय महोदय,

विषय : **आपका अपरिचालित बचत बैंक खाता सं० 10391**

आपका उपर्युक्त खाता लम्बे अरसे से परिचालित नहीं हो रहा है। हमारा अनुरोध है कि आप उक्त खाते का परिचालन प्रारम्भ कर हमें सेवा का अवसर दें।

आपसे अनुरोध है कि पत्र मिलते ही आप हमसे मिलें और जब आप आएं तब अपनी पासबुक साथ लेते आएं।

भवदीय,
(राम कुमार तिवारी)
शाखा प्रबंधक

रला/अचि

(6) **बैंकिंग पैराग्राफी शैली**—अन्य सभी शैलियों से यह शैली इस अर्थ में अनूठी है कि पत्र की विषयवस्तु के अंतर्गत प्रत्येक पैराग्राफ की प्रथम पंक्ति बायीं ओर के हाशिये में टंकित की जाती है और शेष पंक्तियां सामान्यतः तीन से पांच की स्पेस में इन्डेन्ट शैली में टंकित होती हैं। आभ्यंतर पता ब्लॉक शैली में टंकित किया जाता है। इस शैली को 'हैंगिग इन्डेन्शन शैली' भी कहते हैं। इन्डेन्ट और ब्लॉक शैली के बीच मध्यम मार्ग के रूप में अवतरित यह शैली बिक्री पत्रों के लिए भले ही उपयोगी और आकर्षक हो लेकिन, टंकक और आशुलिपिक के लिए सबसे अधिक असुविधाजनक है। उनकी टंकण गति इसमें धीमी पड़ जाती है।

आलोचकों की दृष्टि से यह शैली आकर्षण के बदले ध्यानापकर्षण की भूमिका अदा करती है। पाठकों के चित्त पर विषय-वस्तु से अधिक पत्र की शैली कब्जा जमाती है। ऐसे ही कारणों से इसका व्यापक रूप से स्वागत नहीं हुआ है।

आभ्यंतर पता, सम्बोधन और अभिवादनात्मक समाप्ति में विरामचिह्नों का प्रयोग नहीं किया जाता। अभिवादनात्मक समाप्ति को गर्टसाइड ने मध्यवर्ती स्थान दिया है।

उदाहरण प्रस्तुत है—

भारतीय बैंक
डी० एन० रोड,
बम्बई-400001

सं०सं० भाबैं/शाप्र/83/93 — 28 फरवरी, 1993

श्री सुन्दरदास सिंधवी
281, परीख मेन्शन
बाजार गेट
बम्बई-400001

प्रिय महोदय

विषय : आपका अपरिचालित बचत बैंक खाता सं० 10391

आपका उपर्युक्त खाता लम्बे अरसे से परिचालित नहीं हो रहा है। हमारा अनुरोध है कि आप उक्त खाते का परिचालन प्रारम्भ कर हमें सेवा का अवसर दें।

आपसे अनुरोध है कि पत्र मिलते ही आप हमसे मिलें और जब आप आएं तब अपनी पासबुक भी साथ लेते आएं।

भवदीय

(राम कुमार तिवारी)
शाखा प्रबंधक

रला/अचि

(7) **अर्ध शासकीय शैली**—अंग्रेजी में 'डी० ओ०' पत्र के रूप में प्रचलित यह शैली पत्रलेखक और प्रेषिती के बीच व्यक्तिगत संबंध की द्योतक है। कार्यालयीन धरातल पर जब किसी मामले पर किसी व्यक्ति का ध्यान विशेष रूप से आकर्षित करना हो या किसी को व्यक्तिगत रूप से किसी विशेष अवसर पर निमंत्रित करना हो, धन्यवाद देना हो, बधाई या शोक-संदेश भेजना हो तब इस शैली का उपयोग किया जाता है।

इस शैली की प्रमुख विशेषताएं निम्नानुसार हैं—

(1) यदि पत्रशीर्ष पत्र लिखने वाले अधिकारी के नाम और पदनाम सहित छपा हुआ न हो तो उसे सबसे ऊपर बायीं ओर टंकित किया जाता है।
(2) संदर्भ संख्या में 'अ०शा०' का उल्लेख
(3) संदर्भ संख्या के बाद संबोधन, जिसमें प्रिय, माननीय, आदरणीय, श्रद्धेय आदि में से उपयुक्त विशेषणों के साथ व्यक्ति के नाम या कुल-

नाम का आदरसूचक 'जी', 'साहब' आदि के साथ प्रयोग

(4) पत्र में 'मैं' का प्रयोग

(5) अंत में 'सादर', 'सधन्यवाद', 'शुभ कामनाओं सहित' आदि का प्रयोग

(6) अभिवादनात्मक समाप्ति में आपका, भवदीया का प्रयोग और हस्ताक्षर के बाद पदनाम की अनुपस्थिति

(7) अभिवादनात्मक समाप्ति के बाद बायीं ओर प्रेषिती का नाम और पता

उदाहरणार्थ नमूना प्रस्तुत है—

रामकुमार तिवारी
क्षेत्रीय प्रबंधक

भारतीय बैंक
क्षेत्रीय कार्यालय
डी०एन० रोड,
बम्बई-400001

स०सं० अशा/भाबैं/शकुति/83/93   28 फरवरी, 1993

आदरणीय श्री त्रिवेदीजी,

आज के समाचारपत्र में यह समाचार पढ़कर मुझे अत्यंत प्रसन्नता हुई कि आपकी हमारे बैंक के अध्यक्ष एवं प्रबंध निदेशक के रूप में नियुक्ति की गई है। इस अवसर पर मेरी ओर से हार्दिक बधाई स्वीकार करें।

आपके नेतृत्व में बैंक सर्वांगीण प्रगति करते हुए बैंकिंग जगत में मूर्धन्य स्थान प्राप्त करे यही मेरी मंगल कामनाएं हैं।

सादर,

आपका

(रामकुमार तिवारी)

श्री यज्ञेश त्रिवेदी,
अध्यक्ष एवं प्रबंध निदेशक,
भारतीय बैंक,
प्रधान कार्यालय,
नरीमन पॉइंट,
बम्बई-400020

(8) **'नोमा' शैली**—'नोमा' का तात्पर्य है 'नेशनल ऑफिस मैनेजमेंट एसोसिएशन'। अमेरिका की इस संस्था ने एक ऐसी 'सरलीकृत पत्र शैली' का निर्माण

किया है जो 'संबोधन' और अभिवादनात्मक समाप्ति' की औपचारिकताओं से मुक्त है। 'काम से काम' वाली इस शैली को इंग्लैंड की इन्स्टीट्यूट ऑफ ऑफिस मैनेजमेंट एवं कुछ व्यावसायिक प्रतिष्ठानों ने कतिपय संशोधनों के साथ अपनाया है। एक ओर यह शैली 'ज्ञापन' से मिलती-जुलती है तो दूसरी ओर पूर्ण ब्लॉक शैली की विशेषताएं भी इसमें दृष्टिगोचर होती हैं।

इसमें समय की बचत अवश्य होती है लेकिन, इसकी निर्वैयक्तिकता और कोरी बौद्धिकता परंपरावादी लोगों को सहज ही खटकती है।

'नोमा' शैली का उदाहरण नीचे प्रस्तुत है—

भारतीत बैंक
डी०एन० रोड
बम्बई-400001

सं०सं० भाबैं/शाप्र/83/93
28 फरवरी, 1993

श्री सुंदरदास सिंधवी
281, परीख मेन्शन
बाजार गेट,
बम्बई-400001

विषय : आपका अपरिचालित बचत बैंक खाता सं० 10391

आपका उपर्युक्त खाता लंबे अरसे से परिचालित नहीं हो रहा है। हमारा अनुरोध है कि आप उक्त खाते का परिचालन प्रारंभ कर हमें सेवा का अवसर दें।

आपसे अनुरोध है कि पत्र मिलते ही आप हमसे मिलें और जब आप आएं तब अपनी पासबुक भी साथ लेते आएं।

(राम कुमार तिवारी)
शाखा प्रबंधक

रला/अचि

इनके अतिरिक्त एक और शैली का भी उल्लेख सर्वश्री रोहडा डॉक्टर और आस्पी डॉक्टर ने अपनी पुस्तक में किया है।[7] इस शैली का नाम है बी०एफ० जी० शैली, जो अमेरिका की एक कंपनी बी०एफ० गोदरिच कंपनी के नाम पर आधारित है। इसे 'नोमा' शैली की लोकप्रियता प्राप्त नहीं है। इसकी प्रमुख

विशेषताओ में टंकक के लिए तारीख, पता, स्पेस, आद्यक्षर आदि के संबंध में बायीं ओर के हाशिये में अनुदेश, तारीख, विषय-निर्देश, अभिवादनात्मक समाप्ति आदि का पृष्ठ के मध्य भाग में टंकण और हस्ताक्षरकर्ता के नाम के बारे में विशेष निर्देश या स्थान है।

चूंकि यह शैली इतनी प्रचलित नहीं है अतः इसका उदाहरण नहीं दिया गया है।

संदर्भ :

1. 'शुद्ध हिन्दी कैसे लिखें'—राजेन्द्र प्रसाद सिंह—द्वितीय संस्करण—1971, पृ० 252
2. 'पत्रव्यवहार निर्देशिका'—डॉ० भोलानाथ तिवारी, डॉ० विजय कुलश्रेष्ठ—प्रथम संस्करण—1986, पृ० 109-110
3. 'Effective Letters in Business'—Robert & Shurter—Second Edition—1989, P. 71
4. 'सरकारी क्षेत्र के बैंकों में हिन्दी के प्रयोग से सम्बन्धित अनुदेशों का संक्षेप' (दिसंबर 1982 तक)—भारतीय रिज़र्व बैंक, पृ० 43
5. Modern Business Correspondence—L. Gartside—Fourth Edition—1989, P. 290
6. वही, पृ० 291
7. 'Principles and Practice of Business Communication.'—Rhoda Doctor & Aspi Doctor—17th Edition—1991, P. 183

अध्याय-4

व्यावसायिक पत्रों के विभिन्न रूप एवं श्रेणियां

विभिन्न रूप

हम पत्रों के वर्गीकरण में व्यावसायिक एवं कार्यालयीन पत्रों की परिभाषा देख चुके हैं। एक के केन्द्र में व्यावसायिक संस्थान हैं तो दूसरे के केन्द्र में सरकारी या अर्ध-सरकारी संस्थान हैं। जहां छोटी व्यावसायिक इकाई हो वहां या तो पत्र-व्यवहार की आवश्यकता ही नहीं पड़ती और यदि पड़ती भी है तो बहुत ही कम। लेकिन, फर्मों, कंपनियों, उपक्रमों आदि के कारोबार की बृहदता और विविधता पत्रों के विभिन्न रूपों को जन्म देती है। इन्हें मोटे तौर पर हम दो वर्गों में विभाजित कर सकते हैं—

1. बाह्य पत्रव्यवहार
2. आंतरिक पत्रव्यवहार

1. **बाह्य पत्रव्यवहार**—बाह्य पत्रव्यवहार से तात्पर्य उन पत्रों से है जो किसी संस्थान की ओर से ग्राहकों, अन्य व्यावसायिक संस्थानों, सरकारी या अर्ध-सरकारी संस्थानों को लिखे जाते हैं। ऐसे पत्रों में केवल शासकीय और अर्ध-शासकीय पत्रों का उल्लेख किया जा सकता है।

2. **आंतरिक पत्रव्यवहार**—आंतरिक पत्रव्यवहार में उन पत्रों का समावेश होता है जो प्रशासनिक दृष्टि से संस्था की विभिन्न इकाइयों के बीच उसके कर्मचारियों के लिए होता है। इन इकाइयों में विभाग, शाखाएं, कार्यालय आदि शामिल हैं। ऐसे पत्रव्यवहार में शासकीय और अर्धशासकीय पत्र तो हैं साथ ही, ज्ञापन, कार्यालय आदेश, परिपत्र, अंतर्विभागीय नोट या टिप्पणी, परांकन आदि का भी उपयोग किया जाता है। चूंकि इनका कार्यक्षेत्र एक ही संस्था के विभिन्न कार्यालयों तक सीमित है अतः इन्हें 'कार्यालयीन पत्रव्यवहार' भी कहा जा सकता है।

आइए, इन रूपों की स्वरूपगत विशेषताओं का अवलोकन कर लें।

शासकीय पत्र

पिछले दो अध्यायों में पत्र के इस रूप पर इतना विस्तृत विचार हो चुका है कि अब इस संबंध में विशेष लिखना पुनरावृत्ति ही होगा। यहां केवल निम्नलिखित स्वरूपगत विशेषताओं का उल्लेख ही पर्याप्त है--

(1) शीर्ष पता
(2) तारीख
(3) संदर्भ संख्या
(4) आभ्यंतर पता
(5) संबोधन (प्रिय महोदय/महोदया, महोदय/महोदया)
(6) विषय-शीर्षक
(7) विषय-वस्तु या मुख्य भाग
(8) अभिवादनात्मक समाप्ति (भवदीय/भवदीया)
(9) हस्ताक्षर
(10) पत्र में पत्रलेखक की ओर से अपने लिए 'हम' का प्रयोग

(1) से (9) तक की विशेषताओं पर हम पहले ही विचार कर चुके हैं। जहां तक दसवीं विशेषता का प्रश्न है, बैंकों, वित्तीय संस्थानों, सरकारी उपक्रमों और व्यावसायिक प्रतिष्ठानों की ओर से लिखे जाने वाले शासकीय पत्रों में 'हम' का प्रयोग इसलिए होता है कि पत्रलेखक संस्था के प्रतिनिधि के रूप में पत्र लिखता है। पत्र में व्यक्त किए गए विचार, दृष्टिकोण या निर्णय उसके निजी न होकर संस्था के होते हैं। अपने पद की हैसियत से उसे इनकी अवसरोचित अभिव्यक्ति का अधिकार मिल जाता है। वस्तुतः उसका पत्र प्रत्यायोजित दायित्व का ही एक हिस्सा होता है।

हां, सरकारी कार्यालयों की ओर से लिखे जानेवाले शासकीय पत्रों में 'मैं', 'मुझे' आदि का प्रयोग दृष्टिगोचर होता है लेकिन, वहां भी जिस रूप में इनका प्रयोग होता है उसे देखते हुए 'मैं' और 'हम' में विशेष अंतर नहीं रह जाता। 'मैं' के प्रयोग में भी संस्था के प्रतिनिधित्व की मूल धारणा ही अंतर्निहित रहती है, जैसे—

1. उपर्युक्त विषय पर आपके तारीख ....के पत्र सं० .... के संदर्भ में मुझे यह कहने का निदेश हुआ है कि...........

2. मुझे यह कहने का निदेश हुआ है कि प्रसूति सुविधा (खान) नियमावली 1963 में अभी तक कोई संशोधन नहीं किया गया है।

2. कल टेलीफोन पर आपसे हुई बातचीत की पुष्टि में मुझे कहना है कि...

............आदि ।

भाषा के बारे में भी पूर्वोक्त गुणों के अतिरिक्त सरकारी पत्रों में संदर्भानुसार 'निदेश हुआ है', 'कहना है', 'करें', 'किया जाए', 'किया जा रहा है', 'किया जाएगा', 'किया जाना चाहिए' आदि आदेशात्मक, सुझावात्मक, कथनात्मक क्रियारूपों एवं 'प्रसंगानुसार', 'के आगे', 'के विपरीत', 'के संदर्भ में', 'की' आंशिक तरमीम करते हुए', 'का अधिलंघन करते हुए' आदि पदबंधों का प्रयोग किया जाता है ।[1]

अर्ध शासकीय पत्र — अर्ध शासकीय पत्र, जिसे सरकारी स्तर पर अर्ध सरकारी पत्र भी कहते हैं, का सामान्य विशेषताओं का हम अध्याय 3 में उल्लेख कर चुके हैं । सरकारी कार्यालयों में इसका प्रयोग सामान्यतः अधिकारियों के आपसी पत्र-व्यवहार में विचारों या सूचनाओं के आदान-प्रदान या प्रेषण के लिए किए जाने के अतिरिक्त किसी अधिकारी का ध्यान व्यक्तिगत रूप से किसी मामले की ओर दिलाने के लिए भी मूल पत्र और अनुस्मारक के रूप में किया जाता है । अधिकारियों के स्तर में बहुत अधिक अंतर होने पर छोटा अधिकारी बड़े अधिकारी के साथ इस प्रकार की पत्रशैली का प्रयोग नहीं करता ।

शेष विशेषताएं वही हैं जिनका उल्लेख पहले सोदाहरण किया जा चुका है अतः उनकी पुनरावृत्ति न करते हुए अब हम आंतरिक पत्रव्यवहार के लिए प्रयुक्त विभिन्न रूपों पर विचार करेंगे ।

ज्ञापन – 'ज्ञापन' शब्द अंग्रेजी के 'Memorandum' का हिन्दी पर्याय है । अंग्रेज़ी शब्दकोशों के अनुसार इसका अर्थ होता है एक ऐसा नोट जो स्मृति की सहायता करता है ।[2] वाणिज्य की सृष्टि में 'ज्ञापन' से तात्पर्य है "एक ऐसा अनौपचारिक संप्रेषण जो कागज पर 'ज्ञापन' शब्द का प्रयोग करते हुए लिखा जाता है ।"[3] किसी व्यावसायिक संस्था में कार्य करने वाले व्यक्तियों, विभागों, किसी विभाग में कार्य करने वाले कर्मचारियों के बीच विचारों, सुझावों, सूचनाओं, नीतियों आदि के आदान-प्रदान के लिए 'ज्ञापन' की भूमिका बड़ी महत्त्वपूर्ण है । किसी लेन-देन या संविदा की शर्तों के लिखित विवरण के संदर्भ में भी इस शब्द का प्रयोग होता है ।

बैंकिंग क्षेत्र में जानकारी के आंतरिक आदान-प्रदान के अतिरिक्त 'नियमों आदि की जानकारी देने तथा अनुशासनात्मक कार्रवाई करने के लिए भी' ज्ञापन का प्रयोग किया जाता है ।[4]

सरकारी कार्यालयों में 'ज्ञापन' के स्थान पर 'कार्यालय ज्ञापन' का प्रयोग निम्नलिखित प्रयोजनों के लिए होता है—

(1) अन्य विभागों से पत्रव्यवहार करने के लिए

(2) विभाग में काम करने वाले कर्मचारियों से सूचना मांगने या उन्हें

सूचना भेजने के लिए

(3) संबद्ध एवं अधीनस्थ कार्यालय के साथ पत्रव्यवहार के लिए ।[5]

कभी-कभी कुछ लोग 'ज्ञापन' को बहुत ही सीमित अर्थ में ले लेते हैं अर्थात् अनुशासनिक कार्रवाई के सिलसिले में ही 'ज्ञापन' शब्द का चिंतन और प्रयोग करते हैं। लेकिन, एक विभाग से दूसरे विभाग में फाइल मंगाने, जानकारी प्राप्त करने, स्टेशनरी विभाग से स्टेशनरी मंगाने, फर्नीचर, पंखे की मरम्मत, संबंधित विभाग से किसी व्यक्ति की अस्थायी सेवा प्राप्त करने आदि के संदर्भ में भी जब इस विशिष्ट पत्र-रूप का व्यवहार देखते हैं तब उपर्युक्त अर्थसंकोच का कोई औचित्य नज़र नहीं आता।

अनुशासनात्मक कार्रवाई के संदर्भ में भी इस बात का स्मरण रहना चाहिए कि 'ज्ञापन' आरोपपत्र या चार्जशीट नहीं है। "इसके द्वारा कर्मचारी का ध्यान उसकी भूल की ओर आकर्षित किया जाता है तथा मेमो लिखने वाला कर्मचारी से उस विषय में उसका विचार या सही तथ्य जानना चाहता है।"[6]

'ज्ञापन' केवल कारोबार की सृष्टि तक ही सीमित नहीं है इस बात का पता हमें तब चलता है जब किसी विशेष समूह या पार्टी की ओर से किसी सरकारी अधिकारी, मंत्री, राष्ट्रपति आदि को 'ज्ञापन' दिया जाता है। यह ज्ञापन एक निवेदन या स्मरणपत्र के रूप में होता है जिसमें किसी समस्या की ओर ज्ञापन-प्राप्त-कर्ता का न केवल ध्यान आकृष्ट किया जाता है बल्कि समाधान भी प्रस्तुत किया जाता है या निश्चित समयावधि में समस्या का हल ढूंढने के लिए अनुरोध या आगाह भी किया जाता है। यहां 'ज्ञापन' जताने या बताने का कार्य करता है जो कि 'ज्ञापन' शब्द में ही निहित है।

लेकिन, यहाँ हमारा संबंध कारोबार, व्यवसाय या कार्यालयों से है, जहां 'ज्ञापन' पत्रव्यवहार का एक अत्यंत महत्त्वपूर्ण माध्यम है। स्पष्ट, संक्षिप्त और रोचक ज्ञापन तैयार करने की क्षमता जिसके पास है ऐसे व्यक्ति की मांग व्याव-सायिक प्रतिष्ठानों में सदैव रहती है। इसीलिए शर्टर ने पुरानी कहावत को बदलकर लिखा है कि "आधुनिक व्यवसाय में व्यक्ति की परख उसके द्वारा लिखे जानेवाले ज्ञापनों से होती है।"[7]

ज्ञापन के लिए यह जरूरी नहीं है कि वह टंकित किया हुआ हो। गर्टसाइड ने अपनी पुस्तक में हस्तलिखित ज्ञापनों का भी उल्लेख किया है जिनका अनुदेश और नेमी संदेश देने के लिए कई बार इस्तेमाल किया जाता है। बिक्री प्रति-निधियों द्वारा अपने बिक्री प्रबंधक को जो आवधिक रिपोर्टें प्रस्तुत की जाती हैं वे भी सामान्यत: 'ज्ञापन' के रूप में ही होती हैं।[8]

आइए, अब 'ज्ञापन' की स्वरूपगत विशेषताओं पर दृष्टिपात करें—

(1) 'ज्ञापन' जारी करने वाले कार्यालय और विभाग का नाम (सरकारी

कार्यालयों में इसका स्थान कागज़ के ऊपरी भाग में बीच में रहता है जब कि बैंकों में बायीं या दाहिनी ओर रहता है।)

(2) 'ज्ञापन' पाने वाले का नाम और पता लिखने के स्थान के संबंध में भी भिन्नताएं हैं। या तो इसे दाहिनी ओर प्रेषक कार्यालय के सामने ही लिख दिया जाता है या 'ज्ञापन' की समाप्ति के बाद नीचे बायीं ओर लिखा जाता है।

(3) संदर्भ संख्या और तारीख एक ही पंक्ति में पत्रों के समान लिखने की परंपरा है तथापि, ऊपर-नीचे भी इनका प्रयोग होता है।

(4) इसके बाद बीच में 'ज्ञापन' लिखा जाता है। लेकिन, 'बैंकिंग पत्र-व्यवहार' और गर्टसाइड द्वारा दिए गए नमूनों में सबसे ऊपर 'ज्ञापन' शब्द का प्रयोग किया गया है।

(5) गर्टसाइड ने 'ज्ञापन' के नमूने में 'विषय' का भी उल्लेख किया है जब कि बैंकों में प्रचलित 'ज्ञापन' के स्वरूप में 'विषय' का समावेश वैकल्पिक-सा है। सरकारी कार्यालयों में लिखे जाने वाले ज्ञापनों में विषय-निर्देश रहता है।

(6) 'ज्ञापन' में संबोधन एवं अभिवादनात्मक समाप्ति की औपचारिकताएं नहीं रहतीं। गर्टसाइड द्वारा प्रस्तुत नमूने में आभ्यंतर पता भी सम्मिलित नहीं है।

(7) हस्ताक्षर के नीचे हस्ताक्षरकर्ता का नाम एवं पदनाम लिखने की एक सामान्य परंपरा यहां है लेकिन, गर्टसाइड ने अपने नमूने में केवल 'हस्ताक्षर' का ही समावेश किया है।

(8) 'ज्ञापन' की सबसे बड़ी विशेषता है उसकी अन्य पुरुष शैली। लिखने वाला भी अपने लिए 'अधोहस्ताक्षरी', 'उसे', 'उन्हें' आदि का प्रयोग करता है। कभी-कभी 'हम' का प्रयोग होता है लेकिन, यह 'ज्ञापन' की प्रकृति के अनुकूल नहीं है।

'ज्ञापन' के कुछ नमूने आगे प्रस्तुत हैं—

संदर्भ संख्या — भारतीय रिज़र्व बैंक
हिन्दी प्रभाग
दिनांक :

ज्ञापन

इस प्रभाग की ओर से सभी राष्ट्रीयकृत बैंकों के हिन्दी प्रभारी अधिकारियों की बैठक दिनांक······को आयोजित की गई है। यह निश्चय किया गया है कि बैठक में भाग लेने वाले उपरोक्त अधिकारियों को भारतीय रिज़र्व बैंक की बुलेटिन की एक-एक प्रति दी जाए। अतएव कृपया बुलेटिन की 25 प्रतियां अधोहस्ताक्षरी के पास शीघ्रातिशीघ्र भेजने का कष्ट करें।

....

(विभाग) (उप प्रबंधक)

० ० ०

संदर्भ संख्या : — भारतीय स्टेट बैंक
राजभाषा कक्ष
दिनांक :

ज्ञापन

इस कक्ष की एक मेज़ की एक दराज़ खराब हो गई है जिससे हमारे हिन्दी अधिकारी को अपनी फाइलें आदि रखने में कष्ट हो रहा है। कृपया एक बढ़ई भेजकर उक्त मेज़ की मरम्मत करवाने का कष्ट करें।

....

सामान्य प्रशासन विभाग — मुख्य अधिकारी

० ० ०

संदर्भ संख्या : — बैंक ऑफ इंडिया
शाखा :
दिनांक :

ज्ञापन

श्री मोहनसिंह, वॉचमैन, कल अपनी ड्यूटी पर नहीं आए थे। उन्होंने इस विषय में न तो कोई सूचना दी थी और न छुट्टी ही स्वीकृत करवाई थी। कृपया वे अपना स्पष्टीकरण अधोहस्ताक्षरी के पास अविलंब भेज दें।

श्रीमोहनसिंह, ...
वॉचमैन — शाखा प्रबंधक

० ० ०

(नोट—उपर्युक्त उदाहरण 'बैंकिंग उन्मुख हिन्दी—पहला पाठ्यक्रम'—भारतीय रिज़र्व बैंक प्रकाशन से दिए गए हैं।)

व्यावसायिक प्रतिष्ठानों के संदर्भ में निम्नलिखित उदाहरण से 'ज्ञापन' के स्वरूप का परिचय प्राप्त किया जा सकता है—

ज्ञापन

प्रेषक : प्रभारी
परिपत्र अनुभाग

तारीख : 20 अप्रैल 1993

प्रति : मुख्य प्रबंधक
सामान्य प्रशासन

संदर्भ : पक्ष/74/93

विषय : **परिपत्रों के खर्च में मितव्ययिता**

मुद्रण एवं लेखन-सामग्री के बढ़ते हुए दामों को ध्यान में रखते हुए लगता है कि हमारे प्रतिष्ठान की ओर से जारी किए जाने वाले परिपत्रों की परंपरा में परिवर्तन किए जाएं तो खर्च में काफी बचत हो सकती है। इस संबंध में अधोहस्ताक्षरी के सुझाव निम्नानुसार हैं—

1. सभी परिपत्र हमारे क्षेत्रीय कार्यालयों से संबंधित होते हैं अत: आभ्यंतर पता, संबोधन, अभिवादनात्मक समाप्ति जैसी औपचारिकताएं हटा दी जाएं।
2. परिपत्र में ऊपर केवल जारी करने वाले विभाग का नाम, संदर्भ संख्या, तारीख एवं विषय-निर्देश के लिए स्थान निर्धारित कर थोड़ी जगह छोड़ दी जाए।
3. पत्रशीर्ष तो हमारे प्रतिष्ठान के नामवाले रहते ही हैं। इन्हें भी नये सिरे से इस प्रकार बनवाया जाए जिससे कि कम-से-कम जगह में अधिकतम सूचना दी जा सके।
4. परिपत्र की विषय-वस्तु में पुनरावृत्ति से बचा जाए।
5. टाइपिंग में सौंदर्य एवं मितव्ययिता का समन्वय किया जाए।
6. टाइप करते समय इस बात को भी सुनिश्चित किया जाए कि लेखन-सामग्री का दुर्व्यय न हो। इसके लिए यह ज़रूरी है कि प्रत्येक विभाग या अनुभाग को दी गई लेखन-सामग्री का लेखा-जोखा रखा जाए और दुर्व्यय की स्थिति में संबद्ध विभाग या अनुभाग के प्रभारी से स्पष्टीकरण मांगा जाए।
7. परिपत्रों का प्रारूप तैयार करने वाले अधिकारियों एवं टंककों/आशु-

लिपिकों के लिए अलग-अलग कार्यशालाओं का आयोजन किया जाए जिससे कि उपर्युक्त सुझावों को कार्यान्वित किया जा सके।

हस्ताक्षर : प्रियकांत शर्मा

प्रतिलिपि : सहायक महा प्रबंधक
सामान्य प्रशासन

संलग्नक : एक निजी प्रतिष्ठान के परिपत्र का नमूना

कार्यालय आदेश—सरकारी कार्यालयों, उपक्रमों, बैंकों आदि में आंतरिक संप्रेषण के रूप में 'कार्यालय आदेश' का प्रयोग उस समय होता है जब कार्यालय किसी अधिकारी के द्वारा पदग्रहण, किसी अधिकारी के अवकाश की मंज़ूरी और उसकी अनुपस्थिति में स्थानापन्न अधिकारी के नाम, अधिकारियों या अनुभागों के बीच कार्यविभाजन, विभागों या अनुभागों में कर्मचारियों की तैनाती या उनके स्थानांतरण की सूचना देना चाहता है। संक्षेप में, आंतरिक प्रशासन या सामान्य अनुशासन संबंधी अनुदेश जारी करना 'कार्यालय आदेश' के कार्यक्षेत्र में आता है।

'ज्ञापन' का संबंध यदि व्यक्ति से है तो 'कार्यालय आदेश' का संबंध किसी कार्यालय के कर्मचारियों के समूह से है। यों तो परिपत्र का संबंध भी कर्मचारियों के समूह से होता है लेकिन, परिपत्र की तुलना में 'कार्यालय आदेश' का क्षेत्र सीमित है। इसके अतिरिक्त दोनों में स्वरूपगत भिन्नताएं भी हैं।

'कार्यालय आदेश' की स्वरूपगत विशेषताएं इस प्रकार हैं—

(1) सबसे ऊपर बीच में या दाहिनी ओर कार्यालय का नाम (यद्यपि, भारत सरकार के कार्यालयों में 'कार्यालय आदेश' की संख्या सर्वप्रथम रहती है और तत्पश्चात् कार्यालय का नाम)

(2) बायीं ओर संदर्भ और उसी पंक्ति में दाहिनी ओर दिनांक या तारीख

(3) बीच में बड़े अक्षरों में 'कार्यालय आदेश' और उसके साथ 'संख्या' लिखने की भी कहीं-कहीं परंपरा है, जैसे—

कार्यालय आदेश सं०.........

(4) विषयवस्तु के लिए 'ज्ञापन' की अन्य पुरुष शैली का प्रयोग तथापि, विशेष परिस्थितियों में 'हम' सर्वनाम के विभिन्न रूपों का भी इस्तेमाल होता है।

(5) अंत में, दाहिनी ओर 'कार्यालय आदेश' जारी करने वाले अधिकारी के हस्ताक्षर और उसके नीचे उसका पदनाम

(6) बाईं ओर 'कार्यालय आदेश' की प्रतिलिपि जिन्हें भेजी जा रही हो उनका नाम और/या पता

(7) 'ज्ञापन' की भांति संबोधन एवं अभिवादनात्मक समाप्ति की औपचारिकताओं का अभाव

(8) सामान्यतः कर्मवाच्य वाक्यशैली का प्रयोग

'कार्यालय आदेश' के एक-दो उदाहरण आगे प्रस्तुत हैं—

चिंतामणि बैंक,
नरीमन पॉइंट शाखा,
बम्बई

संदर्भ : नपो/89/93 ता० 5 मई 1993

कार्यालय आदेश

यह पाया गया है कि उपनगरों में रहने वाले कुछ कर्मचारी अपना कार्यालयीन काम निपटाने हेतु शाखा की फाइलें अपने घर ले जाते हैं। एक तो यह कार्यालयीन अनुशासन के खिलाफ है और दूसरा, इससे फाइलें खो जाने या क्षतिग्रस्त हो जाने का डर रहता है। अतः कर्मचारीगण इस प्रथा को समाप्त कर अनुशासन बनाए रखने में हमारी सहायता करें।

राम अवधेश त्रिपाठी
शाखा प्रबंधक

प्रतिलिपि :

1. सभी अनुभागों के प्रभारी
2. क्षेत्रीय प्रबंधक, बम्बई नगर क्षेत्र

० ० ०

जनविकास बैंक,
केन्द्रीय कार्यालय
विधि विभाग
कफ परेड,
बम्बई—400005

संदर्भ : केका/विवि/77/93 ता० 29 अप्रैल 1993

कार्यालय आदेश सं० 11

हमारे विभाग के मुख्य प्रबंधक श्री देवेन्द्र कुमार दास 1 मई 1993 से एक महीने के लिए अर्जित अवकाश पर जा रहे हैं। उनकी अनुपस्थिति में वरिष्ठ प्रबंधक श्री इन्द्रेश गुजराल मुख्य प्रबंधक का दायित्व संभालेंगे। सभी कर्मचारी इसे कृपया नोट करें।

सी० रामस्वामी
सहायक महा प्रबंधक

प्रतिलिपि :

1. श्री देवेन्द्र कुमार दास, मुख्य प्रबंधक
2. श्री इन्द्रेश गुजराल, वरिष्ठ प्रबंधक
3. सभी कर्मचारीगण
4. मुख्य प्रबंधक, कार्मिक विभाग
5. मुख्य प्रबंधक, कंप्यूटर विभाग

परिपत्र—परिपत्र अंग्रेज़ी के 'circular' (सर्कुलर) शब्द का पर्याय है जिसका अर्थ होता है "अनेक व्यक्तियों को भेजी गई सूचना।"[9] 'Circulate' (सर्कुलेट) शब्द से बना हुआ 'सर्कुलर' शब्द अंग्रेज़ी में भले ही संज्ञा और विशेषण के रूप में अलग-अलग प्रयुक्त होता हो लेकिन, हिंदी में तो इसे 'परिपत्र' ही कहा जाता है। अस्पी डॉक्टर के अनुसार "परिपत्र एक ऐसा मुद्रित या अनुलिपियों वाला पत्र, विज्ञापन या घोषणा है जिसकी अनेक प्रतियां तैयार कर बाहर भेजी जाती हैं।"[10] यद्यपि विज्ञापन एक अलग ही विधा है और व्यावसासिक जगत् में उसका विशिष्ट स्थान है तथापि, 'विज्ञापन' का उल्लेख यहां इसलिए किया गया है कि विज्ञापन का लक्ष्य जनसमूह या समुदाय होता है। परिपत्र का लक्ष्य भी व्यक्तियों और उसमें भी मुख्यत: कर्मचारियों का समूह होता है जिसे परिपत्र के माध्यम से एक ही प्रकार की सूचना दी जाती है।

जब कर्मचारियों की संख्या बड़ी हो और प्रत्येक को एक ही प्रकार की सूचना देने के लिए पत्र लिखना व्यावहारिक दृष्टि से संभव नहीं होता बल्कि उसमें समय और धन की बरबादी ही होती है तब संस्थाओं में परिपत्र का ही एकमात्र व्यावहारिक विकल्प बच जाता है।

परिपत्र किसी संस्था का संविधान है क्योंकि परिपत्रों के माध्यम से ही संस्था अपने कर्मचारियों को नीति, संहिता, नियम, उपनियम आदि की सूचना संप्रेषित करती है। कुछ सूचनाएं ऐसी भी होती हैं जिन्हें संस्था अपने ग्राहकों तक पहुंचाना चाहती है। और, चूंकि परिपत्र अनेक व्यक्तियों के हाथों में जाता है अत: उसका प्रारूप सावधानी से तैयार किया जाना चाहिए और यह सुनिश्चित किया जाना चाहिए कि उसमें कोई गलत सूचना न चली जाए या तथ्यगत दोष न रहने पाएँ। इसीलिए परिपत्रों को तैयार करने में विशेषज्ञों की सहायता लेना आवश्यक समझा गया है। विशेषज्ञ केवल विषय का ही जानकार नहीं होना चाहिए बल्कि भाषा एवं अभिव्यक्ति की बारीकियों से भी भिज्ञ होना चाहिए।

पानेवालों या पढ़नेवालों के लिए परिपत्र अनपेक्षित होते हैं इसलिए यह ज़रूरी नहीं है कि उन्हें परिपत्र के संदेश में रुचि हो। इसलिए परिपत्र यथासंभव छोटे होने चाहिए और पहले पैराग्राफ से ही पाठक की रुचि जागृत करने का

प्रयास किया जाना चाहिए। बढ़िया कागज़ और आकर्षक पत्रशीर्ष हो और उसमें सुंदर, दोषरहित छपाई हो तब उसका एक अलग ही मनोवैज्ञानिक प्रभाव होता है। परिपत्र जैसे निर्वैयक्तिक पत्र में भी सौहार्द्र एवं मैत्री की ध्वनि के ज़रिए व्यक्तिगत संस्पर्श लाया जाए तो परिपत्र भी रोचक बन सकता है। अन्यथा, परिपत्रों को बिना पढ़े फाइल करने वालों या कूड़ेदानी के हवाले करने वालों की संख्या भी कम नहीं है।

जहां तक बैंकिंग उद्योग का सवाल है, परिपत्रों का मोटा वर्गीकरण निम्नानुसार है[11]—

1. बैंकिंग परिचालन से संबंधित परिपत्र
2. प्रशासनिक परिपत्र
3. आर्थिक परिपत्र
4. सूचनात्मक परिपत्र
5. प्रचारात्मक परिपत्र

व्यापारिक प्रतिष्ठानों से जारी होने वाले परिपत्रों को भी मोटे तौर पर निम्नलिखित वर्गों में विभाजित किया जा सकता है—

(1) प्रशासनिक
(2) आर्थिक
(3) सूचनात्मक
(4) प्रचारात्मक

बैंकिंग परिचालन से संबंधित परिपत्र बैंकों के दायरे में आते हैं जिनमें खाता खोलने, खाता परिचालन, खाताबंदी, सुरक्षित अभिरक्षा, सुरक्षित जमा कक्ष, धनप्रेषण, क्रेडिट कार्ड, उपहार चेक जैसी अनेक बैंकिंग सेवाओं के नियमों, विनियमों, तत्संबंधी सरकारी निदेशों आदि का विवरण रहता है।

प्रशासनिक परिपत्र बैंक या व्यापारिक संस्थान के प्रशासन से संबंधित होते हैं जिनमें कार्मिक विभागों की अहम् भूमिका रहती है। शेयरधारकों को कंपनी के संबंध में प्रतिवेदन प्रस्तुत करने वाले परिपत्रों का भी इसी श्रेणी में समावेश किया जा सकता है।

बैंकों में आर्थिक परिपत्र जमा-अग्रिम की ब्याज दरों, लेखा, लेखा-परीक्षा, साख मूल्यांकन, साख निगरानी, कर्मचारियों के वेतन और परिलब्धियों से संबद्ध होते हैं तो व्यापारिक प्रतिष्ठानों की ओर से अपने माल, कीमतों, सेवाओं, कमीशनों, व्यापार-नीति आदि के संबंध में जारी किए जाने वाले परिपत्र इसी वर्ग में आते हैं।

बैंकों के संदर्भ में देखा जाए तो जमा एवं ऋण योजनाओं, नई शाखाओं के प्रारंभ, शाखा या कार्यालय परिसर के स्थानांतरण, शाखा/कार्यालय के समयों में

परिवर्तन, भर्ती एवं पदोन्नतियों, प्रशिक्षण कार्यक्रमों की घोषणाओं, ड्राफ्ट या चेक खो जाने, सेवानिवृत्तियों आदि अनेक विषयों की सूचना देने वाले परिपत्र सूचनात्मक परिपत्रों की श्रेणी में आते हैं। जहां तक व्यापारिक प्रतिष्ठानों का सवाल है, नये कारोबार या विभाग के प्रारंभ की घोषणाओं, कारोबार में नये भागीदार के प्रवेश, किसी भागीदार की मृत्यु या सेवानिवृत्ति, कारोबार के स्थान में परिवर्तन, मुख्तारनामा देने या प्राप्त करने, एजेंसी की घोषणा, कारोबार के स्वरूप में परिवर्तन, पुराने उत्पादों में सुधार एवं उपोत्पादों के निर्माण आदि से संबद्ध परिपत्र सूचनात्मक ही होते हैं।

प्रचारात्मक परिपत्रों का उद्देश्य बैंकिक संदर्भ में विभिन्न योजनाओं एव व्यापारिक संदर्भ में विभिन्न उत्पादों या सेवाओं का प्रचार करना होता है। उनमें जब कभी परिवर्तन किए जाते हैं तब भी प्रचारात्मक परिपत्र व्यावसायिक लक्ष्यों की पूर्ति में महत्त्वपूर्ण भूमिका निभाते हैं। इन परिपत्रों के माध्यम से नये ग्राहकों की खोज एवं सद्भावप्राप्ति भी की जाती है। पत्रों में 'बिक्री पत्र' जो कार्य करते हैं परिपत्रों में वही कार्य प्रचारात्मक परिपत्र करते हैं।

परिपत्रों के कुछ उदाहरण नीचे प्रस्तुत हैं—

भारत विकास बैंक
प्रधान कार्यालय, बंबई-400005
आयोजना विभाग

परिपत्र सं० 125/10/1993 दिनांक : 25 मार्च 1993

शाखा प्रबंधक/क्षेत्रीय
प्रबंधक/अंचल प्रबंधक
एवं विभागीय प्रमुख, प्रधान कार्यालय
भारत विकास बैंक
प्रिय महोदय,

विषय : **बैंकों में ग्राहक सेवा—कार्यान्वयन हेतु दिशानिर्देश—रु० 5000/- तक के स्थानीय चेकों को तत्काल जमा करना**

कृपया हमारे परिपत्र सं० 303/80/92 दिनांक 20-9-92 का अवलोकन करें, जिसमें अन्य बातों के साथ-साथ रु० 5000/- तक के बाह्य केन्द्रों के चेक (रु० 2500/- तक के चेक के स्थान पर) तत्काल जमा करने, बशर्ते कि उपर्युक्त परिपत्र में समाहित शर्तें पूरी की हों, की सुविधा मुहैया कराने संबंधी गोइपोरिया

समिति की सिफारिश सं० 3.32 के कार्यान्वयन के लिए दिशानिर्देश दिए गए थे।

2. भारतीय रिज़र्व बैंक ने अपने परिपत्र सं० डीबीओडी सं० बीओ, 82/09.07.007/93 दिनांक 25-2-1993 द्वारा सूचित किया है कि अब तक बैंकों से यह अपेक्षा की जाती थी कि सरकारी विभागों, अर्ध-सरकारी प्राधिकरणों एवं सार्वजनिक क्षेत्र के उपक्रमों द्वारा जारी रु० 2500/- तक के वैयक्तिक संकेतन चेकों को समाशोधन की सूचना की प्रतीक्षा किए बिना तत्काल जमा किया जाए।

3. प्राप्त अभ्यावेदनों को मद्देनज़र रखते हुए भारतीय रिज़र्व बैंक ने अब अपना निर्णय सूचित किया है कि बैंक रु० 5000/- तक के सभी स्थानीय चेकों को, उनके जारीकर्ता की श्रेणी या हैसियत का ख्याल किये बिना तत्काल जमा कर सकते हैं, बशर्ते कि बैंक खाते के उचित परिचालन से संतुष्ट हों, ग्राहक यह सुविधा चाहता हो और प्रति चेक रु० 5/- का प्रभार वसूल हो। यदि ग्राहक तत्काल जमा नहीं प्राप्त करना चाहता है तो अब तक की भांति चेक समाशोधन द्वारा वसूली के आधार पर जमा किया जाएगा। चेक न सकारे जाने की स्थिति में ग्राहक को तब तक के लिए सामान्य ब्याज दर का भुगतान करना होगा जब तक कि बैंक को उसकी रकम प्राप्त नहीं हो जाती। ये दिशानिर्देश 1 अप्रैल, 1993 से लागू होंगे।

4. हमारी सभी शाखाओं से अनुरोध है कि वे उपर्युक्त दिशानिर्देशों को सावधानीपूर्वक नोट करें तथा दिनांक 1 अप्रैल 1993 से इनका कार्यान्वयन सुनिश्चित करें।

5. इस संदर्भ में हम इसके साथ सूचना का एक मसौदा संलग्न कर रहे हैं जिसे शाखा के पत्रशीर्ष पर दर्शाते हुए शाखा परिसर में महत्त्वपूर्ण स्थान पर लगाया जाए।

6. साथ ही हम एक मसौदा पत्र भी संलग्न कर रहे हैं जिसे शाखा स्तर पर साइक्लोस्टाइल्ड कराते हुए उन ग्राहकों से भरवाकर प्राप्त किया जाए जो अपने स्थानीय चेकों को तत्काल जमा कराने की इच्छा व्यक्त करते हैं। ऐसा पत्र उन ग्राहकों के लिए प्रयोग में लाया जा सकता है, जो यह सुविधा कभी-कभी (एक बार के लिए) उठाना चाहते हैं अथवा नियमित रूप से अपनी आवश्यकता के कारण इस सुविधा का लाभ उठाना चाहते हैं (ताकि बार-बार इस आशय का पत्र नहीं भरवाना पड़े)। यह आवश्यक इसलिए होगा कि ऐसे अनुदेशों वाली जमा-पर्ची छपवाने में समय लगेगा।

7. कृपया उपर्युक्त निर्णयों को सावधानीपूर्वक नोट करते हुए 1 अप्रैल

1993 से इनका कार्यान्वयन सुनिश्चित करें।

भवदीय,
(के० रामाकृष्णन)
महा प्रबंधक
(आयोजना)

संलग्नक : यथोक्त

० ० ०

जनहित बैंक
कालवादेवी रोड
बंबई

कार्मिक विभाग

परिपत्र सं० 54/12/1993 दिनांक : 14-1-1993

शाखा प्रबंधक/क्षेत्रीय प्रबंधक/अंचल प्रबंधक
केंद्रीय कार्यालय के विभागीय प्रमुख
जनहित बैंक

प्रिय महोदय,

विषय : **फरवरी 1993 से अप्रैल 1993 तक देय महंगाई भत्ता**

कृपया हमारे परिपत्र सं० 419/49/1992 दिनांक 10 नवंबर 1992 का अवलोकन करें।

हमें भारतीय बैंक संघ ने सूचित किया है कि दिसंबर 1992 को समाप्त तिमाही के लिए पुष्ट अखिल भारतीय औसत उपभोक्ता कीमत सूचकांक (सामान्य आधार 1960 = 100) निम्नानुसार है—

अक्तूबर 1992—1202.92
नवंबर 1992—1202.92
दिसंबर 1992—1197.99

तदनुसार, कामगार कर्मचारियों के 5वें द्विपक्षीय समझौते दिनांक 29 जून 1990 तथा अधिकारी कर्मचारियों के अधिकारी सेवा विनियम, 1979 के अनुसार फरवरी 1993, मार्च 1993 एवं अप्रैल 1993 के माह के लिए देय महंगाई भत्ते की दरें संलग्न संशोधित तालिका के अनुसार होंगी।

यदि फरवरी 1993 से देय वेतनवृद्धि की सूचना नवंबर 92—जनवरी

1993 के लिए देय महंगाई भत्ते की दर से दी जा चुकी हो तो कृपया उपर्युक्त परिवर्तन नोट करें।

भवदीय
उप महा प्रबंधक
(कार्मिक)

० ० ०

वर्मा ब्रदर्स
कोपरी
ठाणे (पूर्व) 400603
(महाराष्ट्र)

सं० सं० व ब्र/404/93 ता० 10 मई 1993

श्री ....
....

प्रिय महोदय,

विषय : कारोबार में नाम-परिवर्तन

हमें आज तक उपर्युक्त नाम से अपना कारोबार करने में प्रसन्नता का अनुभव होता रहा है। लेकिन, 15 मई 1993 से हम अपना कारोबार उपर्युक्त नाम के स्थान पर 'वर्मा ब्रदर्स (प्रा०) लि०' के नाम से करने जा रहे हैं। दिन-प्रतिदिन हमारे बढ़ते हुए कारोबार को ध्यान में रखते हुए बाहरी स्रोतों से निधि संबंधी जरूरतों को पूरा करना अत्यंत आवश्यक हो गया है। कारोबार के नाम-परिवर्तन की मूल प्रेरणा यही है।

यद्यपि, कारोबार के नाम और संविधान में परिवर्तन होगा लेकिन, हम ग्राहक-सेवा की अपनी उज्ज्वल परंपरा को बनाए रखने का आपको आश्वासन देते हैं। भूतकाल में हमें आपकी ओर से जो सहयोग प्राप्त हुआ है उसके लिए हम यहां कृतज्ञता व्यक्त किए बिना नहीं रह सकते। हमें विश्वास है कि भविष्य में भी आपका सहयोग सतत मिलता रहेगा और हमारे संबंध और अधिक सुदृढ़ होंगे।

भवदीय
वर्मा ब्रदर्स

ठक्कर एण्ड सन्ज,
रेडीमेड वस्त्रों के विक्रेता
एलिसब्रीज
अहमदाबाद-380006

ता० 21 अप्रैल 1993

प्रिय महोदय,

श्री एन० रामचंदाणी की बर्खास्तगी

श्री एन० रामचंदाणी, जो कि महाराष्ट्र के हमारे प्रतिनिधि के रूप में कार्य करते थे, आज से हमारी सेवा में नहीं हैं। अतः भविष्य में उनके द्वारा किए गए किसी भी लेन-देन के लिए हम उत्तरदायी नहीं होंगे।

श्री एन० रामचंदाणी के स्थान पर श्री परिमल ठक्कर की हमारे प्रतिनिधि के रूप में नियुक्ति की गई है। वे हमारे परिचयपत्र के साथ शीघ्र ही आपसे संपर्क करेंगे।

कृपया उपर्युक्त परिवर्तन के संदर्भ में सावधानी बरतें।

भवदीय,
सुरेश ठक्कर
(कृते) ठक्कर एण्ड सन्ज

अंर्तविभागीय नोट — यह कार्यालय के आंतरिक संप्रेषण हेतु प्रयुक्त एक ऐसा पत्ररूप है जिसमें "एक विभाग, प्रभाग या अनुभाग से दूसरे विभाग, प्रभाग या अनुभाग को कोई सूचना देने या सूचना मांगने, कोई वस्तु भेजने या कोई साधारण कार्य संपन्न करने का अनुरोध" किया जाता है।[12] 'ज्ञापन' की विषय सामग्री में इसका भी समावेश रहता है अतः यह प्रश्न उठता है कि दोनों में अंतर क्या है?

(1) 'ज्ञापन' में 'संदर्भ संख्या' का उल्लेख रहता है जबकि अंर्तविभागीय नोट बिल्कुल अनौपचारिक होने की वजह से उसमें 'संदर्भ संख्या' या 'क्रमांक' नहीं रहता।

(2) 'ज्ञापन' में तारीख या दिनांक का स्थान ऊपर रहता है जबकि अं० वि० नोट में जारीकर्ता के हस्ताक्षर, नाम, पदनाम आदि के साथ तारीख डाल दी जाती है।

(3) कभी-कभी 'ज्ञापन' में 'विषय' का समावेश नहीं रहता, जब कि अं० वि० नोट में विषय का समावेश रहता है।

(4) 'ज्ञापन' पाने वाले का नाम, पदनाम, पता आदि लिखा जाता है जबकि

इसमें केवल विभाग या अनुभाग का नामनिर्देश ही पर्याप्त रहता है।

(5) सबसे बड़ा अंतर यह है कि 'ज्ञापन' की पहचान 'ज्ञापन' शब्द से हो जाती है, जबकि अं० वि० नोट में ऐसा कोई शब्द-प्रयोग नहीं किया जाता।

एक उदाहरण नीचे प्रस्तुत है—

सामान्य प्रशासन विभाग

विषय : **विभागीय पत्र की आवश्यकता**

इस विभाग के पत्रशीर्ष का रूपक समाप्त हो गया है। कृपया संलग्न नमूने अनुसार पत्रशीर्ष छपवाने की तत्काल व्यवस्था करें, जिससे कि विभाग के कार्य में रुकावट न हो।

मुख्य प्रबंधक
7 अप्रैल 1993

मुद्रण एस लेखन सामग्री विभाग

०००

परांकन (या पृष्ठांकन)—बैंकिंग में परांकन अंग्रेजी शब्द 'एंडोर्समेंट' के हिन्दी पर्याय के रूप में प्रयुक्त होता है, जिसका बैंकिंग के संदर्भ में अर्थ है किसी लिखत (चेक, ड्राफ्ट आदि) के पीछे (पृष्ठ भाग पर) लिखकर बेचान करना या अन्य पार्टी को भुगतान का आदेश देना। लेकिन, पत्रव्यवहार के संदर्भ में "जब कोई कागज़-पत्र मूल रूप से अथवा मूल की नकल किसी अन्य विभाग की सूचनार्थ या निपटाने के लिए भेजना हो तब परांकन का प्रयोग किया जाता है।"[13]

'परांकन' का कोई विशेष प्रारूप नहीं है। सामान्य पत्र, अर्धशासकीय पत्र, कार्यालय आदेश, ज्ञापन, नोट आदि में से किसी भी प्रकार की सामग्री परांकित हो सकती है। सामान्यतः किसी संस्था के कार्यालयों, विभागों तथा उससे संबद्ध कर्मचारियों के लिए ही परांकन का प्रयोग निम्नलिखित तरीके से होता है—

(पत्र की प्रतिलिपि)

उक्त दिनांक का परांकन सं०..................

प्रतिलिपि क्षेत्रीय प्रबंधक, लखनऊ क्षेत्रीय कार्यालय को सूचनार्थ प्रेषित

लेकिन, किसी अन्य संस्था को प्रतिलिपि भेजते समय परांकन अग्रेषण पत्र का स्वरूप धारण कर लेता है, जैसे :

परांकन

क्षेत्रीय प्रबंधक — 18 फरवरी 1993

आर्यावर्त बैंक

नई दिल्ली

महोदय,

हमें बैंकिंग प्रभाग, वित्त मंत्रालय से आपके क्षेत्र की मेरठ शाखा के संबंध में एक शिकायती पत्र प्राप्त हुआ है, जो इसके साथ संलग्न है। कृपया इस पर उचित कार्रवाई करें तथा की गई कार्रवाई से हमें अवगत कराएं।

भवदीय,
एस० के० नारायण
उप महा प्रबंधक

संलग्नक : यथोक्त

हमने ऊपर व्यावसायिक पत्रों के विभिन्न रूपों पर तकनीकी दृष्टिकोण से विचार किया। दूसरे अध्याय में हम व्यावसायिक पत्रों के उद्देश्य पर भी विचार कर चुके हैं। भिन्न-भिन्न उद्देश्य ही व्यावसाविक पत्रलेखन के प्रेरणास्रोत हैं। पत्रों की ध्वनि और स्वरूपनिर्माण में इनकी अत्यंत महत्त्वपूर्ण भूमिका है। इन्हीं को ध्यान में रखते हुए गर्टसाइड[14] ने व्यावसायिक पत्रों का निम्नलिखित वर्गीकरण (या श्रेणीकरण) प्रस्तुत किया है—

व्यावसायिक पत्र

- **सूचना पत्र**
  - **नेमी**
    - पूछताछ
    - भाव/निर्ख
    - आदेश
    - भुगतान
  - **विशेष प्रयोजन**
    - परिपत्र
    - कार्मिक
    - एजेंसियां
    - यात्रा
- **बिक्री पत्र**
  - स्वैच्छिक प्रस्ताव
  - पर्यटक रोजगार
- **समस्या पत्र**
  - शिकायतें
  - रियायतें
  - अतिदेय खाते
- **सद्भावना पत्र**
  - शुभ कामनाएं
  - धन्यवाद
  - बधाई
  - सहानुभूति
  - संवेदना

हम यहां उन पत्रों का विशेष रूप से अवलोकन करेंगे, जो व्यापार-वाणिज्य के प्रमुख क्रियाकलापों से संबंधित हैं। पूछताछ संबंधी पत्र और उनके उत्तर, शिकायतें और समायोजन, साख संबंधी पत्र, बैंकरों के पत्र आदि इस संदर्भ में उल्लेखनीय हैं।

पूछताछ संबंधी पत्र—व्यापार के क्षेत्र में ऐसे पत्रों की संख्या विपुल परिमाण में रहती है। इनका संबंध वस्तुओं, सेवाओं, सुविधाओं, जमीन आदि की खरीद से रहता है। खरीद भी ऐसी जिनके साथ पत्रलेखक का सामान्यतः संबंध न हो। उदाहरण के लिए अनाज का थोक विक्रेता अनाज के बाज़ार भावों से सुपरिचित होता है। अतः इस संबंध में उसे अधिक पूछताछ की आवश्यकता नहीं रहती। लेकिन, यदि उसे मकान बनवाना हो तो उससे संबंधित सारी सामग्री उसके लिए पूछताछ का विषय बन जाती है।

पूछताछ में भी भेद हो जाते हैं। कुछ पूछताछ ऐसी हैं जहां व्यक्ति को पत्र लिखने की ज़रूरत नहीं पड़ती। कौन-सी गाड़ी या बस कब जाएगी, कौन-सी उड़ान कितनी देरी से आ रही है यह जानने के लिए रेल या बस अड्डे या हवाई अड्डे पर प्रत्यक्ष या फोन पर पूछताछ कर आवश्यक जानकारी प्राप्त की जा सकती है। लेकिन, किसी कंपनी को अपने कार्यालय में वातानुकूलित मशीनें लगवानी हैं तो इस संबंध में आवश्यक सूचना मंगवाने के लिए प्रशासनिक दृष्टि से पत्र का सहारा लेना आवश्यक हो जाता है।

उपर्युक्त चर्चा से स्पष्ट है कि पूछताछ के पत्रों का लक्ष्य सूचना या जानकारी की प्राप्ति है। इसीलिए गर्टसाइड ने ऐसे पत्रों को सूचना पत्रों में शामिल किया है। पूछताछ के पत्र सामान्यतः निम्नलिखित विषयों पर सूचना प्राप्त करने हेतु लिखे जाते हैं—

(1) बाजार में आयी हुई नवीन वस्तुएं या सेवाएं
(2) यंत्रों की प्रचालन विधि
(3) कुछ उत्पादों, कार्यों, सेवाओं आदि का अनुमानित व्यय
(4) विभिन्न मोडलों का निर्माण और उनका उपयोग
(5) वित्तीय सहायता से संबंधित विवरण
(6) एकमात्र एजेन्सी अधिकार प्राप्त करने की शर्तें

पूछताछ के पत्र दो प्रकार के होते हैं—

(i) ऐसे पत्र जिनमें सामान्यतः किसी अखबारी, रेडियो या टी० वी० विज्ञापन के संदर्भ में पूछताछ कर और अधिक सूचना या जानकारी मंगवायी जाती है। ऐसे पत्रों को **याचित पूछताछ पत्र** कहते हैं।

और, (ii) ऐसे पत्र जहां पत्रलेखक स्वयं पहल करके पत्र लिखकर कोई सूचना

या जानकारी मंगवाता है। ऐसे पत्रों को **अयाचित पूछताछ पत्र** कहते हैं।

याचित पूछताछ पत्र—ऐसे पत्र बहुत ही संक्षिप्त होने चाहिए। जो सूचना अपेक्षित है उसके संबंध में एक-दो वाक्यों में ही स्पष्ट रूप में लिख दिया जाना चाहिए। इनमें उस विज्ञापन का संदर्भ भी आवश्यक है जो इन पत्रों का प्रेरणास्रोत होता है। पत्रलेखक का यदि अपना पत्रशीर्ष नहीं है तो उसे अपना पता भी पत्र के साथ अवश्य भेजना चाहिए।

इस प्रकार के दो-एक उदाहरण नीचे प्रस्तुत हैं—

प्र० म० पटेल,
'कर्मयोग',
कालिंदी सोसायटी,
अठवा लाइन्स,
सूरत-395001
13 मार्च 1993

प्रबंधक,
श्यामाचरण एण्ड कंपनी,
103, कालबादेवी रोड,
बम्बई-400002

प्रिय महोदय,

कल के 'नवभारत टाइम्स' में आपके द्वारा निर्मित इलेक्ट्रोनिक टाइपराइटरों के संबंध में प्रकाशित विज्ञापन के संदर्भ में निवेदन है कि इनकी विशेषताओं, मूल्य, गारंटी आदि के बारे में मुद्रित विवरण उपर्युक्त पते पर शीघ्र भिजवाने का कष्ट करें।

भवदीय
प्र० म० पटेल
15.2.93

० ० ०

नेशनल स्टील प्रोडक्शन प्रा० लिमिटेड,
पार्क स्ट्रीट,
कलकत्ता

महोदय,

12 फरवरी 1993 के 'दि टाइम्स ऑफ इंडिया' के बम्बई संस्करण में आपके द्वारा निर्मित प्रेसर कुकर के संबंध में एक विज्ञापन छपा है। इसकी विशेष-

ताओं का परिचय देनेवाली विवरणिका मुझे 349, कादंबरी सोसायटी, महात्मा गांधी रोड, भावनगर (गुजरात) के पते पर भिजवाने की कृपा करें।

भवदीय,
श्याम कुमार अग्रवाल

अयाचित पूछताछ पत्र—जब पत्रलेखक को कोई नया व्यवसाय प्रारम्भ करना हो, एक कंपनी को समान उत्पाद निर्माण करने वाली दूसरी कंपनी के अनुभवों से लाभान्वित होना हो, कोई व्यक्ति या संस्था किसी विषय पर सर्वेक्षण कर विशेष प्रकार की सूचना जुटाना चाहती हो, किसी कंपनी को अपने उत्पाद के संबंध में ग्राहकों के अभिमत की अपेक्षा हो, किसी संस्था को अपनी ग्राहक-सेवा में सुधार लाने की दृष्टि से ग्राहकों से प्रश्नावली के उत्तरों की आवश्यकता हो—संक्षेप में, जब किसी व्यक्ति या संस्था को किसी व्यावसायिक प्रयोजन हेतु विशेष प्रकार की सूचना या विवरण की आवश्यकता हो तब इस प्रकार के पूछताछ पत्र लिखे जाते हैं। याचित पूछताछ पत्रों से इसकी स्थिति बिल्कुल भिन्न है। याचित पूछताछ पत्रों के मामले में, जिस किसी ने भी विज्ञापन दिया हो वह मानसिक रूप से इस प्रकार के पत्रों को पाने के लिए तैयार रहता है। और यदि उसे अपना कारोबार बढ़ाना है तो उसे इन पत्रों का उत्तर भी पूछताछ करनेवाले की अपेक्षानुसार देना चाहिए।

अयाचित पूछताछ पत्रों में ऐसा नहीं है। उनकी स्थिति 'बिन बुलाए मेहमान' की-सी रहती है। यदि वे अपनी आवभगत करवाना चाहते हैं अर्थात् यदि पत्रलेखक चाहता है कि ऐसे पूछताछ पत्रों का अपेक्षित उत्तर प्राप्त हो तो उसे चाहिए कि वह अपने प्रश्नों को कम-से-कम रखते हुए यथासंभव सीधे और सरलतम रूप में प्रस्तुत करे। यदि पूछताछ लंबी हो या प्रश्न अधिक हों तो 'हां' और 'नहीं' में उत्तर दिया जा सके इस तरह से प्रश्नों की व्यवस्था करनी चाहिए। ऐसे अयाचित पूछताछ पत्रों का उत्तर लिखनेवालों से यह अपेक्षा करना कि वे घंटों की परवाह किए बिना हमारे प्रश्नों का उत्तर दें, ज्यादती ही होगी। किसी भी अपरिचित व्यक्ति या संस्था से इस प्रकार की अपेक्षा नहीं ही की जा सकती। और, परिचय हो तो भी क्या हुआ? महानगरों या नगरों के जीवन में समय किसी की भी शर्म नहीं रखता। इसलिए, ऐसे पत्रलेखकों को प्रश्न इस रूप में रखने चाहिए कि उत्तर देने वाले कम-से-कम का समय जाया हो। इसके लिए यह जरूरी है कि पत्र में यह स्पष्ट निर्देश हो कि सूचना क्या चाहिए, किसे चाहिए और क्यों चाहिए। इतना ही नहीं, पत्र यदि किसी व्यक्ति या छोटी फर्म के नाम हो तो पत्रलेखक को अपना पता लिखा हुआ टिकट वाला लिफाफा भी संलग्न करना चाहिए।

पत्रों में जब कभी कोई गोपनीय सूचना मंगवायी जा रही हो तब पत्रलेखक

की ओर से गोपनीयता के पालन का आश्वासन भी दिया जाना चाहिए। बैंकिंग क्षेत्र में तो इसकी विशेष आवश्यकता रहती है। गोपनीयता के भंग से न केवल विश्वासघात ही होता है बल्कि, कानून की नज़रों में एक अपराध भी बनता है जिसका परिणाम पत्रलेखक को भुगतना पड़ सकता है। व्यापार में विश्वास का बड़ा महत्त्व है।

पत्रलेखक की पूछताछ यदि समय की प्रतीक्षा कर सकती हो तो ऐसे समय उसे भेजा जाना चाहिए जब उत्तर देने वाले व्यक्ति या संस्था पर कामकाज का उतना दबाव न हो। अन्यथा, अयाचित पूछताछ अवांछित भी बन सकती है। ऐसी स्थितियों में या तो उत्तर में विलंब होगा या उत्तर मिलेगा ही नहीं।

और, जहां तक संभव हो, पूछताछ ऐसी हो जिससे उत्तर देने वाले व्यक्ति या संस्था को भी उत्तर देने में कोई लाभ दिखाई दे। तथापि, शिष्टता के तौर पर सराहना की अभिव्यक्ति तो होनी ही चाहिए।

आइए, अब ऐसे पत्रों के एक-दो उदाहरण देखें—

एक बैंकिंग महाविद्यालय के ग्रंथपाल की ओर से पत्र

....
....
....

ता० 31 मार्च 1993

प्रिय पाठक,

पिछले कुछ वर्षों से हम अपने पुस्तकालय में हिन्दी की भी पुस्तकें खरीदते आ रहे हैं। लेकिन, पुस्तकों की सार्थकता इसी बात में है कि उनका अधिकतम उपयोग हो। कोई भी पुस्तकालय यह नहीं चाहेगा कि उसकी पुस्तकें केवल अलमारियों की शोभा बढ़ाएं। अतः एक छोटी-सी प्रश्नावली हम इसके साथ आपको भेज रहे हैं। कृपया थोड़ा समय निकालकर इन प्रश्नों के उत्तर हमें 20 अप्रैल 1993 तक भिजवाने का कष्ट करें ताकि अगले वित्तीय वर्ष का बजट तैयार करने में हमें सहायता मिल सके।

भवदीय,
(हस्ताक्षर)
ग्रंथपाल

प्रश्नावली

1. आपने आज तक महाविद्यालय के कितने पाठ्यक्रमों में भाग लिया है ?	☐
2. उनमें से कितने आवासीय थे ?	☐
3. आपने अपनी प्रतिभागिता के दौरान महाविद्यालय के पुस्तकालय का किस सीमा तक उपयोग किया ?	नियमित रूप से ☐ कभी-कभी ☐ कभी नहीं ☐
4. अपनी प्रशिक्षण-अवधि में यदि आपने पुस्तकालय का उपयोग किया हो तो किस भाषा की पुस्तकों का आप अधिक आदान-प्रदान करते थे ?	अंग्रेज़ी ☐ हिन्दी ☐ दोनों ☐
5. पढ़ने के लिए यदि आप हिन्दी की पुस्तकें लेते थे तो वे किस प्रकार की थीं ?	बैंकिंग विषयक ☐ साहित्यिक ☐
6. हिंदी की साहित्यिक पुस्तकों में किस प्रकार की पुस्तकें आपको अच्छी लगीं ?	उपन्यास ☐ कहानी ☐ नाटक ☐ निबंध ☐ जीवनी ☐ अन्य गद्य साहित्य ☐ कविता ☐
7. क्या आप मानते हैं कि बैंकिंग महाविद्यालय के पुस्तकालय में केवल बैंकिंग विषयक पुस्तकें ही होनी चाहिए ?	हां ☐ नहीं ☐
8. महाविद्यालय के पुस्तकालय में इस समय हिन्दी में जो बैंकिंग विषयक पुस्तकें हैं उनमें से किस प्रकार की पुस्तकें आपको अधिक उपयोगी लगीं ?	मौलिक ☐ अनूदित ☐

हस्ताक्षर—

पदनाम—

शाखा/कार्यालय—

एक इंजोनियरिंग कंपनी की ओर से पत्र

सुपर इंजीनियरिंग कंपनी प्रा० लि०
नरीमन पॉइंट
बम्बई-400020
टेलीफोन-2024801-05
ता० 23 अप्रैल 1993

वाणिज्य प्रबंधक,
होटल राजदूत,
मेडम कामा रोड,
बम्बई-400020

प्रिय महोदय,

10 और 11 जून 1993 को हम अपने विक्रेताओं के लिए एक कार्यशाला का आयोजन करना चाहते हैं। इसमें देश-विदेश से हमारे लगभग 200 विक्रेता आएंगे।

इस आयोजन के संदर्भ में हम निम्नलिखित मामलों में आपका सहयोग चाहते हैं—

1. बाहर से आने वाले लगभग 90 विक्रेताओं के लिए रहने की व्यवस्था
2. कार्यशाला के आयोजन हेतु सभागृह की व्यवस्था
3. सभागृह में ब्लैकबोर्ड, चॉक आदि की व्यवस्था
4. दोनों दिन मध्याह्न भोजन एवं कार्यशाला के दौरान चाय, कॉफी, बिस्कुट की व्यवस्था
5. सभागृह में माइक की व्यवस्था

उपर्युक्त आवश्यकताओं को ध्यान में रखते हुए कृपया आप अपनी दरों से हमें शीघ्र अवगत कराएं। यदि ऐसे आयोजनों के लिए आपकी ओर से रियायती दरों वाली कोई व्यवस्था हो तो उसका भी विवरण हमें भेजें।

यदि प्रत्यक्ष बातचीत की आवश्यकता समझें तो हमें तुरंत सूचित करें ताकि हम अपने प्रतिनिधि को आपके पास भेज सकें।

हम आपके उत्तर की प्रतीक्षा में हैं।

भवदीय,
एस० एन० चक्रवर्ती
महा प्रबंधक

इस प्रकार पूछताछ के पत्रों में अपेक्षित सूचना, सेवा या वस्तु की किस्म के संबंध में स्पष्टता, अपेक्षित सूचना, सेवा या वस्तु के पीछे पत्रलेखक का प्रयोजन, अपनी आवश्यकता पूर्ति के लिए निश्चित समयावधि का उल्लेख, पत्र की प्रतियां यदि अन्य विक्रेताओं को भेजी गई हों तो उनका उल्लेख, आवश्यकतानुसार भविष्य में भी आदेश दिए जाने की संभावना का संकेत, सूचीपत्र या अन्य विवरण के लिए अनुरोध, आवश्यकतानुसार कभी प्रश्नावली का उपयोग, शीघ्र उत्तर की अपेक्षा, आदि का समावेश रहता है।

पूछताछ चाहे याचित हो या अयाचित, पत्रों के माध्यम से पूछताछ करने वाले व्यक्ति की यह अपेक्षा हमेशा रहती है कि उसके पत्र में की गई पूछताछ का संतोषजनक ढंग से उत्तर प्राप्त हो। लेकिन, जहां तक ऐसे पत्रों का उत्तर देने का सवाल है, निम्नलिखित स्थितियां देखी गई हैं—

(1) अपने विज्ञापन के बावजूद व्यापारी प्रतिष्ठान ऐसे पत्रों का उत्तर ही नहीं देते।

(2) उत्तर दिया भी जाता है तो छोटे-से अग्रेषण पत्र के साथ या बिना अग्रेषण पत्र के भी केवल सूचीपत्र या विवरणिका पूछताछकर्ता को प्रेषित कर दी जाती है।

(3) पूछताछकर्ता को केवल औपचारिकता के तौर पर नेमी या नीरस उत्तर भेज दिया जाता है।

(4) पूछताछकर्ता को विलंब से उत्तर दिया जाता है।

(5) पत्रलेखक (पूछताछकर्ता) के सभी प्रश्नों का उत्तर नहीं मिलता।

(9) पूछताछकर्ता को उत्तर देते समय पत्र में और लिफाफे पर नाम और पते में वर्तनीदोष रह जाते हैं।

(7) पूछताछकर्ता को प्रेषित लिफाफों पर पूरे डाक टिकट नहीं लगाए जाते।

(8) पत्र के संलग्नक अच्छी स्थिति में प्राप्त नहीं होते।

(9) संलग्नकों में भी सभी संलग्नक नहीं मिलते।

(10) कभी-कभी संलग्नक ही छूट जाता है।

पूछताछ-पत्रों को जब बोझ समझा जाता हो या ऐसे पत्रों का उत्तर देने वाले अधिकारियों, विभागों या व्यक्तियों को आवश्यक प्रशिक्षण न दिया गया हो तब इस प्रकार की स्थितियां उत्पन्न होती हैं। जहां ग्राहक को सर्वोपरि स्थान दिया जाता हो और जहां कर्मचारियों के निष्पादन का मूल्यांकन ग्राहकसेवा की गुणवत्ता के संदर्भ में किया जाता हो वहां निम्नलिखित बातों के लिए पूरी सावधानी बरती जाएगी—

(1) पूछताछकर्ता के पत्र को उच्च प्राथमिकता देते हुए तुरन्त उत्तर दिया

गया हो।

(2) पूछताछकर्ता के द्वारा दिखाई गई रुचि के लिए धन्यवाद देते हुए सभी प्रश्नों का उत्तर दिया गया हो।

(3) पूछताछकर्ता के नाम, पता आदि में कहीं भी गलती न हो।

(4) डाक टिकट, संलग्न की जाने वाली सामग्री आदि सब कुछ ठीक हो।

(5) उसके द्वारा निर्मित वस्तुओं या प्रदान की जाने वाली सेवाओं से पूछताछकर्ता को क्या और कितना लाभ होगा इसकी ओर संकेत किया गया हो।

(6) पत्र के साथ भेजे जाने वाले सूचीपत्र के संदर्भ में वस्तुओं या सेवाओं की गुणवत्ता के साथ कीमतों या प्रभावों को तर्कसंगत ठहराने का प्रयास किया गया हो।

(7) वस्तुओं के मामले में परिवहन, सुपुर्दगी, भुगतान, कमीशन आदि की स्वीकार्य पद्धति के बारे में भी उल्लेख हो।

(8) यदि कोई विशेष योजना या प्रस्ताव हो तो उसकी समयावधि का भी स्पष्ट निर्देश हो।

(9) जब अपेक्षित माल न हो तब या तो उसे भेजने की अवधि के बारे में स्पष्ट निर्देश हो या अन्य कोई प्रस्ताव हो।

(10) ग्राहक को हर तरह से सहायक होने की तत्परता पत्र में प्रकट होती हो।

(11) उत्तर देने के बाद यदि और भी प्रश्न हों तो निःसंकोच पूछने का आह्वान हो।

(12) निश्चित आदेश का सादर अनुरोध हो।

(13) अधिक संदर्भ के लिए स्थानीय शाखा या प्रतिनिधि का उल्लेख भले ही हो लेकिन, जो भी सूचना मांगी गई हो, सारी सूचना दी गई हो।

(14) पूछताछकर्ता को उत्तर भेजने के बाद प्रत्युत्तर की अमुक समय तक प्रतीक्षा की गई हो और अनुवर्ती कार्रवाई तब तक की गई हो जब तक कि उसकी ओर से लाभदायी प्रत्युत्तर प्राप्त न हो।

आइए, उत्तर का भी एकाध उदाहरण देख लें—

'सुशोभन',
पश्चिम रेलवे स्टेशन के पास
दादर (पश्चिम)
बम्बई-400014
ता० 3 मार्च 1993

श्री रवीन्द्र वरलीकद,
40, 'सावित्री',
गामदेवी,
बम्बई-400007

प्रिय महोदय,

विषय : **हमारा फर्नीचर सेट**

हमारे फ़र्नीचर सेट के बारे में प्रकाशित विज्ञापन के संदर्भ में आपका 28 फरवरी 1993 का पत्र पाकर हमें अत्यन्त प्रसन्नता हुई। आपने हमारे प्रस्ताव में जो रुचि दिखाई उसके लिए हम आपके आभारी हैं।

अब हम आपके प्रश्नों पर आएं। सबसे पहले तो आपका यह सवाल था कि क्या रेडीमेड फर्नीचर सेट का फ्लैट की रचना के साथ तालमेल बैठ सकता है ? जी हां, इस सम्बन्ध में आप बिल्कुल बेफिक्र रहें। हमारा डेकोरेटर आपकी सुविधानुसार आपके यहां आकर सर्वप्रथम आपका फ्लैट देख लेगा और आपकी आवश्यकताओं का अध्ययन कर समुचित सलाह देगा। यह सलाह बिल्कुल निःशुल्क होगी। और, तुरन्त उत्तर देने की भी आवश्यकता नहीं है। आप आराम से सोचकर हमें बताइए। हम आपकी आवश्यकताओं को ध्यान में रखकर ही फर्नीचर सेट सप्लाई करेंगे।

आपका दूसरा प्रश्न जिस डर से उत्पन्न हुआ है उसका भी निवारण अत्यन्त आवश्यक है। अधिकांश लोगों की भांति आपका भी रेडीमेड फर्नीचर सेट की गुणवत्ता के लिए सशंकित रहना स्वाभाविक है। इसके लिए हम आपको एक बार अपने उस कारखाने में सादर आमंत्रित करते हैं जहां कि हमारा फर्नीचर बनता है। वहां आप कभी भी जाकर देख सकते हैं कि हम अपने फर्नीचर सेट के लिए सर्वोत्तम लकड़ी का इस्तेमाल करते हैं। हम गुणवत्ता के मामले में किसी भी प्रकार का समझौता करने के पक्ष में नहीं हैं। हमारे कारखाने का पता इस प्रकार है :

'निर्माण भवन',
तल मंज़िल,
माहिम रेलवे स्टेशन के पास,
माहिम (पश्चिम)
बम्बई-400016

रही बात सेट की भारी कीमत की। यदि एक बार आप समय निकालकर हमारे उपर्युक्त कारखाने में पधारें तो आप देखेंगे कि हम जिस किस्म की लकड़ी का फर्नीचर बनाने में इस्तेमाल करते हैं उसे ध्यान में रखते हुए हमारे फर्नीचर सेट का विज्ञापित मूल्य रु० 30,000/- सर्वथा उचित ही है। दूसरों की तुलना में हमारे फर्नीचर की कीमत आपको अधिक लग सकती है लेकिन, किसी भी वातावरण में बरसों तक टिके रहने की उसकी क्षमता के बारे में ग्राहकों के प्रमाणपत्र भी हमारे पास मौजूद हैं।

हम इसके साथ अपनी एक 'निर्देशिका' भी भेजते हैं। कृपया उसका भी अवलोकन करें। आपके उपर्युक्त प्रश्नों के उत्तरों के अलावा उसमें और भी ऐसी अनेक बातें पाएंगे जो आपके लिए उपयोगी सिद्ध हो सकती हैं। उसे पढ़कर यदि आपके मन में और भी प्रश्न उत्पन्न हों तो आपकी प्रत्येक जिज्ञासा का समाधान करने के लिए हम सदैव तैयार हैं।

आप हमें सेवा का अवसर देंगे इस आशा के साथ हम अपने पत्र को यहीं समाप्त करते हैं।

भवदीय,
आर० एस० विश्वकर्मा
प्रबंधक

इसमें भी, पत्रलेखक की कसौटी तब होती है जब उसे किसी पूछताछ-पत्र का नकारात्मक उत्तर देना हो। यहां पत्रलेखकों को 'सत्यं ब्रूयात प्रियं ब्रूयात' अर्थात् सत्य को मधुर शैली में व्यक्त करने की भारतीय शास्त्रकारों की सलाह उपयोगी हो सकती है। कई ऐसी स्थितियां होती हैं जहां एक ओर पत्रलेखक के लिए गोपनीयता या किसी अन्य कारण से पत्र में किसी व्यक्ति या संस्था द्वारा किए गए अनुरोध को अस्वीकार करना आवश्यक हो जाता है तो दूसरी ओर सद्भावनापूर्ण व्यापारी सम्बन्धों को बनाए रखना भी उतना ही आवश्यक होता है।

एक उदाहरण से यह बात स्पष्ट होगी।

अभिव्यक्ति प्रकाशन गृह,
फोर्ट, बम्बई-400001
ता० 11 अप्रैल 1993

जनसंपर्क अधिकारी,
कमल लघु उद्योग निगम,
नेशनल हाई वे,
कांदिवली (पूर्व),
बम्बई-400101

प्रिय महोदय,

आपने अपनी द्विमासिक 'गृह पत्रिका' के प्रकाशन के नवीकरण प्रस्ताव के संदर्भ में अपने ता० 31 मार्च 1993 के पत्र सं० कलउनि/जसं/149/93 में जो शर्तें प्रस्तुत की हैं उन्हें स्वीकार करने में प्रसन्नता होती लेकिन, मुद्रण की अधिकांश सामग्री की कीमतें इतनी अधिक बढ़ गई हैं कि पुरानी दरों पर गृह-पत्रिका का प्रकाशन हमारे लिए दुस्साध्य हो गया है। आपके साथ हमारे जो सुदीर्घ सम्बन्ध हैं उनका हमारे लिए विशेष महत्त्व है। इन्हीं सम्बन्धों की वजह से आर्थिक दबावों के बीच भी हम आपको अपनी सेवाएं अब तक प्रदान करते रहे।

लेकिन, मुद्रण जगत की वास्तविकताओं ने हमें विवश कर दिया है। वर्तमान परिस्थिति के परिप्रेक्ष्य में हम अपनी नई दरें संलग्न कर रहे हैं। आशा है आप इन्हें स्वीकृति देकर हमारे व्यावसायिक हितों की रक्षा करते हुए हमारे सद्भावना-पूर्ण सम्बन्धों को और सुदृढ़ करेंगे।

आपके आदेश की प्रतीक्षा रहेगी।

भवदीय,
अल्पना राय
प्रबंधक

शिकायतें और समायोजन—(i) **शिकायतें**—व्यावसायिक जगत में साख या प्रतिष्ठा प्राप्त करने के लिए हर कदम पर सावधानी या सतर्कता की आवश्यकता पड़ती है। लेकिन, प्राप्त साख को बनाए रखने में और भी अधिक सावधानी की आवश्यकता रहती है। इसीलिए तो बड़ी-बड़ी कंपनियों में गुणवत्ता नियन्त्रण विभाग रखे जाते हैं जो माल की गुणवत्ता पर सतत निगरानी रखते हैं और उसमें पूर्णता लाने की निरंतर कोशिश करते हैं। ऐसी कंपनियों का लक्ष्य केवल माल

बेचना ही नहीं होता लेकिन, खरीदारों को पूर्ण संतोष भी प्रदान करना होता है। इसीलिए बिक्री के बाद सेवा प्रदान करना उनके दायित्व का अंग बन जाता है। लेकिन, इन सारी व्यवस्थाओं के बावजूद कहीं-न-कहीं त्रुटि रह जाती है, गलती हो जाती है। बात सही है कि गलती करना मानवसहज है लेकिन, एक की गलती दूसरे की असुविधा या हानि का कारण बन जाती है तब वह गलती अक्षम्य हो जाती है और उसकी कीमत भी चुकानी पड़ सकती है।

शिकायती पत्रों का उद्‌भव इसी प्रकार की परिस्थितियों से होता है। व्यावसायिक क्षेत्र में शिकायतों के सामान्यत: निम्नलिखित कारण होते हैं—

(i) माल या सेवा मिलने में विलंब होना
(ii) प्राप्त माल की किस्म घटिया होना
(iii) उचित मात्रा में माल न मिलना
(iv) क्षतिग्रस्त अवस्था में माल मिलना
(v) त्रुटिपूर्ण पैंकिंग होना
(vi) नमूने या आदेश के विरुद्ध माल मिलना
(vii) माल का मूल्य अधिक होना
(viii) माल या बिल्टी न छुड़ाना
(ix) बिल या बीजक में गलती होना
(x) कर्मचारियों या विक्रेता द्वारा प्रदान की गई सेवाओं या किए गए व्यवहार से असंतुष्ट होना
(xi) अनुस्मारकों के बावजूद भुगतान न करना
(xii) बैंक द्वारा चेक का भुगतान न किया जाना
(xiii) माल रास्ते में टूट-फूट जाना या नष्ट हो जाना या खराब हो जाना
(xiv) गलत पार्टी को या गलत जगह पर माल की सुपुर्दगी होना
(xv) बिक्री के बाद संतोषजनक सेवा न मिलना
(xvi) खाली पैकेट प्राप्त होना
(xvii) बट्टा, बिल, उधार की शर्तों आदि में गलतफहमी होना, आदि··· आदि

शिकायती पत्र में निम्नलिखित बातें होनी चाहिए—

- पत्र उचित व्यक्ति या विभाग को संबोधित हो।
- शिकायत की आवश्यकता के लिए खेद प्रकट किया गया हो।
- आदेश और सुपुर्दगी की तारीख और समय का उल्लेख किया गया हो।
- आदेश दिए गए माल या सेवाओं की प्रकृति, मात्रा आदि का उल्लेख किया गया हो।

- शिकायत के कारणों को स्पष्ट रूप में दर्शाते हुए स्पष्टीकरण मांगा गया हो।
- पत्रलेखक को हुई हानि या असुविधा का स्पष्ट निर्देश हो, फिर भी आक्रोश, व्यंग्य और आरोपों की अभिव्यक्ति न हो।
- हानि की अवस्था में क्षतिपूर्ति या समायोजन कैसे किया जा सकता है इस सम्बन्ध में कोई सुझाव दिया गया हो।
- सानुकूल और अपेक्षित उत्तर पाने का विश्वास प्रकट करते हुए पत्र की समाप्ति की गई हो।

उदाहरणस्वरूप कुछ पत्रों का अवलोकन कर लें—

6, पारसनगर
कोपरी,
ठाणे (पूर्व)-400603
27 मार्च 1993

पोस्ट मास्टर,
कोपरी डाकघर,
ठाणे (पूर्व)-400603

प्रिय महोदय,

विषय : **मेरी रजिस्टर्ड डाक की सुपुर्दगी**

सादर निवेदन है कि मैं पिछले पन्द्रह साल से यहां सपरिवार रहता हूं। भूतकाल में अनेक बार मेरे नाम से उपर्युक्त पते पर रजिस्टर्ड पत्र आते रहे हैं। मैं बम्बई में नौकरी करता हूं अतः रोज सुबह 8.00 बजे घर से निकल जाना पड़ता है और रात को घर वापस लौटता हूं। इस परिस्थिति में मेरे नाम से आने वाले सभी पत्रों की सुपुर्दगी मेरी पत्नी को की जाती थी लेकिन, अभी कुछ दिन पहले ऐसा ही एक पत्र आया था, जिसे मेरी पत्नी को देने से डाकिये ने इनकार कर दिया। इसके फलस्वरूप केवल एक चिट्ठी लेने के लिए दूसरा आधा दिन मुझे खराब करना पड़ा।

एकाध बार का मामला हो तो भी ठीक है लेकिन, बार-बार यदि मुझे इस तरह समय नष्ट करना पड़े तो मेरी नौकरी में अड़चन पैदा हुए बिना नहीं रह सकती। हो सकता है कि डाकिये का व्यवहार नियमानुसार सही हो लेकिन, मुझ जैसे लोगों के लिए अत्यन्त असुविधाजनक है।

उपर्यक्त परिस्थिति के संदर्भ में आपसे अनुरोध है कि भूतकाल की परंपरा के

अनुसार मेरे नाम से प्राप्त सभी रजिस्टर्ड पत्र मेरी पत्नी श्रीमती कमलिनी गर्ग को सुपुर्द करने का निर्देश आप डाकिये को दें।

आशा है आप उपर्युक्त कठिनाई को ध्यान में रखकर अपना सहयोग देंगे।

भवदीय,
राजीव गर्ग

सेठ सी० के० सार्वजनिक ग्रंथालय,
एलिसबीज,
अहमदाबाद-380006

सीकेग्रं/59/93 ता० 6 जनवरी 1993

प्रबंधक,
लक्ष्मी प्रकाशन मंदिर,
कश्मीरी गेट,
दिल्ली-110006

प्रिय महोदय,

विषय : क्षतिग्रस्त अवस्था में पुस्तकों की प्राप्ति

हमें बड़े खेद के साथ सूचित करना पड़ रहा है कि ता० 20 दिसम्बर 1992 के हमारे आदेश के संदर्भ में आपके द्वारा भेजी गई पुस्तकों का पार्सल अत्यन्त क्षतिग्रस्त अवस्था में प्राप्त हुआ है। इसके फलस्वरूप कुछ पुस्तकों की जिल्द को भी नुकसान पहुंचा है। इस हालत में पुस्तकों को ग्रंथालय में नहीं रखा जा सकता।

उपर्युक्त परिस्थिति में हमें सारी पुस्तकें वापस लौटाने के लिए विवश होना पड़ रहा है। इनके स्थान पर इन्हीं पुस्तकों की दूसरी प्रतियां हमें शीघ्र भिजवाने की व्यवस्था करें। कृपया सुनिश्चित करें कि अब पैकिंग मजबूत हो।

इसे वापस लौटाने में हमें जो डाकखर्च वहन करना पड़ा है उसे आप अपने बिल में समायोजित कर लें।

भवदीय,
रमणलाल परीख
ग्रंथपाल

×

11, नीलकमल,
रेसकोर्स रोड,
राजकोट-360001
ता० 11 फरवरी 1993

शाखा प्रबंधक,
सौराष्ट्र सहकारी बैंक,
महात्मा गांधी रोड,
राजकोट

प्रिय महोदय,

विषय : ड्राफ्ट देने में विलंब

आज सुबह पोरबंदर के लिए रु० 15,000/- का मांग ड्राफ्ट बनवाने हेतु मैं आपके बैंक में आया था। उस समय ग्राहकों की वैसी भीड़ भी नहीं थी, फिर भी मैंने जब उसके लिए फार्म भरकर काउंटर पर दिया तब मुझे दोपहर तीन बजे आने के लिए कहा गया। जब मैंने क्लर्क से अनुरोध किया कि मैं 15-20 मिनट प्रतीक्षा करने के लिए तैयार हूं, आप बना दीजिए तब उसने कहा कि अभी समय नहीं है, तीन बजे के पहले किसी भी हालत में नहीं मिलेगा। आखिर, मैं चला गया और दुबारा आया भी लेकिन, इसके कारण मुझे भारी असुविधा हुई।

मैं उक्त ड्राफ्ट किसी व्यक्ति के साथ पोरबंदर भिजवाना चाहता था। अगर ड्राफ्ट जल्दी मिल जाता तो उसके साथ ही भिजवा दिया होता लेकिन, ऐसा नहीं हो सका। बाद में, विवश होकर उसे रजिस्टर्ड डाक से भिजवाना पड़ा जिसमें पैसे और समय दोनों की बरबादी हुई।

रह-रहकर यह सवाल उठता है कि बैंकिंग ग्राहक सेवा से सम्बन्धित विभिन्न मदों के लिए जो मानदंड आपके सूचनापट्ट पर लगाए गए हैं वे किस काम के हैं? क्या ये केवल प्रदर्शन के लिए हैं? कम-से-कम सहकारी बैंक से तो ऐसी उम्मीद नहीं थी।

आपसे निवेदन है कि ऐसी व्यवस्था करें जिससे कि ग्राहक सेवा से संबंधित मानदंडों का निश्चित रूप से पालन हो और ऐसी घटनाओं की पुनरावृत्ति न हो।

आशा है आप इस संबंध में आवश्यक कार्रवाई करेंगे।

भवदीय
चंद्र मोहन शर्मा

(ii) **समायोजन**—कबीर ने भले ही कहा हो कि 'निंदक नियरे राखिये आंगन कुटी छवाई' लेकिन, इस दुनिया में स्तुति का जितना स्वागत होता है उतना निंदा का नहीं। शिकायत निंदा का ही एक प्रकार है लेकिन, हम जिस प्रकार की शिकायत की बात कर रहे हैं उसका क्षेत्र अलग है। इस शिकायत का आधार व्यापारी-ग्राहक का वह संबंध है जहां व्यापारी या व्यावसायिक संस्थाओं से प्राप्त होने वाले माल या सेवाओं के संबंध में ग्राहक की कुछ अपेक्षाएं होती हैं और जब वे अपेक्षाएं पूरी नहीं होतीं तब उक्त संबंध के तहत ग्राहक को शिकायत करने का अधिकार मिल जाता है।

आध्यात्मिकता के क्षेत्र में निंदा-स्तुति से अविचलित रहना स्थितप्रज्ञता का लक्षण समझा जाता है लेकिन, व्यापारी यदि ग्राहकों की शिकायतों के प्रति इस प्रकार का रवैया अपनाता है तो सद्भावना का वह सेतु ही टूट पड़ता है जो उन दोनों को जोड़ता है। इसलिए चाहे व्यापारी हो या व्यावसायिक प्रतिष्ठान उसका यह कर्तव्य बन जाता है कि वह—

- 'ग्राहक ही सर्वोपरि है' इस सत्य को ध्यान में रखते हुए उसकी प्रत्येक शिकायत या दावे को महत्त्वपूर्ण समझे।
- 'न्याय में विलंब का तात्पर्य है न्याय से इनकार' इस सूत्र को ध्यान में रखते हुए प्रत्येक शिकायत का तुरंत उत्तर दे। जहां शिकायत के निपटारे में अधिक समय लगने की संभावना हो वहां कम-से-कम उसकी प्राप्ति सूचना तो अविलंब भेज ही दें।
- ग्राहक की ओर से जो भी शिकायत या दावा किया गया हो उसके प्रति समुचित ध्यान देते हुए प्रत्येक मामले की निष्पक्ष जांच करे। जांच के बाद सामने आने वाले तथ्यों से यदि यह प्रमाणित होता है कि शिकायतकर्ता की शिकायत या दावा सही है तो किसी भी प्रकार की बहानेबाजी का सहारा लिए बिना ग्राहक से उसे बिना शर्त क्षमायाचना करनी चाहिए।
- दोषी पाए जाने की स्थिति में अपने अधीनस्थ कर्मचारियों या दूसरों को दोषारोपित करने की प्रवृत्ति से बचे और त्रुटियों की ओर ध्यान आकृष्ट करने के लिए विवेकपूर्ण ढंग से धन्यवाद दे।
- 'खरीदार को ही सावधान रहना चाहिए' इस नीति का अनुगमन न करे। इस प्रकार की नीति किसी भी व्यक्ति या संस्था के लिए घातक सिद्ध हो सकती है। किसी भी व्यावसायिक संस्था का केन्द्र बिंदु होना चाहिए ग्राहक, न कि कर्मचारी।
- इस इटालियन कहावत को सदैव याद रखे कि 'एक मधुर शब्द में गरमी को शांत करने की जितनी क्षमता है उतनी पानी से भरी हुई बाल्टी में भी नहीं।'

- ग्राहक को इस बात की प्रतीति कराए कि वह उसकी शिकायत या दावे का समुचित समायोजन करने के लिए सचमुच ही प्रयत्नशील है। समायोजन के पीछे भी प्रसन्नता का भाव झलकना चाहिए, नाराज़गी या आक्रोश का नहीं।
- ग्राहक के साथ विवाद में न उलझे।
- अपने माल, उत्पाद या सेवाओं के प्रति ग्राहक में पुनः विश्वास जगाए और उसका सद्भाव प्राप्त करे।

जहां ग्राहक द्वारा प्रस्तावित समायोजन स्वीकार्य न हो या आंशिक रूप में स्वीकार्य हो वहां पत्रोत्तर में सामान्यतः निम्नलिखित बातें होनी चाहिए—

1. कुछ मुद्दों पर ग्राहक से सहमति
2. समायोजनकर्ता की दृष्टि से परिस्थिति का स्पष्ट विवरण
3. विनम्रतापूर्वक समायोजन की अस्वीकृति या आंशिक स्वीकृति की अभिव्यक्ति
4. समायोजनकर्ता द्वारा किए गए परिस्थिति-विश्लेषण को तर्कसंगत और ग्राहक द्वारा स्वीकार्य बनाने का प्रयास।

जहां समायोजन अनिवार्य हो वहां पूरी या आंशिक रकम चुकाकर, दाम में कमी कर, अतिरिक्त बट्टा देकर, दूसरे माल की आपूर्ति कर, अतिरिक्त या संतोषजनक सेवा प्रदान कर या क्षतिग्रस्त वस्तुओं की मरम्मत कर समायोजन किया जा सकता है। समायोजन का निर्धारण शिकायती मामले की प्रकृति पर निर्भर करेगा।

अब आइए, उन शिकायती पत्रों के उत्तर देखें जो उदाहरणस्वरूप पहले प्रस्तुत किए गए हैं—

(i)

कोपरी डाकघर
ठाणे (पूर्व)
400603
2 अप्रैल, 1993

श्री राजीव गर्ग,
6, पारसनगर,
कोपरी,
ठाणे (पूर्व)
400603

प्रिय महोदय,

विषय : रजिस्टर्ड डाक की सुपुर्दगी

आपका ता० 27 मार्च, 1993 का उपर्युक्त विषयक पत्र प्राप्त हुआ। आपके नाम आया हुआ पत्र आपकी अनुपस्थिति में आपकी पत्नी को न दिए जाने के कारण आपको जो असुविधा हुई उसके लिए हमें खेद है।

वस्तुत: डाकिये ने हमारे प्रधान डाकघर द्वारा जारी किए गए आदेशों का पालन ही किया है। इन आदेशों के मूल में भी वे घटनाएं और शिकायतें हैं जहां डाकिये ने प्रेषिती के नाम आई डाक उसी के परिवार के किसी बालिग सदस्य को दी हो लेकिन, मूल प्रेषिती को मिली ही न हो।

आपकी कठिनाई हम समझ सकते हैं। आपके द्वारा अपने पत्र में वर्णित परिस्थितियों को मद्देनज़र रखते हुए हमारा आपसे केवल एक ही अनुरोध है कि आप एक ऐसा अधिकार-पत्र हमें दें जिसमें आपके नाम आई हुई किसी भी प्रकार की रजिस्टर्ड चिट्ठी को प्राप्त करने का प्राधिकार अपनी पत्नी को दिया गया हो। कृपया उस पत्र में हमारे अभिलेख के लिए उनके नमूने के हस्ताक्षर भी अवश्य दें। हर तीन महीने की अवधि पर आपको इस प्रकार का प्राधिकार पत्र हमें देना होगा। आपकी ओर से अपेक्षित प्राधिकार पत्र मिलने पर हम अपने स्टाफ को आवश्यक अनुदेश दे देंगे, जिससे आपकी समस्या का निवारण हो जाएगा।

आपके सहयोग की हमें अपेक्षा है।

भवदीय,
शि०प्र० जलगांवकर
पोस्ट मास्टर

लक्ष्मी प्रकाशन मंदिर
कश्मीरी गेट,
दिल्ली-110006
ता० 20 जनवरी, 1993

लप्रम/दा/70-क/93

ग्रंथपाल,
सेठ सी०के० सार्वजनिक ग्रंथालय,
एलिसब्रीज,
अहमदाबाद-380006

प्रिय महोदय,

विषय : **क्षतिग्रस्त अवस्था में पुस्तकों की प्राप्ति**

आपका ता० 6 जनवरी 1993 का उपर्युक्त विषयक पत्र सं० सीकेग्रे/59/93 प्राप्त हुआ। साथ ही, आपके द्वारा लौटाई गई क्षतिग्रस्त पुस्तकों का पार्सल भी मिला है।

अच्छी पैकिंग के बावजूद पुस्तकों को नुकसान पहुंचा यह हमारे लिए आश्चर्य की बात है। हम रेल प्राधिकारियों के साथ यह मामला उठा रहे हैं और वस्तु-स्थिति जानने की कोशिश कर रहे हैं। इस बीच आपकी अपेक्षानुसार हम आपको पूर्वप्रेषित पुस्तकों की दूसरी प्रतियां भेज रहे हैं। इस बार अधिक सुरक्षा के लिए 'भारत ट्रान्सपोर्ट कंपनी' के माध्यम से पुस्तकें भेज रहे हैं। हालांकि, यह व्यवस्था थोड़ी महंगी पड़ती है लेकिन, चूंकि यह पहला मामला है इसलिए हमने अपनी व्यावसायिक नीति के अनुरूप यह निर्णय लिया है।

आशा है, भविष्य में आप सेवा के और भी अवसर प्रदान करेंगे।

आपको हुई असुविधा के लिए हमें खेद है।

लारी रसीद इसके साथ संलग्न है।

भवदीय,
कमल नयन
प्रबंधक

अब एक ऐसे पत्र का उदाहरण प्रस्तुत है जिसमें समायोजन करने की असमर्थता प्रकट की गई है—

संगम डिपार्टमेन्टल स्टोर
फोर्ट,
बम्बई-400001

सं०/49/93 ता० 20 अप्रैल, 1993

श्रीमती अनुराधा अग्रवाल,
हवाई महल,
महालक्ष्मी
बम्बई

महोदया,

विषय : **टी०वी० सेट में परिवर्तन**

गत महीने की पंद्रह तारीख को हमारे यहां से आपके द्वारा खरीदे गए स्टीरियोकोन रंगीन टी०वी० सेट को बदलने के लिए आपने हमसे अनुरोध किया था। तस्वीरों का स्पष्ट न होना इसका मूल कारण था। बिल्कुल नये टी०वी० में इस प्रकार की शिकायत उत्पन्न हो तब इस प्रकार की मांग करना आपके लिए स्वाभाविक ही था।

आपकी इस शिकायत की जांच करने के लिए ही हमने अपने विशेषज्ञ को आपके यहां भेजा था। उसने अपनी जो जांच रिपोर्ट प्रस्तुत की है उसके अनुसार टी०वी० सेट में कोई खराबी नहीं है। तस्वीरों की अस्पष्टता का मूल कारण आपके अपार्टमेन्ट्स की छत पर अत्यधिक मात्रा में एन्टेना का होना है। तथापि, उसने एन्टेना की स्थिति को बदलकर रिसेप्शन में सुधार लाने की कोशिश की है। हमें आशा है इससे ज़रूर फर्क पड़ा होगा।

उपर्युक्त परिस्थिति में हमारी दृष्टि से टी०वी० सेट बदलने से कोई लाभ नहीं होगा। हां, टी०वी० सेट में ही कोई खराबी होती तो उसे बदलने में हमें कोई एतराज न होता। ग्राहकों का संतोष ही तो हमारी सबसे बड़ी पूंजी है।

कृपया हमें सूचित करें कि अब रिसेप्शन कैसा है।

आपके उत्तर की प्रतीक्षा में,

भवदीय
सुशील कुमार डे
प्रबंधक

साख संबंधी पत्र—वाणिज्य जगत में 'साख' शब्द दो अर्थों में प्रयुक्त होता है—(i) लेन-देन संबंधी विश्वास या प्रतिष्ठा (ii) उधार का व्यवहार । 'साख' मूलत: अंग्रेजी शब्द 'Credit' का पर्याय है। रोबर्ट शर्टर के अनुसार 'credit' शब्द लैटिन शब्द 'credo' से उत्पन्न हुआ है जिसका अर्थ है 'मुझे विश्वास है'।[15] साख की आधारशिला भी तो विश्वास ही है जिसमें उधार देने वाला व्यक्ति या संस्था यह मानकर चलती है कि उधार पाने वाला व्यक्ति भविष्य में पैसा लौटाने के लिए तत्पर एवं सक्षम होगा। गर्टसाइड 'credit' शब्द का अर्थ 'धारणा' या 'विश्वास' पर प्रकाश डालते हुए इसपर आधारित लेन-देन प्रणाली को स्पष्ट करते हुए लिखते हैं: "साख पर देने का तात्पर्य है: माल को सुपुर्द करने या कार्य को निष्पादित करने की एक ऐसी व्यवस्था जिसके अंतर्गत भुगतान भविष्य में किसी तारीख को, चाहे विनिर्दिष्ट हो या न हो, करना होता है। जहां तारीख विनिर्दिष्ट न हो वहां भुगतान यथोचित समयावधि में किया जाना चाहिए।"[16]

व्यावसायिक जगत में लाखों रुपयों का व्यापार साख प्रणाली पर चलता रहता है। शर्टर के अनुसार अमरीकी व्यापार का 85 से 90 प्रतिशत इसी प्रणाली पर आधारित है। यह प्रणाली तभी सफल हो सकती है जब वस्तु या वित्त उधार लेने वाले की साख अच्छी हो या नियत साफ हो, पैसे चुकाने की क्षमता हो और पूंजी हो। इसे ही साख के तीन 'सी'—character' (चारित्र्य), capacity (क्षमता) capital (पूंजी)—की संज्ञा दी जाती है। कुछ लोग इसमें एक और 'सी' जोड़ते हैं—circumstances अर्थात् परिस्थिति, जिसमें बाज़ार की अनुकूल या प्रतिकूल परिस्थिति का विचार केन्द्र में रहता है।[17] इस प्रकार तीन के स्थान पर चार 'सी' इस संदर्भ में महत्त्वपूर्ण बन जाते हैं। इनमें भी जे०पी० मोरगन के मतानुसार 'साख में चारित्र्य का अनुपात 99 प्रतिशत है।"[18]

किसी भी व्यक्ति या पार्टी को साख सुविधा प्रदान करने के पूर्व उसकी वित्तीय स्थिति या वित्तीय हैसियत जानने के लिए बैंकों, चैम्बर्स ऑफ कामर्सों, प्रतिष्ठित व्यापारियों आदि को पत्र लिखने की परंपरा तो व्यावसायिक जगत में विद्यमान है ही। इसके अलावा, विकसित देशों में साख पूछताछ एजेंसियां, साख पूछताछ ब्यूरो, साख ब्यूरो जैसी संस्थाएं अपने पास पार्टियों की साखपात्रता के संबंध में इतनी महत्त्वपूर्ण सूचनाएं रखती हैं जो व्यापारिक प्रतिष्ठानों, वित्तीय संस्थाओं, व्यापारियों, उद्योगपतियों आदि के लिए अत्यंत सहायक सिद्ध हो सकती हैं। न केवल बैंकों में बल्कि बड़ी-बड़ी कंपनियों में सुसज्ज साख विभाग भी होते हैं, जो अपने क्षेत्र-अन्वेषकों की सहायता से पार्टियों की साखपात्रता या जोखिमभरी स्थिति के संबंध में अद्यतन सूचना एकत्र करते रहते हैं।

इस विषय के संबंध में पत्रलेखन की निम्नलिखित स्थितियां हो सकती हैं—

1. साख सुविधा के इच्छुक ग्राहक के पत्र की पावती—इस अनुरोध के साथ

कि वह साख-संदर्भ प्रस्तुत करे।

2. साखपात्रता संबंधी सूचना संदर्भित व्यक्तियों या संस्थाओं से मंगवाना।
3. संदर्भित व्यक्तियों या संस्थाओं की ओर से आवश्यक साख-सूचना का प्रेषण।
4. ग्राहक को साख-सुविधा देने की स्वीकृति या अस्वीकृति।

1. साख आवेदनों की पावती—इस प्रकार के पत्रों में सामान्यत: निम्नलिखित विषय-वस्तु होती है—

- उसके प्रथम आदेश के लिए ग्राहक को धन्यवाद देना
- फर्म की साख एवं बिल-भुगतान नीति के संबंध में स्पष्टीकरण
- साख संदर्भ भेजने अथवा पत्र के साथ संलग्न साख संबंधी निर्धारित प्रोफार्मा भरकर भेजने का अनुरोध

  सामान्यत: तीन संदर्भ मांगे जाते हैं—किसी एक बैंक से, किसी व्यापारी प्रतिष्ठान से और/या किसी एक ऐसे प्रतिष्ठित व्यक्ति से जो आवेदनकर्ता से परिचित हो। यह भी जरूरी है कि संदर्भों के लिए कुशलतापूर्वक अनुरोध किया गया हो। थोड़ी-सी असावधानी से ग्राहक हाथ से जा सकता है।
- संदर्भ की औपचारिकता पूरी हो जाने पर आदेश के कार्यान्वयन का आश्वासन।

आइए, उदाहरण भी देख लें :

लाखाणी इलेक्ट्रोनिक्स प्रा० लिमिटेड

39, विधानसभा मार्ग
लखनऊ
ता० 3 जनवरी 1993

लाइ/10/93
श्री चन्द्र प्रकाश द्विवेदी,
281, चौक,
वाराणसी-221001

प्रिय महोदय,

आपके ता० 24 दिसंबर, 1992 के पत्र द्वारा रु० 1,00,000/- की इलेक्ट्रोनिक मदों का आदेश पाकर हमें अत्यंत प्रसन्नता हुई। हमें अपने मूल्यवान ग्राहकों की सूची में आपका नाम सम्मिलित कर उतनी ही प्रसन्नता होगी। केवल एक कष्ट आपको उठाना होगा। आपकी ओर से ऐसा आदेश हमें पहली बार ही मिल रहा है अतः आपसे अनुरोध है कि किसी बैंक या प्रतिष्ठान का संदर्भ पूरे पते सहित दें जिससे कि हम यथोचित निर्णय लेने में समर्थ हो सकें।

आशा है, इस प्रक्रिया में लगने वाले विलंब के लिए आप हमें क्षमा करेंगे।

हम आपसे उपर्युक्त सूचना की प्रतीक्षा में हैं।

भवदीय
इन्द्रवदन के० लाखाणी
प्रबंधक

2. **साखपात्रता संबंधी सूचना-संकलन**—जिसे अपना कारोबार चलाने हेतु साख-सुविधा की जरूरत हो वह साखदाता के पत्र का उत्तर देने में विलंब नहीं करेगा। उसके पत्र में सामान्यतः निम्नलिखित बातें शामिल होंगी—

- संदर्भ/संदर्भों की मांग के लिए धन्यवाद
- संदर्भों के व्यवसाय की प्रकृति सहित उनके नाम और पते
- यदि संदर्भों में उल्लिखित व्यक्तियों/संस्थाओं की ओर से भूतकाल में उसे कोई साख सुविधा प्राप्त हुई हो तो उसका ब्योरा
- पूछताछ शीघ्र पूरी करने का अनुरोध। यथा—

281, चौक
वाराणसी-221001

चप्रछि/लाइ/28/93 ता० 10 जनवरी 1993

प्रबंधक,
लाखाणी इलेक्ट्रोनिक्स प्रा० लिमिटेड,
39, विधानसभा मार्ग,
लखनऊ-226001

प्रिय महोदय,

आपका ता० 3 जनवरी 1993 का पत्र क्रमांक लाइ/10/93 प्राप्त हुआ। धन्यवाद।

आपकी अपेक्षानुसार संदर्भ का विवरण निम्नानुसार है—

भारत उत्कर्ष बैंक,
चौक,
वाराणसी-221001

आपसे अनुरोध है कि अपेक्षित सूचना उपर्युक्त बैंक से शीघ्र मंगवाकर साख-सुविधा प्रदान करने से संबंधित मेरा अनुरोध स्वीकार करें।

भवदीय,
चन्द्र प्रकाश द्विवेदी

×

अब अगला चरण है संदर्भ से पूछताछ। यह भी एक प्रकार का पूछताछ-पत्र ही है, जिसमें संदर्भित व्यक्ति या संस्था को विश्वास में लेकर गोपनीय ढंग से साख-सुविधा पाने के इच्छुक व्यक्ति या कंपनी की साखपात्रता के संबंध में छान-बीन की जाती है। इस प्रकार के पत्रों में निम्नलिखित बातों का समावेश होना चाहिए —

- साख आवेदनकर्ता के नाम और पते सहित उसके द्वारा मांगी गई साख की सीमा, साख का स्वरूप, उसकी अवधि आदि से संबंधित विवरण
- सूचना की गोपनीयता के संबंध में आश्वासन
- टिकट लगाया हुआ रचनामांकित लिफाफा भेजे जाने का निर्देश
- वांछित सूचना शीघ्र भेजने का अनुरोध।

उदाहरणार्थ—

लाखाणी इलेक्ट्रोनिक्स प्रा० लिमिटेड
39, विधानसभा मार्ग,
लखनऊ-226001

लाइ/30/93 ता० 15 जनवरी 1993

गोपनीय

मुख्य प्रबंधक,
भारत उत्कर्ष बैंक,
चौक,
वाराणसी-221001

प्रिय महोदय,

हमें श्री चन्द्र प्रकाश द्विवेदी, 281, चौक, वाराणसी ने रु० 1,00,000/- की इलेक्ट्रोनिक मदों का आदेश भेजा है और साख आधार पर माल की आपूर्ति करने के लिए उन्होंने अनुरोध किया है। उनकी ओर से हमें ऐसा आदेश पहली बार ही मिला है अतः उनकी साखपात्रता के संबंध में हमें आपकी मूल्यवान राय की आवश्यकता है। कृपया अपनी राय शीघ्र भेजकर हमें अनुगृहीत करें।

हम आपको इस बात का आश्वासन देते हैं कि आपके द्वारा दी गई सूचना पूर्णतः गोपनीय रखी जाएगी।

आपकी सुविधा के लिए टिकटवाला स्वनामांकित लिफाफा संलग्न है।

धन्यवाद सहित,

भवदीय,
इन्द्र वदन के० लाखाणी
प्रबंधक

3. **साख-सूचना का प्रेषण**—साखपात्रता संबंधी पूछताछ-पत्रों के उत्तर दो रूपों में दिए जा सकते हैं—(i) सकारात्मक और (ii) नकारात्मक। ऐसे पत्रों के उत्तर टालने की स्थिति भी हो सकती है, लेकिन चूंकि इस प्रकार के पत्र गोपनीय होते हैं अतः जिसे भी ऐसा पत्र प्राप्त होता है उसका यह कर्तव्य बन जाता है कि वह निष्पक्ष रूप से साखपात्रता संबंधी अपनी टिप्पणियां भेजे। और निष्पक्षता की आवश्यकता इसलिए है कि किसी के कारोबार का भविष्य इस पर अवलंबित रहता है।

एक बैंक जब दूसरे बैंक से किसी पार्टी के बारे में साख-रिपोर्ट के लिए अनुरोध करता है तब वह एक निर्धारित प्रोफ़ार्मा में अत्यंत गोपनीय ढंग से साख-रिपोर्ट भेजता है और वह भी इस शर्त के साथ कि साख-रिपोर्ट की विषयवस्तु को

बिना उसकी लिखित पूर्वानुमति के प्रकट नहीं किया जाएगा। लेकिन, जब कोई पार्टी किसी अन्य पार्टी के संबंध में बैंक से साख-रिपोर्ट मंगवाती है तब बैंक निर्धारित प्रोफार्मा में उसे भेजने के स्थान पर अपने पत्र में पार्टी के वित्तीय साधनों एवं खाता-परिचालन संबंधी स्थिति का संकेत कर देता है, बशर्ते कि ग्राहक के द्वारा इसके लिए बैंक को सहमति दी गई हो। गोपनीयता की शर्त तो यहां भी लगी रहती है।

अब, श्री चन्द्र प्रकाश द्विवेदी के मामले को लेकर इसे समझने की कोशिश करें।

भारत उत्कर्ष बैंक

चौक,
वाराणसी-221001
ता० 22 जनवरी 1993

भाउबैं/129/93

अत्यंत
गोपनीय

श्री इन्द्रवदन के० लाखाड़ी,
प्रबंधक,
लाखाणी इलेक्ट्रोनिक्स प्रा० लिमिटेड
39, विधानसभा मार्ग,
लखनऊ-226001

प्रिय महोदय,

विषय : श्री चंद्रप्रकाश द्विवेदी की साख रिपोर्ट

उपर्युक्त विषय के संदर्भ में आपका ता० 15 जनवरी 1993 का पत्र क्रमांक लाइ/30/93 प्राप्त हुआ। धन्यवाद।

उत्तर में निवेदन है कि श्री चन्द्र प्रकाश द्विवेदी के वित्तीय साधन 'अच्छे'[19] हैं और उनका खाता-परिचालन संतोषजनक कहा जा सकता है।

यह सूचना आपको इस शर्त पर दी जा रही है कि आप इसे बैंक की लिखित पूर्वानुमति के बिना प्रकट नहीं करेंगे।

कृपया यह भी नोट करें कि इस गोपनीय सूचना के लिए बैंक या उसके किसी भी अधिकारी का कोई उत्तरदायित्व नहीं होगा।

भवदीय,
एस० एन० गांगुली
मुख्य प्रबंधक

जैसाकि हम पहले बता चुके हैं, उत्तर नकारात्मक भी हो सकता है। जहां ऐसी स्थिति हो वहां बहुत ही सावधानी से पत्र लिखा जाना चाहिए क्योंकि किसी की भी साख या प्रतिष्ठा के बारे में प्रतिकूल टिप्पणी करने के साथ ही कानूनी सवाल भी जुड़ जाते हैं। यों तो यह पूरा मामला ही कानूनी है—चाहे टिप्पणी अनुकूल हो या प्रतिकूल। और इसीलिए ही इस प्रकार के पत्रव्यवहार को गोपनीय रखा जाता है।

नकारात्मक टिप्पणी में बैंक उपर्युक्त कोड में से 'अत्यल्प' या 'अल्प' वित्तीय साधनों की ओर संकेत करते हुए खाता-परिचालन के बारे में 'लगभग संतोषजनक', 'बहुत संतोषजनक नहीं' आदि शब्दों का प्रयोग कर सकता है। लेकिन किसी भी हालत में बैंक के पत्र में उपर्युक्त शर्तें तो लगी ही रहेंगी।

4. साख-सुविधा देने की स्वीकृति/अस्वीकृति--व्यक्ति या पार्टी की साख-पात्रता के संबंध में अनुकूल टिप्पणी के फलस्वरूप उसे साख-सुविधा प्रदान करने का जब निर्णय लिया जाता है तब एक नये व्यावसायिक संबंध की शुरुआत होती है। जैसा कि शर्टर कहते हैं—साख प्राप्त करने वाले व्यक्ति का उस यात्री की तरह स्वागत किया जाना चाहिए जो पत्रलेखक के नगर में प्रवेश करता है। यह आशा भी व्यक्त की जानी चाहिए कि उसकी यात्रा सुखद रहेगी और उक्त नगर में उपलब्ध अनेक प्रकार की सुविधाओं का वह लाभ लेगा।[20] संक्षेप में, प्रथम पत्र में ग्राहक का स्वागत, उसके उत्कर्ष में रुचि और उसे सेवा प्रदान करने की तत्परता ध्वनित होनी चाहिए।

लेकिन, स्वागत के उत्साह में व्यावहारिकता का विस्मरण नहीं होना चाहिए अर्थात् उसी पत्र में साख प्रदान करने की आवश्यक शर्तों एवं कंपनी द्वारा प्रदान की जानेवाली सेवा के स्वरूप का भी उल्लेख हो जाना चाहिए। आइए उदाहरण की ओर :

इन्द्रवदन के० लाखाणी
प्रबंधक
लाखाणी इलेक्ट्रोनिक्स प्रा० लिमिटेड

39, विधानसभा मार्ग,
लखनऊ-226001

अशा/लाइ/63/93 ता० 27 जनवरी 1993

प्रिय श्री चन्द्रप्रकाश जी,

आपके ता० 24 दिसंबर 1992 के पत्र में किए गए अनुरोध के अनुसार रु० 1,00,000/- के मूल्य की इलेक्ट्रोनिक मदों की आपूर्ति साख आधार पर

करने में प्रसन्नता हो रही है। इस प्रकार, हमारे साखप्राप्त मूल्यवान ग्राहक के रूप में आपका हार्दिक स्वागत है।

आपके आदेशानुसार सभी इलेक्ट्रोनिक मदें आज 'सेतु परिवहन सेवा' के माध्यम से भेजी जा रही हैं। लारी रसीद इसके साथ संलग्न है।

कृपया माल छुड़ा लें और यह सुनिश्चित करें कि 30 अप्रैल 1993 तक सारी रकम का भुगतान हो जाए। इसमें चूक होने पर प्रति माह 2% ब्याज लेने के लिए हमें बाध्य होना पड़ेगा। लेकिन, हमें विश्वास है कि आप नियत अवधि के भीतर भुगतान की व्यवस्था कर हमारे बीच मधुर व्यावसायिक संबंधों का मंगल प्रारंभ करेंगे।

हमारे साथ कारोबार करने में आपको प्रसन्नता का अनुभव हो इस बात के लिए हमारी भरसक कोशिश रहेगी। दूसरी ओर, आपसे भी हम पूर्ण सहयोग की अपेक्षा करेंगे।

अनेकानेक शुभकामनाओं सहित,

आपका
इन्द्रवदन के० लाखाणी

श्री चन्द्र प्रकाश द्विवेदी,
281, चौक
वाराणसी 221001
संलग्नक : यथोक्त

×

साख-सुविधा देने की अस्वीकृति का सवाल जहां आता है वहां पत्रलेखक के सामने एक चुनौती की स्थिति आ जाती है। साख-सुविधा प्राप्त करने के इच्छुक व्यक्ति की साखपात्रता के संबंध में संतोषजनक रिपोर्ट न मिलने के बावजूद ऐसे ग्राहक के लिए 'सत्यं ब्रूयात प्रियं ब्रूयात' की नीति का अनुसरण करते हुए उसे अपने हाथ से न जाने देना ही व्यापारिक कौशल है।

ग्राहक में एक साख-जोखिम बनने के आसार साफ नजर आते हों तब बुद्धिमान पत्रलेखक अस्वीकृति का आसान मार्ग ग्रहण करने के स्थान पर ग्राहक को नकद आधार पर व्यापार करने का सुरक्षित एवं लाभदायी विकल्प अपनाने के लिए उत्प्रेरित करेगा। उसके पत्र में नकारात्मकता के बीच सकारात्मक ध्वनि का संगीत सुनाई देगा।

ऐसे पत्र में निम्नलिखित बातें होंगी—

1. साख संदर्भों या सूचना की प्राप्ति-सूचना
2. परिस्थिति के अनुकूल पहलुओं के विश्लेषण के साथ साख की स्पष्ट अस्वीकृति
3. कुछ व्यावहारिक या आकर्षक प्रस्तावों के माध्यम से नकद आधार पर आदेश प्राप्त करने का प्रयास
4. नकद खरीद में ग्राहक को मिल सकने वाले लाभों का उल्लेख या कुछ अवधि के लिए नकद आधार पर खरीदकर अपनी साख स्थापित करने की सलाह

उदाहरण प्रस्तुत है —

इन्द्रवदन के० लाखाणी
प्रबंधक
लाखाणी इलेक्ट्रोनिक्स प्रा० लिमिटेड

39, विधानसभा मार्ग
लखनऊ-226001

अशा/लाइ/63/93 ता० 27 जनवरी 1993

प्रिय श्री चन्द्र प्रकाश जी,

हमारे अनुरोध के अनुसार साख-संदर्भ का विवरण भेजने के लिए हम आपके आभारी हैं। साख आधार पर आपके द्वारा मंगवाई गई इलेक्ट्रोनिक मदें भेजने में हमें प्रसन्नता होती, लेकिन वर्तमान परिस्थितियों में हम आपकी अपेक्षानुसार पूर्णत: साख आधार पर माल भेजने में असमर्थ हैं।

हमारा एक सुझाव है। यदि आप, अपने आदेश में थोड़ा परिवर्तन कर रु० 50,000/- के नकद भुगतान की व्यवस्था कर सकें तो हम शेष रु० 50,000- की मदें साख आधार पर भेजने के लिए तैयार हैं। इतना ही नहीं बल्कि नकद भुगतान पर हम आपको 2 प्रतिशत बट्टा भी देंगे। इस तरह से होनेवाली बचत का लाभ आप अपने ग्राहकों को भी दे पाएंगे। थोड़ी-थोड़ी मात्रा में माल मंगवाते रहने से आप अपनी अलमारियों को अद्यतन मदों से सुसज्ज रखकर व्यावसायिक प्रतिस्पर्धा का भी दृढ़ता से मुकाबला कर सकेंगे। इस प्रकार, नकद खरीद के माध्यम से आपको अपने व्यवसाय की जड़ें जमाने में और प्रतिष्ठित स्थान प्राप्त करने में सहायता मिलेगी।

आपके आदेश की जेरोक्स प्रति हम पुनः आपकी सेवा में भेज रहे हैं। एक

बार कृपया निगाह डाल लें और उपर्युक्त सुझाव को ध्यान में रखते हुए अपना संशोधित आदेश हमें शीघ्र भिजवाएं। आपका आदेश मिलते ही हम तत्काल आपूर्ति का प्रबंध करेंगे।

शुभकामनाओं सहित,

आपका

इन्द्रवदन के० लाखाणी

साख संबधी पत्रों की एक और भूमिका—साख संबंधी पत्रों की एक और भूमिका है—कारोबार संवर्धन। इन पत्रों का उपयोग ऐसे ग्राहकों के लिए किया जाता है जिनकी साखपात्रता संदिग्धता से परे है। कुछ प्रतिष्ठित कंपनियां ऐसे ग्राहकों के जीवन में आने वाले विभिन्न सुखद अवसरों जैसे कि—जन्मदिन, लग्न-तिथि, दीवाली, ईद, क्रिसमस जैसे त्योहार आदि पर पत्र लिखकर न केवल शुभ कामनाएं प्रदान करती हैं बल्कि ऐसे साख प्रस्ताव भी रखती हैं जिनसे कारोबार-संवर्धन में सहायता मिले। ऐसे पत्रों में साख प्रस्ताव से संबंधित लाभ की ओर भी इशारा रहता है। यदि साख प्रस्ताव में विकल्प प्रस्तुत किए गए हों तो सुविधा-जनक विकल्प का चयन करने की स्वतंत्रता भी ग्राहक को दी जाती है।

जिन ग्राहकों ने भुगतान में नियमितता एवं शीघ्रता का परिचय दिया हो उनके प्रति सराहना एवं कृतज्ञता की अभिव्यक्ति भी कारोबार-संवर्धन में महत्त्व-पूर्ण भूमिका अदा करती है।

इसी सिलसिले में वे पत्र भी उल्लेखनीय हैं जो अपने ग्राहकों के निष्क्रिय साख खातों को सक्रिय बनाने के उद्देश्य से लिखे जाते हैं। ये पत्र व्यापारियों की सूझ-बूझ एवं दूरदर्शिता से उत्पन्न होते हैं। ये पत्र इस ढंग से लिखे जाते हैं जिससे कि ग्राहक यह महसूस करे कि उसका भी एक महत्त्वपूर्ण स्थान है और यदि वह अपने निष्क्रिय साख खाते को पुनः सक्रिय करता है तो उसे निश्चित रूप से लाभ होगा। हो सकता है कि एक ही पत्र से वांछित परिणाम न निकले और इस परि-स्थिति में लगातार कुछ पत्र लिखने की आवश्यकता उत्पन्न हो लेकिन, सतत प्रयासों के परिणामस्वरूप प्रगति अवश्य होती है। शर्टर ने इसी संदर्भ में शिकागो के एक डिपार्टमेन्टल स्टोर का उल्लेख किया है जिसने 500 निष्क्रिय खातों को 5-5 पत्र लिखे। इनमें से पहले पत्र ने 50, दूसरे पत्र ने 24, तीसरे पत्र ने 48, चौथे पत्र ने 48 और पांचवें पत्र ने 76 खातों को सक्रिय बनाने में योगदान दिया। पत्रों की उपर्युक्त श्रृंखला में पांचवें पत्र का सर्वाधिक फल दृष्टव्य है।

अब हम इन पत्रों के नमूने भी देख लें—

चितरंजन डे
प्रबंधक

अपना बुक स्टोर,
फाउन्टन के पास,
बम्बई—400001

अशा/अप/112/93

ता० 2 अप्रैल 1993

प्रिय विद्याधर जी,

सर्वप्रथम 9 अप्रैल 1993 को आनेवाले आपके जन्मदिन पर हमारी ओर से हार्दिक बधाई एवं मंगल कामनाएं स्वीकार करें।

आपको इस अवसर पर यह जानकर प्रसन्नता होगी कि हमने इस वित्तीय वर्ष से आप जैसे पुस्तकप्रेमियों के लिए एक नई योजना बनायी है। इस योजना के अंतर्गत हमारे मूल्यवान ग्राहक 'अपना बुक स्टोर' में आकर अधिकतम रु० 500/- के मूल्य की मनपसंद पुस्तकों का खरीदने हेतु चयन कर सकते हैं, चयन की हुई पुस्तकों को घर ले जाकर आराम से पढ़ सकते हैं और दो महीने की अवधि के भीतर कीमत का भुगतान कर सकते हैं। यदि चयन की गई पुस्तकों में से कोई पुस्तक पसंद नहीं आई तो उसे लौटाकर उसके स्थान पर उतनी ही कीमत की दूसरी पुस्तक ले सकते हैं।

ध्यान केवल इतना ही रखना होगा कि जब तक भुगतान नहीं हो जाता तब तक पुस्तक खराब नहीं होनी चाहिए अन्यथा पुस्तक वापस रखने में हमें समस्या होगी।

हमारे जो ग्राहक उपर्युक्त अवधि में शीघ्र भुगतान करना चाहेंगे उन्हें हम विशेष रियायत भी देंगे।

आशा है, आप हमारी इस योजना में सम्मिलित होकर इसे सफल बनायेंगे।

आपका
चितरंजन डे

श्री विद्याधर शुक्ल,
'निसर्गदर्शन'
मालाबार हिल,
बम्बई—400006

×

एफ० सी० डिसोज़ा

महा प्रबंधक

सेम्सन स्टेशनरी सप्लायर्स

फोर्ट,

बम्बई—400001

अशा/एफ० सी० डी०/सा/10/93 2 जनवरी 1993

प्रिय श्री पाण्डेय जी,

1992 की विदाई और 1993 के आगमन की मधुरवेला में उन ग्राहकों का स्मरण करते हुए मेरा हृदय खुशियों से भर जाता है जिन्होंने गत वर्ष के दौरान हमें अपार सहयोग दिया। मुझे इस बात का गौरव है कि ऐसे ग्राहकों की श्रेणी में आपका स्थान सबसे आगे है।

अभी पिछले मार्च की ही तो बात है जब आपने हमें पहला आदेश भेजा था। उसके बाद हमारे बीच हुए लेनदेनों में आपने जिस नियमितता और निष्ठा का परिचय दिया उसकी मैं किन शब्दों में प्रशंसा करूं? मुझे विश्वास है कि आपको भी हमारे साथ कारोबार करने में उसी आनंद की अनुभूति हुई होगी जो हमें हुई है।

'धन्यवाद' देने के लिए आज से बढ़कर मंगल दिन और क्या हो सकता है? केवल धन्यवाद ही नहीं, मेरी हार्दिक शुभ कामनाएं भी हैं कि नया वर्ष आपके लिए हर तरह से मंगलमय हो।

आपका

एफ० सी० डिसोज़ा

श्री शिव प्रसाद पाण्डेय,

नीलकंठ स्टेशनरी मार्ट,

आठवा लाइन्स,

सूरत—395001 (गुजरात)

×

शेखर बन्दोपाध्याय,

बिक्री प्रबंधक,

पादुकानिर्माण उद्योग गृह,

चर्मोद्योग नगर,

कानपुर

(उत्तर प्रदेश)

अशा/पाउ/214/93

ता० 5 अक्तूबर 1993

प्रिय सोलंकीजी,

हमने अपनी 25 साल की कारोबार-यात्रा में जिन मित्रों का स्नेह संपादन किया है उनमें आपका भी स्थान है। लेकिन, पिछले कई महीनों में आपका मौन हमें बेचैन कर रहा है।

हम सोचते हैं कि हमारी सेवा में कोई चूक तो नहीं हुई ? यदि ऐसा हो तो कृपया खुलकर बात करें ताकि हम स्थिति में सुधार ला सकें। आप जैसे ग्राहकों का स्नेह और सद्भाव ही तो हमारे लिए सबसे बड़ा संबल है।

यह भी संभव है कि उपर्युक्त अवधि में हमारी मदों की आपको उतनी आवश्यकता न रही हो। लेकिन, दीवाली के पर्व को ध्यान में रखकर तरह-तरह की चप्पलों, बच्चों के जूतों आदि का विपुल मात्रा में वैविध्यपूर्ण निर्माण किया गया है। हमें विश्वास है कि ये चीज़ें आपके ग्राहकों का दिल जीत लेंगी और आपके लिए भी लाभदायी सिद्ध होंगी।

चूंकि भूतकाल में हमें आपकी सेवा करने का सौभाग्य प्राप्त हुआ है, हम आशा करते हैं कि आपका आदेशपत्र हमें पुनः प्राप्त होगा।

आपका

शेखर बन्दोपाध्याय

श्री के० एन० सोलंकी

सोलंकी शू मार्ट,

रिलीफ रोड,

अहमदाबाद—380001

×

बैंकर के पत्र

किसी भी देश के आर्थिक और औद्योगिक विकास में बैंकों की भूमिका महत्त्वपूर्ण होती है। और, भारत ने तो कुछ प्रमुख बैंकों का राष्ट्रीयकरण कर सामाजिक उत्थान की दिशा में भी उसकी उपयोगिता सिद्ध कर दी है। राष्ट्रीयकरण के विपक्ष में भी तर्क प्रस्तुत कर उसकी असफलताओं का चित्रण समय-समय पर किया जाता रहा है लेकिन, इस बात से तो कोई इन्कार नहीं कर सकता कि समाज का अदना आदमी भी बैंकिंग से जुड़ गया है। पैसा जमा कराने के लिए भी लोग अपनी सदियों पुरानी आदत बदल कर बैंकों का सहारा लेने लगे हैं तो दूसरी ओर किसी भी प्रकार का ऋण लेने के लिए बैंकों की ओर नज़र दौड़ाने लगे हैं। इसके अलावा भारतीय बैंकों द्वारा दी जा रही अन्य अनेक सेवाएं भी लोगों को बैंकोन्मुख बना रही हैं। इस परिप्रेक्ष्य में आज का बैंकर न केवल व्यापारियों और उद्योगपतियों के लिए बल्कि समाज के हर तबके के आदमी के लिए मित्र, दार्शनिक और मार्गदर्शक बन गया है। बैंकर का यह महत्त्व है तो बैंकर के पत्रों का क्यों नहीं होगा?

जैसा कि हम अध्याय 2 में देख चुके हैं, बैंकिंग पत्रव्यवहार को हम निम्नलिखित रूपों में बांट सकते हैं :

(1) अंतर बैंक पत्रव्यवहार
(2) अंतः बैंक पत्रव्यवहार या बैंक का आंतरिक पत्रव्यवहार
(3) अन्य संस्थाओं के साथ पत्रव्यवहार और,
(4) ग्राहकों के साथ पत्रव्यवहार

इसमें भी ग्राहकों के साथ किए जानेवाले पत्रव्यवहार को सर्वोच्च स्थान दिया जा सकता है क्योंकि ग्राहक ही किसी भी व्यवसाय या कारोबार की रीढ़ है। यदि ग्राहक ही नहीं है तो व्यवसाय के अस्तित्व की कल्पना भी नहीं की जा सकती। इसी संदर्भ में महात्मा गांधी का निम्नलिखित वाक्य विभिन्न पत्र-पत्रिकाओं या सेवा-संस्थानों में उद्‌धृत किया जाता रहा है—

"ग्राहक हमारे परिसर में आनेवाला एक विशिष्ट व्यक्ति है। वह हमपर आश्रित नहीं, हम उसपर आश्रित हैं। वह हमारे कार्य में बाधक नहीं बल्कि इसका एकमात्र कारण है, इसका एक अंग है। उसकी सेवा करके हम उसपर कोई अहसान नहीं कर रहे, बल्कि वह हमें सेवा का अवसर देकर हमपर अहसान कर रहा है।"

यहां 'बैंकिंग' और 'ग्राहक' दोनों शब्दों पर तात्विक विचार करना आवश्यक है। बैंककारी विनियमन अधिनियम, 1949 (Banking Regulation Act, 1949) की धारा 5 (ख) (Section 5(b)) के अनुसार 'बैंकिंग' से अभिप्रेत

है—"साख या निवेश के लिए, जनता से धन-राशि स्वीकार करना जो मांग पर या अन्यथा प्रतिदेय (Repayable) और चेक, ड्राफ्ट, आदेश या अन्यथा आहरण योग (withdrawable) हो।"[21]

ग्राहक भी उसे नहीं माना गया है जो बैंक में खाता खोलकर केवल एक बार पैसा जमा करा दे या बैंक से मांग ड्राफ्ट खरीदे या डाक/तार अंतरण से धन प्रेषित करे या सुरक्षित जमा कक्ष की सुविधा का लाभ उठाये या यात्री चेक, उपहार चेक आदि के लिए ही बैंक का सहारा ले। "जैसा कि अंग्रेजी शब्द CUSTOM का अर्थ रूढ़ि या परम्परा है उसी प्रकार CUSTOMER उसे माना गया है जो रूढ़िगत रूप से या लगातार बैंकिंग व्यवहार करता आया हो। अतः ग्राहक और बैंकर में पर्याप्त लेन-देन होना चाहिए और यह लेन-देन बैंकिंग सम्बन्धी होना चाहिए। साथ ही ग्राहक का बैंक में खाता होना चाहिए जो कि नियमित रूप से कुछ समय से चलता आ रहा हो।"[22]

जमाकर्ताओं तथा उधारकर्ताओं को बैंक की ओर से मिलने वाली प्रमुख सेवाओं में चेक, ड्राफ्ट, वचनपत्रों, हुंडियों आदि की वसूली, बिलों की खरीद/भुनाई, विभिन्न प्रकार के स्थायी अनुदेशों का पालन जैसे कि बीमा-किस्तों, चंदों, किराये आदि का तथा अन्य प्रयोजन से धन-प्रेषण तथा ऋण और अग्रिम सम्बन्धी सेवाएं उल्लेखनीय हैं। लेकिन, बैंकों द्वारा प्रदान की जाने वाली गौण सेवाओं का क्षेत्र काफी विशाल हो गया है। इसके अंतर्गत सुरक्षित अभिरक्षा, सुरक्षित जमा कक्ष, विभिन्न प्रकार की बैंक गारंटियों, प्रतिभूतियों की खरीद, प्रतिभूतियों/ऋणपत्रों आदि की वसूली, शेयरों पर लाभांश की वसूली, पेंशन बिलों की वसूली, ड्राफ्ट, डाक या तार अंतरण के माध्यम से धनप्रेषण, कार्यपालक या ट्रस्टी के रूप में कार्य, निवेश सुविधाएं तथा नये निर्गमों की हासीदायी, क्रेडिट कार्ड, उपहार चेक, यात्री चेक आदि की सुविधा, यूनिट ट्रस्ट के यूनिटों का विक्रय, विभिन्न प्रकार के कर जमा करने की सुविधा, लोक भविष्य निधि, विद्युत/टेलीफोन बिलों के पैसा जमा कराने आदि का समावेश किया जा सकता है।

ग्राहक के महत्त्वपूर्ण स्थान को ध्यान में रखते हुए उनसे सम्बन्धित पत्रव्यवहार को हम प्रथम ले रहे हैं। इस प्रकार पत्रों के संदर्भ में निम्नलिखित बातें स्मरणीय हैं :

(i) शिष्टता और व्यवहार-कौशल
(ii) गोपनीय या महत्त्वपूर्ण सूचना को प्रकट किए बिना बैंक की स्थिति संतोषजनक ढंग से समझाने का प्रयास
(iii) यथासंभव सरलता
(iv) सद्भावनापूर्ण सम्बन्ध विकसित करने की तत्परता

(v) शिकायत चाहे गलत ही क्यों न हो, ग्राहक की हर शिकायत के प्रति गम्भीरता का परिचय

अब हम कुछ नमूने के पत्र देखेंगे। इन पत्रों में अब नाम, पतों आदि का उल्लेख नहीं किया जाएगा।

(1)

नये ग्राहक का स्वागत

(बैंक का नाम व पता)

सं० सं............

(प्रेषिती का नाम व पता)

प्रिय महोदय,

हमारे लिए सचमुच ही बड़ी प्रसन्नता का विषय है कि आपने हमारी शाखा में अपना खाता खोला है। आपका हम हार्दिक स्वागत करते हैं। पारस्परिक समझ, विश्वास और सद्‌भाव के वातावरण में हमारे स्थायी सम्बन्धों का निर्माण और विकास हो यही इस मधुर बेला में हमारी मंगल कामनाएं हैं।

हम इसके साथ अपनी शाखा द्वारा दी जानेवाली विभिन्न सेवाओं की सूची भेज रहे हैं। इनमें से कई सेवाएं आपके लिए उपयोगी सिद्ध हो सकती हैं।

बैंकिंग विषयक किसी भी मामले में जब कभी हमारे परामर्श या मार्गदर्शन की आवश्यकता हो, आपका हम स्वागत करेंगे। हमारी सेवाओं को बेहतर बनाने के सम्बन्ध में आपके यदि कोई सुझाव हों तो निस्संकोच लिखें।

उत्कृष्ट सेवाओं के लिए सदैव तत्पर,

भवदीय,

( )

शाखा प्रबंधक

संलग्नक : यथोक्त

(2)
संयुक्त खाता खोलने के लिए अनुरोध

(बैंक का नाम व पता)

सं० सं............ ता०................

(प्रेषिती का नाम व पता)

प्रिय महोदय,

विषय : संयुक्त खाता खोलना

हमें दिनांक............का आपका पत्र प्राप्त हुआ जिसमें आपने हमारे यहां अपना खाता परिचालित करने के लिए श्री/श्रीमती.........को प्राधिकृत करने की इच्छा प्रकट की है।

इस संदर्भ में हमारा सुझाव है कि आप अपना खाता संयुक्त खाते में परिवर्तित करवा दें। इसका सबसे बड़ा लाभ यह होगा कि संयुक्त खातेदारों में से किसीके भी दुर्भाग्यपूर्ण निधन पर खाते की शेष रकम, बिना किसी कानूनी औपचारिकता के उत्तरजीवी को मिल सकेगी।

अगर आप सहमत हों तो संलग्न फार्म में सम्बन्धित व्यक्ति के बारे में आवश्यक विवरण देते हुए उनके नमूने के हस्ताक्षर एवं आपके प्रति-हस्ताक्षर सहित उसे हमारे पास भिजवाने का कष्ट करें।

सदैव सर्वोत्तम सेवाओं के लिए तत्पर,

भवदीय,

( )

शाखा प्रबंधक

(3)
अपने खाते में पर्याप्त राशि न रखने वाले ग्राहक को पत्र

(बैंक का नाम व पता)

सं० सं०............ ता०..................

(प्रषिती का नाम व पता)

प्रिय महोदय,

विषय : अपने खाते में अपर्याप्त राशि रखना

हम कई बार इस बात की ओर आपका ध्यान आकृष्ट कर चुके हैं कि अपने

खाते में पर्याप्त जमाराशि है या नहीं इसकी ओर ध्यान दिए बिना आप चेक जारी करते रहते हैं। ऐसी स्थिति में आपके चेक वापस लौटाने के लिए हमें विवश होना पड़ता है।

हम पुनः एक बार याद दिला दें कि पर्याप्त जमाराशि के अभाव में चेक जारी करना नियमों का स्पष्ट उल्लंघन है।

भविष्य में यदि ऐसी स्थिति आयी तो हमें आपको चेक बुक जारी करना बंद करना पड़ेगा। इतना ही नहीं, हमें बाध्य होकर आपका खाता भी बंद करना पड़ सकता है। हमें विश्वास है कि आप हमें सहयोग देंगे और स्थिति को सुधारने के लिए समुचित उपाय करेंगे।

भवदीय
( )
शाखा प्रबंधक

(4)

नये नमूना हस्ताक्षर

(बैंक का नाम व पता)

सं० सं०.................... ता०................

(प्रेषिती का नाम व पता)

प्रिय महोदय,

विषय : आपके नमूना हस्ताक्षर

हमें खेद है कि हमारे यहां आपके खाते (बचत बैंक खाता सं०.........) पर आपके द्वारा आहरित रु०.........का चेक सं०.........दिनांक......... आज लौटाना पड़ा है। लौटाने का कारण यह था कि चेक पर किए गए हस्ताक्षर हमारे यहां आपके द्वारा दर्ज कराए गए हस्ताक्षर से नहीं मिलते हैं। संभव है कि समय बीतने के साथ-साथ आपके हस्ताक्षर में कुछ परिवर्तन हो गया हो। कृपया एक बार शाखा में आकर आपके नये हस्ताक्षर दर्ज करवा दें ताकि हम आपके चेक पारित कर सकें।

भवदीय
( )
शाखा प्रबंधक

(5)

दूसरे के खाते में असावधानीवश हुई जमा

(बैंक का नाम व पता)

सं० सं०............... ता०..................

प्रिय महोदय,

विषय : **आपका............खाता सं०.............**

हमें अपने रिकार्ड से पता चला है कि दिनांक.............को.............. रुपये की रकम आपके खाते में जमा हो गई है। वस्तुतः यह रकम इसी नाम वाले दूसरे खाते में जमा की जानी चाहिए थी। जब सम्बन्धित खातेदार ने इस सम्भावना की ओर हमारा ध्यान आकर्षित किया तब हमने अपनी बहियों का सत्यापन करने पर पाया कि उक्त रकम आपने दिनांक.........के............ रुपये के अपने चेक सं०.............द्वारा दिनांक............को आहरित कर ली है।

हम समझते हैं कि आहरण के समय आपको इस बात की कल्पना भी नहीं होगी कि यह रकम असावधानीवश आपके खाते में जमा हो गई है। अब इस गलती को सुधारकर उक्त रकम को सही खाते में जमा करना आवश्यक हो गया है। अतः आपसे अनुरोध है कि इस पत्र के मिलते ही आप उक्त रकम हमारे पास जमा करा दें।

इस सम्बन्ध में आपको हुई असुविधा के लिए हमें खेद है।

भवदीय

( )

शाखा प्रबंधक

(6)

मीयादी जमा की अवधि समाप्त होने पर ग्राहक को पत्र

(बैंक का नाम व पता)

ता०...............

सं० सं०..............

(प्रेषिती का नाम व पता)

प्रिय महोदय,

विषय : रु०......**की मीयादी जमा रसीद सं०......दिनांक......**

हम आपको सूचित करना चाहते हैं कि आपकी उपर्युक्त जमाराशि की

अवधि दिनांक·········**को पूर्ण हो गई है। इसके निपटान के बारे में हमें आपके आदेश की प्रतीक्षा है।**

आपकी जानकारी के लिए बता दें कि नियत तारीख को जमाराशि का नवीकरण न किया जाए तो उसपर ब्याज नहीं दिया जाता। अतः आपसे प्रार्थना है कि उपर्युक्त जमा रसीद के साथ हमसे मिलें। हमें विश्वास है कि आप उक्त जमाराशि का नवीकरण करना चाहेंगे।

यदि नवीकरण के स्थान पर आप उक्त जमाराशि अपने बचत खाते में जमा कराना चाहते हैं या किसी अन्य ढंग से उपयोग करना चाहते हैं तो हमें तदनुसार आदेश दें।

भवदीय

( )

शाखा प्रबंधक

(7)

मृतक का खाता

(बैंक का नाम व पता)

सं० सं०·········　　　　　　　　ता०·········

प्रिय महोदय,

विषय : **स्वर्गीय श्री············का बचत बैंक खाता**

आपके दिनांक············के पत्र से यह जानकर हमें अत्यंत दुःख हुआ कि आपके पू० पिताजी श्री··················का निधन हो गया है।

उपर्युक्त सूचना मिलते ही हमने उक्त खाते में लेन-देन बंद कर दिया है। उक्त खाते की शेष राशि प्राप्त करने के लिए आप कृपया निम्नलिखित कागजातों के साथ हमारा संपर्क करें—

1. मूल मृत्यु प्रमाण-पत्र
2. सक्षम प्राधिकारी द्वारा जारी उत्तराधिकार प्रमाणपत्र
3. वसीयत

उपर्युक्त कागजात प्राप्त होने पर हम आगे की कार्रवाई करेंगे।

हम आपको पूर्ण सहयोग का आश्वासन देते हैं।

भवदीय

( )

शाखा प्रबंधक

(8)

ओवरड्राफ्ट की अवधि समाप्ति

(बैंक का नाम व पता)

सं० सं०............ **ता०............**

(प्रेषिती का नाम व पता)

प्रिय महोदय,

विषय : **ओवरड्राफ्ट सुविधा**

हम इसके द्वारा सूचित करना चाहते हैं कि आपको मंजूर की गई ओवरड्राफ्ट सुविधा की अवधि...............को समाप्त हो गई है।

आपसे अनुरोध है कि दिनांक............तक खाते का पूर्ण समायोजन करें अन्यथा, आवश्यक कार्रवाई करने के लिए हमें बाध्य होना पड़ेगा।

भवदीय

( )

शाखा प्रबंधक

(9)

आवर्ती जमा खाते की अनियमित किस्तें

(बैंक का नाम व पता)

सं० सं०............ ता०..............

(प्रेषिती का नाम व पता)

प्रिय महोदय,

विषय : **आपका आवर्ती जमा खाता सं०.........**

हमारे रिकार्ड का अवलोकन करने पर पता चला है कि आप अपने उपर्युक्त खाते में किस्तें नियमित रूप से नहीं भर रहे हैं और खाता.........से निष्क्रिय हो गया है। आपको हम याद दिला दें कि किस्तें नियमित रूप से अदा न करने पर नियम सं० ....के अनुसार जुर्माना लगाया जाता है और जुर्माना अदा न करने पर ऐसे खातों में चक्रवृद्धि ब्याज नहीं दिया जाता।

अतः आपसे अनुरोध है कि नियम सं०.........के अनुसार आवश्यक जुर्माने की राशि सहित शेष किस्तों के भुगतान की व्यवस्था करें। यदि आप किसी कारण-

वश अपना खाता जारी रखने में असमर्थ हों तो खाता बंद कर सकते हैं।

इस मामले में हम आपकी ओर से शीघ्र कार्रवाई की अपेक्षा करते हैं।

भवदीय

(   )

शाखा प्रबंधक

(10)

कृषि के लिए ऋण-सुविधा

(बैंक का नाम व पता)

सं० सं०............ ता०............

(प्रेषिती का नाम व पता)

प्रिय महोदय,

विषय : **कृषि के लिए ऋण-सुविधा**

आपका दिनांक............का पत्र प्राप्त हुआ।

कृषि ऋण के बारे में हमारे बैंक से मिलने वाली विभिन्न सुविधाओं की जानकारी आपकी अपेक्षानुसार हम इसके साथ भेज रहे हैं।

आशा है आप हमें सेवा का अवसर प्रदान करेंगे।

भवदीय

(   )

शाखा प्रबंधक

(11)

साख सुविधा

(बैंक का नाम व पता)

सं० सं०............ ता०...............

(प्रेषिती का नाम व पता)

प्रिय महोदय,

विषय : **साख सुविधा**

हमें............से............तक की अवधि के तुलनपत्र और लाभ-हानि लेखा सहित आपका ता०..........का पत्र सं०...........प्राप्त हुआ।

इस संबंध में हमें निम्नलिखित कागज़ात की आवश्यकता है जिसे शीघ्र

भिजवाने की कृपया व्यवस्था करें—

1. आय कर/संपत्ति कर निर्धारण आदेशों की तीन-तीन प्रतियां
2. ....रु० की रकम की बकाया देयताओं का विवरण/अनुसूची
3. फुटकर लेनदारों/देनदारों का विवरण
4. ....रु० तक की जमाराशि के संबंध में ब्योरा

उपर्युक्त कागज़ात मिलने पर हम आगे की कार्रवाई करने में समर्थ हो सकेंगे।

भवदीय

( )

शाखा प्रबंधक

(12)

स्टाक विवरण

(बैंक का नाम व पता)

सं० सं०............ ता०............

(प्रेषिती का नाम व पता)

प्रिय महोदय,

विषय :.........**महीने के लिए स्टाक विवरण**

उपर्युक्त स्टाक विवरण का अवलोकन करने पर यह पाया गया कि हमारे बैंक के पक्ष में आप द्वारा निष्पादित करार की तारीख उसमें नहीं दी गई है। आपने इस बात की भी सूचना नहीं दी है कि माल को लागत मूल्य पर घोषित किया गया है या बिक्री मूल्य पर। कृपया स्टाक विवरण में उस माल की भी सूचना दें जो अत्यंत गतिशील है।

कृपया आगामी विवरणों में हमारी उपर्युक्त आवश्यकताओं का अनुपालन सुनिश्चित करें।

भवदीय

( )

शाखा प्रबंधक

(13)

चेक का भुगतान रोकना

(बैंक का नाम व पता)

सं० सं०............ ता०..................

(प्रेषिती का नाम व पता)

प्रिय महोदय,

विषय : चेक का भुगतान रोकने से संबंधित

उपर्युक्त विषय के संदर्भ में आपका ता०............का पत्र सं०......... प्राप्त हुआ। उसमें आपने ता० 10 जून 1993 के 15,000/- रु० के चेक सं० 614257 का भुगतान रोकने के लिए अनुरोध किया था।

आपकी अपेक्षानुसार उपर्युक्त चेक प्रस्तुत किए जाने पर उसका भुगतान रोकने संबंधी आदेश जारी कर दिए हैं। पूरी सावधानी के बावजूद यदि गलती से उसका भुगतान हो जाता है तो इसके लिए बैंक उत्तरदायी नहीं होगा।

भवदीय

( )

शाखा प्रबंधक

(14)

लॉकर की सुविधा

(बैंक का नाम व पता)

सं० सं०............ ता०............

(प्रेषिती का नाम व पता)

प्रिय महोदय,

आपका ता०............का पत्र प्राप्त हुआ जिसमें आपने लॉकर की उपलब्धता के बारे में पूछताछ की है। हमें यह सूचित करते हुए प्रसन्नता हो रही है कि हमारी शाखा में इस समय लॉकर उपलब्ध हैं। इसके लिए मोटे तौर पर निम्नलिखित नियम हैं—

1. हम प्रति वर्ग मीटर.........रुपया किराया लेते हैं जो पूरे वर्ष के लिए अग्रिम ही देना पड़ता है।

2. प्रत्येक लॉकर की दो चाबियां रहती हैं, जिनमें से एक ग्राहक के पास और दूसरी हमारे पास रहती है।
3. हम अपने ग्राहकों को अपनी मूल्यवान वस्तुएं जमा कराने या निकालने की सुविधा सप्ताह में एक बार निर्धारित समय के अनुसार प्रदान करते हैं।

तथापि, विशेष मार्गदर्शन के लिए शाखा में आप कभी भी आ सकते हैं। आशा है आप हमें सेवा का अवसर प्रदान करेंगे।

भवदीय

( )

शाखा प्रबंधक

(15)
लॉकर की चाबी खो जाना

(बैंक का नाम व पता)

सं० सं०............ ता०............

(प्रेषिती का नाम व पता)

प्रिय महोदय,

विषय : लॉकर सं०............

कृपया आप ता०.........का अपना पत्र देखें, जिसमें आपने अपने उपर्युक्त लॉकर की चाबी खो जाने की सूचना दी है।

उपर्युक्त लॉकर तोड़कर खोलने और पुन: उसे ताला लगाने योग्य बनाने की व्यवस्था पर होने वाले खर्च के लिए आप कृपया.........रुपये की राशि जमा कराएं। वास्तविक खर्च के आधार पर अंतिम निपटान के समय उचित समायोजन (दावा/वापसी, जो भी हो) किया जाएगा।

इस संबंध में लॉकर की आपूर्ति करने वाली कंपनी ने हमें सूचित किया है कि उनका मिस्त्री ता०.........को.........बजे लॉकर तोड़कर खोलने के लिए आएगा। अत: आपसे अनुरोध है कि आप उस समय उपस्थित रहें। कृपया इसकी पुष्टि करें ताकि हम आगे भी कार्रवाई कर सकें।

आपके उत्तर की हम प्रतीक्षा करेंगे।

भवदीय

( )

शाखा प्रबंधक

(16)

एक शिकायती पत्र का उत्तर

(बैंक का नाम व पता)

सं० सं०············ ता०···········

(प्रेषिती का नाम व पता)

प्रिय महोदय,

ता०············का आपका शिकायती पत्र

आपने हमारी········शाखा के शाखा प्रबंधक को लिखित पत्र की प्रतिलिपि हमें मिली। यदि हमारा लिपिक अशिष्ट व्यवहार करता है और ग्राहकों को पास-बुक देने में जान-बूझकर देरी करता है तो आपकी नाराज़गी बिलकुल उचित है।

आपका पत्र मिलते ही हमने अपने शाखा प्रबंधक को पत्र लिखा है और उनसे आपकी शिकायत के बारे में पूरा ब्योरा मंगाया है। अगले सप्ताह तक उनकी ओर से उत्तर मिलने की आशा है।

जब तक सारी वस्तुस्थिति हमारे सामने नहीं आ जाती तब तक आपसे अनुरोध है कि आप अपना खाता बंद न करें। आशा है आप हमारे इस अनुरोध को स्वीकार करेंगे।

भवदीय

( )

शाखा प्रबंधक

अंतर बैंक पत्रव्यवहार

इसके अंतर्गत दो बैंकों के बीच होने वाले पत्रव्यवहार का समावेश होता है। भारतीय रिज़र्व बैंक, भारतीय औद्योगिक विकास बैंक, राष्ट्रीय कृषि एवं ग्रामीण विकास बैंक आदि के साथ भी बैंकों को विभिन्न अवसरों पर पत्रव्यवहार करना पड़ता है। ये पत्र भी इसी श्रेणी में आते हैं।

इसमें साखपात्रता संबंधी पूछताछ एवं उनके उत्तरों का बहुत बड़ा हिस्सा रहता है। यह तो हम पहले ही देख चुके हैं कि ऐसे पत्रों का लेन-देन दो बैंकों के बीच ही होता है।

अंतर बैंक पत्रव्यवहार के कुछ उदाहरण प्रस्तुत हैं—

(1)

साख रिपोर्ट

(बैंक का नाम व पता)

सं० सं०............ ता०............

अत्यंत गोपनीय

(पाने वाले बैंक का नाम व पता)

प्रिय महोदय,

विषय : **सर्वश्री........................की साख रिपोर्ट**

उपर्युक्त विषयक आपके ता०.........के पत्र के संदर्भ में हम इसके साथ उपर्युक्त कंपनी/पार्टी की साख रिपोर्ट भेज रहे हैं।

कृपया नोट करें कि यह सूचना अत्यंत गोपनीय है, जिसके लिए बैंक एवं उसके किसी भी अधिकारी का कोई उत्तरदायित्व नहीं होगा।

कृपया इस शर्त पर भी ध्यान दें कि बैंक की लिखित पूर्वानुमति के बिना इसकी विषयवस्तु प्रकट नहीं की जाएगी।

भवदीय

( )

शाखा प्रबंधक

(2)

सूचना मंगवाना

(बैंक का नाम व पता)

सं० सं०............ ता०...............

(अन्य बैंक के कार्मिक विभाग को संबोधित)

प्रिय महोदय,

विषय : **विशेषज्ञ अधिकारियों की पदोन्नति**

हम अपने बैंक के विशेषज्ञ श्रेणी के अधिकारियों के लिए एक अलग पदोन्नति नीति बनाने के प्रश्न पर विचार कर रहे हैं। अतः हम आपसे यह जानना चाहते हैं कि क्या आपके बैंक में विशेषज्ञ अधिकारियों के लिए इस प्रकार की कोई नीति विद्यमान है। यदि हो तो, इसके मानदंड क्या हैं?

आपसे अनुरोध है कि उपर्युक्त सूचना हमें शीघ्र भिजवाने का कष्ट करें ताकि

हमें इस संबंध में निर्णय लेने में सुविधा हो।

धन्यवाद सहित,

भवदीय

( )

मुख्य प्रबंधक

(कार्मिक)

(3)

वार्षिक रिपोर्ट मंगवाना

(बैंक का नाम व पता)

सं० सं०............ ता०............

(पाने वाले बैंक का नाम व पता)

प्रिय महोदय,

विषय : **आपके बैंक की वार्षिक रिपोर्ट**

.........के वर्ष के लिए आपके बैंक की वार्षिक रिपोर्ट यदि प्रकाशित हो गई हो तो उसकी एक प्रति हमें भिजवाने की कृपा करें।

धन्यवाद।

भवदीय

( )

जनसंपर्क अधिकारी

(4)

हस्ताक्षर का सत्यापन

(बैंक का नाम व पता)

सं० सं०............ ता०........

(पाने वाले बैंक का नाम व पता)

प्रिय महोदय,

श्री............जो कि मूलत: कलकत्ता के हैं और जो वर्तमान में बम्बई में रहते हैं, ने सूचित किया है कि उनका आपके बैंक में कई साल तक बचत खाता था। हम इसके साथ संलग्न कार्ड में उनके हस्ताक्षर भेज रहे हैं, जिसे सत्यापित कर कार्ड हमें लौटाने की कृपा करें।

आपकी सुविधा के लिए टिकट लगाया हुआ पतालिखित लिफाफा भी साथ में भेज रहे हैं।

आपके उत्तर की प्रतीक्षा है।

भवदीय

( )

शाखा प्रबंधक

(5)

बैठक में निमंत्रण

(बैंक का नाम व पता)

सं० सं०............ ता०............

प्रिय महोदय,

विषय : **प्रशिक्षण उपसमिति की बैठक**

जैसा कि हम आपको पहले सूचित कर चुके हैं, बैंक नगर राजभाषा कार्यान्वयन समिति के तत्वावधान में वर्ष के दौरान संचालित किए जाने वाले विभिन्न प्रशिक्षण कार्यक्रमों के लिए एक उपसमिति गठित की गई है। इस उपसमिति, जिसके आप भी एक सदस्य हैं, की पहली बैठक......वार, ता०..........को दोपहर तीन बजे................................में आयोजित की जाएगी। बैठक की कार्यसूची संलग्न है।

कृपया बैठक में उपस्थित रहकर हमारा मार्गदर्शन करें।

भवदीय

( )

सदस्य-सचिव

बैंक नगर राजभाषा कार्यान्वयन समिति

(6)

त्रिमासिक विवरणी भेजने के संबंध में

(बैंक का नाम व पता)

सं० सं०............ ता०...............

मुख्य अधिकारी
बैंकिंग परिचालन और विकास विभाग,
भारतीय रिज़र्व बैंक,
केन्द्रीय कार्यालय,
'दि आर्केड', विश्व व्यापार केन्द्र,
कफ परेड, कोलाबा,
बम्बई-400005

प्रिय महोदय,

विषय : हिन्दी के कार्यान्वयन से संबंधित तिमाही प्रगति रिपोर्ट

हम इसके साथ 31 मार्च 1993 को समाप्त तिमाही के लिए अपने बैंक की 'क' 'ख' और 'ग' क्षेत्र की हिन्दी के कार्यान्वयन से संबंधित तिमाही प्रगति रिपोर्ट भेज रहे हैं। आपके निर्देशानुसार तीनों क्षेत्रों की रिपोर्टें अलग-अलग रूप से प्रस्तुत की गई हैं।

कृपया पावती दें।

भवदीय

महा प्रबंधक
(राजभाषा)

अंतः बैंक पत्रव्यवहार या बैंक का आंतरिक पत्रव्यवहार

बैंकों के राष्ट्रीयकरण के बाद बैंक शाखाओं का अभूतपूर्व विस्तार हुआ है। दूसरी ओर कारोबार में भी इतना वैविध्य आया है कि आज बैंकों के प्रशासनिक कार्यालयों एवं शाखाओं के बीच समुचित संप्रेषण की जितनी आवश्यकता है उतनी शायद पहले कभी नहीं रही होगी। अंतः बैंक पत्रव्यवहार या बैंक के आंतरिक पत्रव्यवहार की वृद्धि के मूल में सुस्पष्ट नीतियों, संहिताओं, नियमों आदि पर आधारित उत्तम प्रबंध-व्यवस्था तथा कार्य-संचालन की आवश्यकता है।

इस प्रकार के पत्राचार में सौजन्य, संस्थागत शिष्टता आदि के द्वारा एक कार्यसंस्कृति के दर्शन होते हैं।

कुछ उदाहरण प्रस्तुत हैं।

(1)
खाते का अंतरण

(बैंक शाखा का नाम व पता)

सं० सं०············ **ता०**···············

शाखा प्रबंधक

······················

······················

प्रिय महोदय,

विषय : **श्री**······························**के बचत बैंक खाता**

सं०························**का अंतरण**

श्री······························जिनका बचत बैंक खाता सं०·········हमारी

शाखा में था, का स्थानांतरण..................में हो गया है। इस सन्दर्भ में उन्होंने अपना उपर्युक्त खाता आपकी शाखा में अंतरित करने के लिए अनुरोध किया है।

अत: हम इसके साथ उनका खाता खोलने का फार्म, नमूना हस्ताक्षर कार्ड और उक्त खाते में शेष जमाराशि का अंतरण ड्राफ्ट (जिसमें आज की तारीख तक के ब्याज की राशि शामिल है) भेज रहे हैं।

कृपया आप अपनी शाखा में उनका बचत बैंक खाता खोलने की व्यवस्था करें और श्री..................को निम्नलिखित पते पर इसकी सूचना दें :

श्री.......................
....
....

कृपया प्राप्ति-सूचना दें।

भवदीय

शाखा प्रबंधक

(2)

मीयादी जमारसीद पर ग्रहणाधिकार

(बैंक शाखा का नाम व पता)

सं० सं०................ ता०...........

शाखा प्रबंधक
....
....
....

प्रिय महोदय,

विषय : **श्री........................ की मीयादी जमा रसीद सं०......................**

हमने आपके द्वारा श्री...............के नाम से जारी की गई मीयादी जमा रसीद सं०..............पर............रुपये का ऋण प्रदान किया है। अत: आपसे अनुरोध है कि आप अपने रजिस्टरों में उपर्युक्त रसीद पर हमारे ग्रहणा-

धिकार का उल्लेख करें और जमाकर्ता के हस्ताक्षर का भी सत्यापन करें। आवश्यक टिप्पणी लिखने के बाद कृपया रसीद हमें लौटा दें।

भवदीय

शाखा प्रबंधक

(3)

स्थानांतरित कर्मचारी का विवरण मंगवाना

(बैंक शाखा का नाम व पता)

शाखा प्रबंधक,
....
....
....

प्रिय महोदय,

विषय : स्थानांतरित लिपिक कर्मचारी
श्री..........................का
वेतन और अवकाश विवरण

प्रिय महोदय,

..............कार्यालय के ता०............के ज्ञापन सं०............ के अनुसार श्री....................., जो कि पहले आपकी शाखा में टंकक व लिपिक के रूप में कार्यरत थे, का इस शाखा में स्थानांतरण किया गया है। और, उन्होंने तदनुसार ता०..............से कार्यभार भी ग्रहण कर लिया है।

कृपया उनके वेतन एवं अवकाश सम्बन्धी विवरण हमें शीघ्र भिजवाएं।

भवदीय

शाखा प्रबंधक

(4)

तार अंतरण की प्रक्रिया में विलंब

(बैंक शाखा का नाम व पता)

सं० सं०...............   **ता०**...............

शाखा प्रबंधक

....

....

....

प्रिय महोदय,

विषय : तार अंतरण की प्रक्रिया में विलंब

हमने पाया है कि श्री......................के खाते में जमा करने हेतु जब कभी आप तार अंतरण के माध्यम से हमें सूचना देते हैं तब उसकी प्राप्ति में विलंब हो जाता है। फलत: हम तार अंतरण की राशि उनके खाते में तत्काल जमा करने में असमर्थ रहते हैं। इससे उनका असंतोष बढ़ता चला जा रहा है।

आपसे अनुरोध है कि डाक-तार विभाग से इस सम्बन्ध में छानबीन कर पता लगाएं कि ऐसा क्यों हो रहा है। कृपया इस सन्दर्भ में तुरन्त आवश्यक कार्रवाई करें अन्यथा ग्राहक के साथ बैंक के सम्बन्धों पर प्रतिकूल असर पड़ेगा।

भवदीय

शाखा प्रबंधक

(5)

बी० आर० 1 मंगवाना

(शाखा का नाम व पता)

सं० सं०......................   **ता०**...............

शाखा प्रबंधक,

....

....

....

प्रिय महोदय,

विषय : **बी० आर 1 भेजना**

आपके ता०...............के पत्र सं०...............के संदर्भ में हमने

आपको निम्नलिखित पुस्तक भिजवायी थी—

पुस्तक का नाम..............................
लेखक..................................
मूल्य रु०..................................

इस सन्दर्भ में हमने आपसे............रु० का बी० आर० 1 भिजवाने का अनुरोध किया था लेकिन, अभी तक आपकी ओर से उक्त राशि का बी० आर० 1 हमें नहीं मिला है।

कृपया पत्र मिलते ही बी० आर० 1 भिजवाने की व्यवस्था करें ताकि राशि को अविलंब समायोजित किया जा सके।

भवदीय

शाखा प्रबंधक

(6)
साख प्रस्ताव से सम्बन्धित अन्य विवरण मंगवाना

(बैंक के क्षेत्रीय/अंचल कार्यालय का नाम व पता)

सं० सं०...................... ता०................

शाखा प्रबंधक
....
....
....

प्रिय महोदय,

विषय : ....**का साख प्रस्ताव**

आपके द्वारा अग्रेषित उपर्युक्त पार्टी का साख प्रस्ताव हमें मिला है। लेकिन, इस सम्बन्ध में जब तक निम्नलिखित विवरण/सूचना आपसे नहीं मिलेंगे/मिलेंगी तब तक इस प्रस्ताव पर विचार करना हमारे लिए संभव नहीं होगा!

1.
2.
3.

कृपया अपेक्षित विवरण/सूचना शीघ्र भिजवाएं।

भवदीय

क्षेत्रीय प्रबंधक

(7)

निरीक्षण रिपोर्ट में निर्दिष्ट कमियां/अनियमितता

(प्रशासनिक कार्यालय का नाम व पता)

सं० सं०........................ ता०...............

शाखा प्रबंधक,

....

....

....

प्रिय महोदय,

आपकी शाखा की निरीक्षण रिपोर्ट

हमारे बैंक के निरीक्षण एवं आंतरिक लेखा परीक्षा विभाग के निरीक्षकों द्वारा ता०...............से ता०...................तक आपकी शाखा का जो निरीक्षण किया गया था उसकी रिपोर्ट हमें प्राप्त हुई है। रिपोर्ट में निम्नलिखित अनियमितताओं का उल्लेख किया गया है—

1. सुरक्षा व्यवस्था निर्धारित मानदंडों के अनुसार नहीं है।
2. उचंत खातों का समायोजन काफी विलंब से होता है।
3. कर्मचारियों की निजी फाइलें व्यवस्थित नहीं रखी जा रही हैं।
4. ....
5. ....आदि

उपर्युक्त अनियमितताओं के कारणों का उल्लेख करते हुए कृपया उन पर तुरन्त सुधारात्मक कार्रवाई करें और उसकी विस्तृत रिपोर्ट हमें भेजें।

भवदीय

क्षेत्रीय प्रबंधक

(8)

ऋण सीमाओं का नवीकरण

(प्रशासनिक कार्यालय का नाम व पता)

सं० सं०.......................   ता०............

शाखा प्रबंधक

....

....

प्रिय महोदय,

विषय : ऋण सीमाओं का नवीकरण

आपकी शाखा की विभिन्न पार्टियों की ऋण सीमाएं, जिनका नवीकरण शेष है, अभी तक नवीकरण के लिए हमारे पास नहीं भेजी गई हैं।

कृपया ऐसी सीमाओं के नवीकरण-प्रस्ताव हमें शीघ्र भेजें ताकि आवश्यक कार्रवाई की जा सके।

भवदीय

क्षेत्रीय प्रबंधक

(9)

अस्पताल में भर्ती से संबद्ध बिल की प्रतिपूर्ति

(बैंक के प्रशासनिक कार्यालय
का कार्मिक विभाग)

सं० सं०......................   ता०..................

मुख्य प्रबंधक

........................विभाग,

प्रधान कार्यालय,

....

प्रिय महोदय,

विषय : श्री......................के अस्पताल
में भर्ती होने से संबद्ध बिल

आपके विभाग में कार्यरत श्री..................के अस्पताल में भर्ती होने

से संबद्ध बिलों की जांच करने के बाद आपको सलाह दी जाती है कि उनके द्वारा दावा की गई..........रुपये की रकम में से नियमानुसार............रुपये की प्रतिपूर्ति की जाए।

भवदीय

मुख्य प्रबंधक
कार्मिक

अन्य संस्थाओं के साथ पत्रव्यवहार

बैंकों के इन पत्रों में मुख्यत: केन्द्र सरकार, राज्य सरकारों एवं विभिन्न वित्तीय संस्थाओं के साथ होनेवाले पत्रव्यवहार का समावेश होता है। एक ओर केन्द्र सरकार की नीतियों के अनुसार राष्ट्रीयकृत बैंकों को अपनी कार्यप्रणाली तय करनी पड़ती है तो दूसरी ओर राज्य सरकारों की विभिन्न एजेंसियों एवं वित्तीय संस्थाओं के साथ भी उन्हें तालमेल बिठाना होता है। हां, उदारीकरण की वर्तमान प्रक्रिया और प्रतिस्पर्धा के उभरते हुए वातावरण में राष्ट्रीयकृत बैंकों के ढांचे में महत्त्वपूर्ण परिवर्तन होने जा रहे हैं। इस परिस्थिति में बैंकों पर सरकारी पकड़ कुछ हद तक ढीली अवश्य होगी। बैंकों का भावी मार्ग तो भविष्य ही निर्धारित करेगा।

फिलहाल तो, वर्तमान दृश्य के आधार पर इस श्रेणी के कुछ पत्र यहां प्रस्तुत हैं। इनमें अन्य सामाजिक, शैक्षणिक या अन्य संस्थाओं के साथ होनेवाला पत्र-व्यवहार भी उल्लेखनीय है।

(1)

प्रधान कार्यालय की तिमाही रिपोर्ट

(बैंक का नाम व पता)

सं० सं०................ ता०................

उप-निदेशक (हिन्दी)
बैंकिंग प्रभाग,
वित्त मंत्रालय,
भारत सरकार,
"जीवन दीप",
पार्लियामेंट स्ट्रीट,
नई दिल्ली-110001

प्रिय महोदय,

प्रधान कार्यालय की तिमाही प्रगति रिपोर्ट

हम इसके साथ 30 जून 1993 की समाप्त तिमाही के लिए अपने प्रधान कार्यालय की हिन्दी के प्रयोग से सम्बन्धित रिपोर्ट भेज रहे हैं।

कृपया प्राप्ति-सूचना भेजें।

भवदीय

( )

महा प्रबंधक

(राजभाषा)

(2)

बम-विस्फोटों से प्रभावित परिवारों की सहायता

(बैंक का नाम व पता)

सं० सं०................ ता०................

सचिव,

वित्त मंत्रालय,

महाराष्ट्र शासन

....

....

बम्बई

प्रिय महोदय,

विषय : राज्य स्तरीय बैंकर समिति की विशेष बैठक

जनवरी 1993 में बम्बई में हुए बम विस्फोटों से प्रभावित परिवारों को सरकारी निदेशानुसार वित्तीय सहायता के संवितरण की समीक्षा करने के उद्देश्य से.........वार, ता०.........को दोपहर 3.00 बजे राज्य स्तरीय बैंकर समिति की एक विशेष बैठक का आयोजन...........बैंक के प्रधान कार्यालय के मंडल सभागृह में किया गया है। इस बैठक में भारत सरकार के माननीय वित्त राज्य मंत्री श्री.......................भाग लेंगे।

उक्त बैठक में आप स्वयं भाग लेने की कृपा करें। यदि किसी कारणवश आपके लिए भाग लेना संभव न हो तो कृपया आपके मंत्रालय का उचित प्रतिनिधित्व सुनिश्चित करें।

भवदीय

( )

अध्यक्ष एवं प्रबंध निदेशक

(3)

समन्वित ग्रामीण विकास कार्यक्रम

(राष्ट्रीय कृषि और ग्रामीण विकास बैंक का पता)

सं० सं०.............. ता०..............

(पाने वाले बैंक का नाम व पता)

प्रिय महोदय,

विषय : **समन्वित ग्रामीण विकास कार्यक्रम पुर्नवित्त**

कृपया आप उक्त कार्यक्रम के सम्बन्ध में ता०..............का अपना आहरण आवेदन-पत्र सं०............देखें।

हम यह सूचित करते हैं कि भारतीय रिज़र्व बैंक, बम्बई /..............में आपके चालू खाते में जमा लिखकर ता०..............को.............. रुपये का पुर्नवित्त आपको जारी कर दिया गया है। चुकौती का कार्यक्रम नीचे दिया गया है—

तारीख	रुपये

भवदीय

(............)

मुख्य अधिकारी

(4)

स्व-रोज़गार योजना के अन्तर्गत ऋण

(शाखा का नाम व पता)

सं० सं०.............. ता०..............

महा प्रबंधक,

जिला उद्योग केन्द्र,

....

....

प्रिय महोदय,

विषय : **स्वरोजगार योजना के अन्तर्गत सर्वश्री........**
और.....................के आवेदन

आपके ता०...............के उपर्युक्त विषयक पत्र सं०............के संदर्भ में हम उपर्युक्त आवेदकों के आवेदन निम्नलिखित कारणों से लौटा रहे हैं—

1. आवेदकों ने अपने आवेदन में हस्ताक्षर नहीं किए हैं।
2. उनके फोटोग्राफों को प्रमाणित नहीं किया गया है।
3. आवेदकों ने आय-प्रमाणपत्र अपने आवेदनों के साथ नहीं जोड़े हैं।
4. उपर्युक्त आवेदकों में से श्री...............ने इसी ऋण योजना के अन्तर्गत...............बैंक में भी आवेदन किया है।

कृपया पावती दें।

भवदीय

( )

शाखा प्रबंधक

(5)

अनुवाद ब्यूरो को सामग्री भेजना

(बैंक के प्रधान कार्यालय का पता)

सं० सं०............... ता०...............

निदेशक,
केन्द्रीय अनुवाद ब्यूरो,
....
....
....

प्रिय महोदय,

विषय : **हिन्दी अनुवाद**

सरकारी कार्यालयों और उपक्रमों को आपके द्वारा प्रदान की जा रही अनुवाद-सेवाओं के अन्तर्गत हम अपने बैंक की निम्नलिखित सामग्री की दो-दो प्रतियां हिन्दी अनुवाद के लिए भेज रहे हैं—

1.
2.

साथ में, हमारे बैंक द्वारा प्रकाशित अंग्रेजी-हिन्दी शब्दावली, जिसमें प्रचलित संक्षेपाक्षर भी शामिल हैं, की दो प्रतियां भी सन्दर्भ के लिए भेज रहे हैं।

आपसे अनुरोध है कि उपर्युक्त पुस्तिकाओं का हिन्दी अनुवाद हमें शीघ्र भिजवाने की व्यवस्था करें ताकि उसे नियमानुसार द्विभाषिक रूप में मुद्रित करने की व्यवस्था की जा सके।

भवदीय

( )

महा प्रबंधक

(राजभाषा)

(6)

शाखा परिसर का बीमा

(शाखा का नाम व पता)

सं० सं०········ ····· ता०···············

महा प्रबंधक

·····················बीमा कंपनी

·····················

·····················

प्रिय महोदय,

विषय : शाखा परिसर का बीमा

हाल ही में खुली अपनी उपर्युक्त शाखा के परिसर का हम बीमा कराना चाहते हैं जिससे कि आग, चोरी जैसी स्थितियों में बैंक की सुरक्षा प्राप्त हो सके।

हमारे परिसर का बाजार मूल्य रु०···········है और रु०···········के लिए उसका बीमा कराना है।

उपर्युक्त उद्देश्य को ध्यान में रखते हुए अपनी विभिन्न बीमा योजनाओं की जानकारी कृपया हमें यथाशीघ्र भिजवाएं।

आपके सहयोग की अपेक्षा है।

भवदीय

( )

शाखा प्रबंधक

×

बैंकिंग पत्रव्यवहार का क्षेत्र अत्यन्त व्यापक है और कम-से-कम भारतीय बैंकिंग के लिए तो कहा जा सकता है कि कोई भी विषय ऐसा नहीं होगा जो

उसकी परिधि में न आता हो। इस परिस्थिति में बैंकिग के हर पहलू को लेकर पत्रों के उदाहरण प्रस्तुत करना व्यावहारिक दृष्टि से संभव नहीं है। इसीलिए, प्रत्येक श्रेणी या वर्ग के कुछ पत्रों तक ही हमें अपने आपको सीमित रखना पड़ा है। लेकिन, हमें विश्वास है कि प्रस्तुत उदाहरणों से बैंकिंग पत्रव्यवहार के स्वरूप का सम्यक् परिचय प्राप्त हो सकेगा।

संदर्भ :

1. 'प्राज्ञ पाठमाला'—राजभाषा विभाग, गृह मंत्रालय, भारत सरकार, नई दिल्ली—1984, पृ० 31
2. (i) Modern Business Correspondence'—L. Gartside—Fourth Edition—1989, P. 325
   (ii) 'Chambers's Twentieth Century Dictionary'—William Gaddie—1964, P. 663
3. 'Modern Business Correspondence'—L. Gartside—Fourth Edition—1989, P. 325
4. 'बैंकिंग पत्रव्यवहार'—भारतीय रिज़र्व बैंक—पहला संस्करण—1985, पृ० 44
5. 'प्राज्ञ पाठमाला'—राजभाषा विभाग, गृह मंत्रालय, भारत सरकार—1984, पृ० 42
6. 'बैंकिंग उन्मुख हिन्दी'—पहला पाठ्यक्रम—भारतीय रिज़र्व बैंक—प्रथम संस्करण—1981, पृ० 119
7. 'Effective Letters in Business'—Robert L. Shurter—Second Edition—1989, P. 231
8. Mdoern Business Correspondence'—L. Gartside—Fourth Edition—1989, P. 325
9. 'Chambers's Twentieth Century Dictionary'—Allied Publishers—First Indian Edition—1964, P. 191
10. 'A manual of Bank Correspondence'—Aspi Doctor—Fifth Edition—1979, P. 177
11. 'बैंकिग पत्रव्यवहार'—भारतीय रिज़र्व बैंक—पहला संस्करण—1955, पृ० 56
12. 'बैंकिग पत्रव्यवहार'—भारतीय रिज़र्व बैंक—पहला संस्करण—1985, पृ० 48

13. 'बैंकिग उन्मुख हिन्दी'—पहला पाठ्यक्रम—भारतीय रिज़र्व बैंक—प्रथम संस्करण—1981, पृ० 132
14. 'Modern Business Correspondence'—L. Gartside—Fourth Edition—1989, P. 256
15. 'Effective Letters in Business'—Robert L. Shurter—Second Edition—1889, P. 138
16. 'Modern Business Correspondence'—L. Gartside—4th Edition—1989, P. 446
17. 'Principles and Practice of Business Communication'—Rhoda Doctor & Aspi Doctor—16th Edition—1991, P. 339
18. 'Effective Letters in Business'—Robert L. Surter—Second Edition—1989, P. 138
19. भारतीय बैंक संघ के दिशानिर्देशों के अनुसार पार्टी के वित्तीय साधनों की स्थिति निम्नलिखित कोड के रूप में दर्शायी जा सकती है—

वित्तीय साधन	शुद्ध मालियत रु०
1. अत्यल्प (Very Small)	10,000
2. अल्प (Small)	25,000
3. मध्यम (Moderate)	50,000
4. मध्यम से ठीक (Moderate to Fair)	1,00,000
5. ठीक (Fair)	2,00,000
6. ठीक से अच्छे (Fair to Good)	3,00,000
7. अच्छे (Good)	5,00,000
8. बहुत अच्छे (Very Good)	10,00,000
9. बड़े (Large)	25,00,000
10. बहुत बड़े (Very Large)	50,00,000

20. 'Effective Letters in Business'—Robert L. Shurter—Second Edition—1989, P. 145
21. 'सामान्य बैंकिग'—इंडियन इन्स्टीच्युट ऑफ बैंकर्स—प्रथम आवृत्ति—1990, पृ० 49
22. वही, पृष्ठ 50

अध्याय-5

रिपोर्ट या प्रतिवेदन

पृष्ठभूमि

एक समय था जब कि व्यक्ति का जीवन और कार्य एक स्थान और एक क्षेत्र तक सीमित था। लेकिन, ज्ञान-विज्ञान के आविष्कारों और प्रचार माध्यमों के अभूतपूर्व विकास ने उन सभी भौतिक सीमाओं का अतिक्रमण करने और दूर-सुदूर के प्रदेशों और देशों से संपर्क स्थापित करने के लिए उसे विवश कर दिया। व्यवसाय या कारोबार की आवश्यकताएं और जटिलताएं, विशेष रूप से औद्योगिक और व्यापारिक क्रांतियों के बाद, बढ़ती चली गईं। बैंकों, वित्तीय संस्थाओं, प्रतिष्ठानों, फर्मों, कंपनियों आदि का आविर्भाव होने लगा। 'एकोऽहं बहुस्याम्' की मानो यह व्यावहारिक परिणति थी।

एकमात्र व्यापारी के लिए यह संभव हो सकता है कि बिक्री और खरीद संबंधी बाज़ार-प्रवृत्तियों की उसे स्वयं ही पूरी जानकारी हो या वह कारोबार के विस्तार के साथ रोज़ शाम को अपने सहायकों से वह आवश्यक जानकारी प्राप्त कर लेता हो लेकिन, आज जिस व्यापारिक संस्थान की शाखाएं देश-विदेश में फैली हों उसके अध्यक्ष एवं प्रबंध निदेशक या प्रबंध निदेशक के लिए परंपरागत तौर-तरीकों से संस्थान के भीतर व बाहर की जानकारी जुटाना संभव नहीं है। उसे अपने शाखा प्रबंधकों, क्षेत्रीय प्रबंधकों, अंचल प्रबंधकों, विभागीय प्रमुखों आदि की रिपोर्टों पर अवलंबित रहना ही पड़ेगा।

शीर्ष कार्यपालक का कर्तव्य केवल रिपोर्ट प्राप्त करने तक ही सीमित नहीं है, उसे भी समय-समय पर अपने निदेशकों के समक्ष विभिन्न प्रकार की रिपोर्टें पेश करनी पड़ती हैं और वर्ष के अंत में वार्षिक सामान्य बैठक में साल-भर की गतिविधियों का लेखा-जोखा प्रस्तुत करना पड़ता है। और, यह तो सर्वविदित ही है कि सरकारी बैंकों की वार्षिक रिपोर्टें तो संसद के पटल पर रखी जाती हैं।

आज जीवन का कोई भी क्षेत्र ऐसा नहीं होगा जहां रिपोर्टों का प्रचलन न

हो। जहां शासन-प्रशासन की बात आई वहां विभिन्न स्तरों पर भिन्न-भिन्न प्रकार की रिपोर्टों के तैयार करने-कराने की बात सहज ही जुड़ जाती है।

रिपोर्ट किसे कहते हैं ?

(1) अंग्रेजी शब्दकोश[1] में दिए गए 'रिपोर्ट' शब्द के निम्नलिखित अर्थ द्रष्टव्य हैं :

— to bring back, as an answer, news, or account of anything

अर्थात् उत्तर के रूप में कोई समाचार या वृत्तान्त लाना

— to give an account of especially a formal, official or calledfor account

अर्थात् कोई औपचारिक, आधिकारिक या मंगवायी गई रिपोर्ट प्रस्तुत करना या देना

(2) 'वृहत् हिन्दी कोश'[2] में 'रिपोर्ट' शब्द के निम्नलिखित अर्थ दिए गए हैं :

—सूचनार्थ घटनाविशेष का विस्तृत वर्णन
—प्रतिवेदन
—कार्य का विवरण (संस्था, आंदोलन, उत्सव आदि का)
— ज्ञातव्य बातों का विवरण (वस्तु, व्यक्ति आदि के विषय में)

(3) डॉक्टर बंधुओं ने अपनी पुस्तक में[3] 'दि ब्रिटिश एसोसिएशन फॉर कमर्शियल एण्ड इंडस्ट्रियल एजुकेशन' द्वारा दी गई रिपोर्ट की निम्न-लिखित परिभाषा उद्धृत की है :

रिपोर्ट "एक ऐसा प्रलेख है, जिसमें सूचना देने के उद्देश्य से किसी विशेष समस्या की जांच की जाती है और उस संबंध में निष्कर्ष, विचार एवं कभी-कभी सिफारिशें भी प्रस्तुत की जाती हैं।"

(4) व्यावसायिक रिपोर्ट की निम्नलिखित परिभाषा भी द्रष्टव्य है :

"व्यावसायिक रिपोर्ट एक निश्चित, महत्त्वपूर्ण व्यावसायिक उद्देश्य से एक या अधिक व्यक्तियों द्वारा किया गया तथ्यों का निष्पक्ष, वस्तुपरक, योजनाबद्ध प्रस्तुतीकरण है।"[4]

(5) गर्टसाइड ने[5] रिपोर्ट को सूचना के आदान-प्रदान का महत्त्वपूर्ण माध्यम बताया है।

रिपोर्ट के आवश्यक तत्त्व

मौखिक रूप से या टेलीफोन पर भी सूचनाओं का अनौपचारिक आदान-प्रदान

या प्रस्तुतीकरण हो सकता है लेकिन, यहां हमारे लिए विचारणीय विषय है रिपोर्टलेखन या रिपोर्ट का लिखित रूप, जो प्रत्येक संस्था या संगठन में दृष्टि-गोचर होता है। हां, संस्थाओं के स्वरूप और उद्देश्य की भिन्नता के अनुसार रिपोर्टों के प्रकार भी अनेक हो सकते हैं लेकिन, उसके मूल तत्त्व तो एकसमान ही रहते हैं, जो निम्नानुसार हैं :

(1) स्पष्टता
(2) संक्षिप्तता
(3) शुद्धता
(4) संपूर्णता
(5) रोचकता
(6) निर्वैयक्तिकता

(1) **स्पष्टता**—पत्रलेखन की भांति ही रिपोर्टलेखन स्पष्ट होना चाहिए। स्पष्टता का तात्पर्य यह है कि आपने जिस उद्देश्य से विषय का निरूपण किया है उस उद्देश्य की पूर्ति पाठक के पास पहुंचने के बाद हो जानी चाहिए। रिपोर्ट प्रस्तुत करने के बाद यदि उसकी किसी सामग्री के संबंध में स्पष्टीकरण मांगने की स्थिति उत्पन्न होती है तब कहा जा सकता है कि रिपोर्ट में उतनी स्पष्टता नहीं है। रिपोर्ट के आदान-प्रदान की प्रक्रिया जब एक ही परिसर या स्थान तक सीमित हो तब तो विशेष परेशानी नहीं हो सकती अन्यथा, स्पष्टीकरण की प्राप्ति ही समय खा जाती है। और, एक ही परिसर हो तो भी क्या हुआ ? उसमें भी, थोड़ी मात्रा में ही सही, समय तो बरबाद होता ही है।

वस्तुतः सुस्पष्ट चिंतन के बाद ही स्पष्ट लेखन का आविर्भाव होता है। भाषा का प्रयोजनमूलक रूप सरल और स्पष्ट होना ही चाहिए लेकिन, इस प्रकार की भाषा तभी संभव है जब व्यक्ति की विचारधारा व्यवस्थित तार्किक श्रृंखला पर आधारित हो। इस दृष्टि से वाक्य-विन्यास से भी अधिक महत्त्वपूर्ण है विचार-विन्यास।

(2) **संक्षिप्तता**—व्यावसायिक पत्र की भांति रिपोर्ट में भी संक्षिप्तता का अत्यंत महत्त्व है। संक्षिप्तता से तात्पर्य है केवल विषय-संबद्ध या प्रासंगिक बातों का समावेश। रिपोर्टलेखक को इस बात का स्मरण रहना चाहिए कि रिपोर्ट वर्णनात्मक निबंध नहीं है। यहां आवश्यक विवरण या ब्योरों का विशेष स्थान है। विषय से संबद्ध और रिपोर्ट के लिए आवश्यक कोई भी बात छूटनी नहीं चाहिए और फिर भी संक्षिप्तता बनी रहनी चाहिए, जो सारग्राही वृत्ति के बिना संभव नहीं है।

(3) **शुद्धता**— रिपोर्ट में तथ्यों की शुद्धता अत्यंत आवश्यक है। उसके अभाव में गलत निष्कर्ष या निर्णय लिए जाने की पूरी संभावना बनी रहेगी। और, इसके

फलस्वरूप कारोबार पर भी गंभीर असर पड़ सकता है। उदाहरणार्थ, किसी परिवीक्षाधीन अधिकारी या लिपिक की प्रगति रिपोर्ट में अतिशयोक्तिपूर्ण या झूठी प्रशंसा करने के फलस्वरूप अनधिकारी व्यक्ति को सेवा में स्थायित्व मिल सकता है जो आगे जाकर प्रबंधतंत्र को ही महंगा पड़ेगा।

कहने का तात्पर्य यह है कि जहां आपकी एक राय या सिफारिश पर प्रबंधतंत्र का निर्णय अवलंबित हो वहां आपकी अभिव्यक्ति तथ्यों की शुद्धता पर आधारित रहनी चाहिए।

तथ्यों की शुद्धता का एक पहलू यह भी है कि जिस विषय पर आपको रिपोर्ट प्रस्तुत करनी है उससे संबंधित सभी तथ्यों की आपको पूरी जानकारी होनी चाहिए। उदाहरण के लिए अमुक क्षेत्र में बैंक की नई शाखा खोलनी हो तो कारोबार के लिए कितनी गुंजाइश है इसपर विचार करने के लिए उस क्षेत्र में रहने वाले लोग, उनके व्यवसाय, उनके रहन-सहन, उनकी शिक्षा-दीक्षा, उनकी आदतों, वहां की भौगोलिक स्थिति, अन्य बैंकों की उपस्थिति और कारोबार आदि का समग्र रूप से अध्ययन करना ही पड़ेगा। इनसे संबंधित तथ्यों की जानकारी के अभाव में जो रिपोर्ट तैयार होगी वह भ्रामक बन सकती है और इसपर आधारित निर्णय बैंक के लिए हानिकारक सिद्ध होगा।

(4) **संपूर्णता**—ऊपर 'तथ्यों की शुद्धता' विषयक चर्चा में संपूर्णता की ओर भी हम संकेत कर चुके हैं। संपूर्णता में विषय की संपूर्ण जानकारी तो अभिप्रेत है ही लेकिन, इसके अलावा रिपोर्ट ऐसी होनी चाहिए जो विषय या वस्तुस्थिति का समग्र चित्र प्रस्तुत करने में समर्थ हो। इस दृष्टि से, जो रिपोर्ट पाठक के मन में उठने वाले सभी प्रश्नों का समाधान कर देती है और निर्णय का मार्ग सरल बना देती है उसे आदर्श रिपोर्ट माना जा सकता है।

(5) **रोचकता**—जहां अभिव्यक्ति का प्रश्न आता है वहां रोचकता की अपेक्षा रहेगी ही। अभिव्यक्ति मात्र का उद्देश्य है दूसरों का ध्यान आकृष्ट करना। लेकिन, अभिव्यक्ति में यदि आकर्षण ही नहीं होगा तो दूसरों का ध्यान आकृष्ट कैसे होगा? रिपोर्ट के लिए भी यही बात लागू होती है।

रोचकता लाने के लिए रिपोर्टलेखक को निम्नलिखित बातों का ध्यान रखना चाहिए :

(i) रिपोर्ट के विषय के संबंध में पाठक की जानकारी का स्तर।
(ii) रिपोर्ट में उन बातों का समावेश जो विषय को समझने में पाठक की सहायता करें।
(iii) पाठक के अनुरूप भाषा का चयन
(iv) पुनरावृत्ति का अभाव
(v) भाषा में प्रवाह

(6) **निर्वैयक्तिकता**—निर्वैयक्तिकता से अभिप्रत है रिपोर्ट की निर्वैयक्तिक अन्य पुरुष शैली जो सामान्यतः उसमें प्रयुक्त होती है। हां, जिस रिपोर्ट में 'आंखों देखा हाल' निरूपित करना हो वहां शैली में परिवर्तन आ सकता है। इस प्रकार की स्थिति व्यक्तिगत रूप से प्रस्तुत की जाने वाली पत्रात्मक रिपोर्ट में विशेष रूप से दृष्टिगोचर होती है। समितियों की ओर से जो रिपोर्टें प्रस्तुत की जाती हैं उनमें निर्वैयक्तिकता अधिक रहती है।

दोनों प्रकार की शैलियों के उदाहरण नीचे प्रस्तुत हैं :

(i) "समिति का मत है कि कर्मचारियों के दृष्टिकोण को ग्राहकों की अपेक्षाओं के अनुरूप ढालने में बैंकों के शीर्षस्थ प्रबंध-तंत्रों को महत्त्वपूर्ण भूमिका निभानी है।"[6]

(ii) समग्र प्रशिक्षण के दौरान मैंने पाया कि हिन्दी में प्रवीणता न होते हुए भी प्रशिक्षकों ने अपने-अपने विषयों का प्रशिक्षण हिन्दी माध्यम मे देने का प्रामाणिक एवं सराहनीय प्रयास किया।

रिपोर्ट के प्रकार

रिपोर्टों का वर्गीकरण निम्नलिखित आधारों पर किया जा सकता है :

(i) **अवधि**—इसमें दो प्रकार की रिपोर्टों का समावेश किया जा सकता है : आवधिक और विशेष। आवधिक रिपोर्टों में अवधि निर्धारित होती है और उस अवधि के अनुसार रिपोर्ट प्रस्तुत करना आवश्यक होता है— जैसे, दैनिक, साप्ताहिक, पाक्षिक, मासिक, तिमाही, छमाही, वार्षिक। बैंकों और वित्तीय संस्थाओं में इस प्रकार की अनेक रिपोर्टें दृष्टिगोचर होती हैं। इन्हें 'नेमी रिपोर्ट' की संज्ञा भी दी जा सकती है।

इसके विपरीत विशेष रिपोर्ट किसी विशेष अवसर या स्थिति से संबद्ध होती है अतः इसकी अवधि निश्चित नहीं होती। उदाहरण के लिए किसी नई शाखा के उद्घाटन की रिपोर्ट, किसी संस्था के शताब्दी समारोह की रिपोर्ट आदि।

(ii) **उद्भव स्थान**—रिपोर्ट के उद्भव स्थान के आधार पर सरकारी, गैर-सरकारी या सार्वजनिक, प्राधिकृत, स्वैच्छिक आदि भेद किए जा सकते हैं। व्यक्तिगत रूप से तैयार की गई और किसी समिति द्वारा तैयार की गई रिपोर्टें भी इसी श्रेणी में समाविष्ट की जा सकती हैं।

(iii) **कार्य**—कुछ रिपोर्टें केवल सूचनात्मक होती हैं। इनमें रिपोर्टलेखक की व्यक्तिगत राय नहीं होती। इसके विपरीत कुछ रिपोर्टों में लेखक की व्यक्तिगत राय या सिफारिशों का विशेष महत्त्व होता है क्योंकि इनपर आगे की कार्रवाई अवलंबित रहती है। ये रिपोर्टें प्रायः विश्लेषणात्मक होती हैं। जिन रिपोर्टों में संस्था के कार्य की प्रगति आंकड़ों में दर्शायी जाती है चाहे वे लाभ-हानि के आंकड़

हों या विभिन्न श्रेणी के कर्मचारियों की संख्या दर्शाने वाले आंकड़े हों, चाहे जमा-राशियों के आंकड़े हों या अग्रिम के, इनका स्वरूप सूचनात्मक ही होता है। जब कि, कोई शाखा प्रबंधक अपनी रिपोर्ट में समग्र परिस्थितियों का विश्लेषण करने के बाद अपनी शाखा को पूर्णतः कम्प्यूटरीकृत करने की सिफारिश करता है तब वह रिपोर्ट विश्लेषणात्मक हो जाती है। इसके आधार पर कभी-कभी इन रिपोर्टों को अलग-अलग नाम भी दिए जाते हैं जैसे, प्रस्ताव, साख रिपोर्ट, सिफारिशी रिपोर्ट आदि।

(iv) **विषय**—संस्था के जिन-जिन विभागों से रिपोर्टें जारी की जाती हैं उनके नाम प्रायः उनकी रिपोर्टों से जुड़ जाते हैं—जैसे, लेखा, निरीक्षण, कार्मिक, आर्थिक, विज्ञापन, सुरक्षा, सांख्यिकी, साख, उत्पादन, विपणन, व्यापारी बैंकिंग, विदेश व्यापार, कम्प्यूटर आदि विभागों की रिपोर्टें इन विभागों के नाम से जानी जाती हैं।

(v) **क्षेत्र/अंचल आदि**—प्रशासनिक सुविधा की दृष्टि से संस्था को विभिन्न क्षेत्रों/अंचलों आदि में विभाजित किया जाता है और पूरे क्षेत्र या अंचल की रिपोर्ट जब अपेक्षित होती है तब क्षेत्र या अंचल का नाम रिपोर्ट के साथ शामिल हो जाता है—जैसे, नई दिल्ली, कलकत्ता, मद्रास, सूरत, बम्बई महानगर, बम्बई उपनगर, अहमदाबाद महानगर, अहमदाबाद उपनगर क्षेत्र, आदि और उत्तर भारत अंचल, दक्षिण भारत अंचल, मध्य प्रदेश अंचल, पूर्वांचल आदि।

(vi) **औपचारिकता**—इसके आधार पर रिपोर्टों की दो श्रेणियां बन जाती हैं—औपचारिक और अनौपचारिक। औपचारिक रिपोर्टें सामान्यतः लंबी और विभिन्न प्रकार की जटिल समस्याओं से संबंधित रहती हैं, जब कि अनौपचारिक रिपोर्टें सामान्यतः संक्षिप्त या छोटी होती हैं। हालांकि, छोटी और लंबी जैसे शब्द सापेक्ष हैं इसलिए केवल आकार को रिपोर्टों के वर्गीकरण का आधार नहीं बनाया जा सकता और यदि बनाया भी जाता है तो वह विवाद से मुक्त नहीं रह सकता।

औपचारिक रिपोर्टों में प्रस्तावना, मुख्य विषयवस्तु, पूरक सामग्री आदि का समावेश होता है। अनौपचारिक रिपोर्टों में मुख्य विषयवस्तु की ओर ही रिपोर्ट-लेखक का ध्यान केन्द्रित रहता है, यद्यपि उसमें भी शीर्षक पृष्ठ, अग्रेषण, परिशिष्ट जैसे अंग रहते हैं।

(vii) **बाह्याकृति**—बाह्य आकार या स्वरूप की दृष्टि से इसके अंतर्गत ज्ञापन प्ररूप में ज्ञापन रिपोर्ट, पत्र शैली में पत्र रिपोर्ट, मुद्रित रिपोर्ट, औपचारिक रिपोर्ट आदि।

(viii) **मानकीकृत रूप**—इस प्रकार की रिपोर्ट का एक मानक रूप होता है जो उसके शीर्षकों के क्रम, वाक्यरचना, प्रस्तुतीकरण आदि में दृष्टिगोचर होता है।

इस प्रकार की रिपोर्टों में सांविधिक रिपोर्टों, लेखापरीक्षकों की रिपोर्टों, निरीक्षकों की रिपोर्टों, निदेशक-रिपोर्ट, विशेष प्रयोजन से गठित समितियों की रिपोर्टों आदि का समावेश होता है। सांविधिक रिपोर्टों का निर्माण कानूनी आवश्यकता के अनुसार होता है। जैसे, बैंकों द्वारा जो वार्षिक रिपोर्ट और तुलनपत्र तैयार किए जाते हैं उनका ढांचा विधिमान्य होता है। उस ढांचे में परिवर्तन करने का अधिकार केवल भारत सरकार के विधि मंत्रालय को ही है।

सांविधिक रिपोर्टों के विपरीत असांविधिक रिपोर्टें भी होती हैं जिनमें विशेष प्रस्तावों पर शेयरधारियों को प्रस्तुत की जाने वाली निदेशकों की रिपोर्टों, वित्तीय उपसमिति, बजट उपसमिति जैसी छोटी-छोटी उपसमितियों द्वारा प्रस्तुत की जाने वाली रिपोर्टों, संस्था के कार्य से संबंधित विशेष पहलुओं पर निदेशकों, अध्यक्ष आदि को सचिवों की ओर से प्रस्तुत की जाने वाली रिपोर्टों आदि का समावेश होता है।

(ix) **लक्ष्य**—लक्ष्य को लेकर रिपोर्टों के दो प्रकार दृष्टिगोचर होते हैं—ऊर्ध्वमुखी और अधोमुखी। जब अपने वरिष्ठ अधिकारियों, कार्यपालकों आदि को प्रस्तुत करने हेतु कोई रिपोर्ट तैयार की जाती है तब उसे ऊर्ध्वमुखी रिपोर्ट कह सकते हैं। दूसरी ओर, जब संस्था के अध्यक्ष एवं प्रबंध निदेशक, निदेशक आदि की ओर से सरकार, शेयरधारियों, ग्राहकों, आम जनता आदि को कोई रिपोर्ट प्रस्तुत की जाती है तब ऐसी रिपोर्ट को अधोमुखी रिपोर्ट कह सकते हैं।

(x) **आयोजना एवं नियंत्रण**—आयोजना एवं नियंत्रण की दृष्टि से रिपोर्ट की उपादेयता को ध्यान में रखते हुए डॉक्टर बंधुओं ने उन रिपोर्टों का उल्लेख किया है जिनकी जरूरत प्रबंधतंत्र को पड़ती है।[7] ये रिपोर्टें हैं:

(क) बजट तैयार करने हेतु वित्तीय रिपोर्टें
(ख) कर्मचारियों के आधिक्य या कमी के निर्णय हेतु स्टाफ रिपोर्टें
(ग) उत्पादन की गुणवत्ता या पद्धति में सुधार लाने हेतु रिपोर्टें
(घ) बिक्री, श्रमिक अशांति, परिवहन और वितरण समस्याओं के कारणों की छान-बीन हेतु रिपोर्टें
(ङ) नई शाखाओं, उद्योगों या बिक्री की नई दिशा प्राप्त करने की संभावनाओं का पता लगाने हेतु रिपोर्टें
(च) कारोबारवृद्धि की संभावनाओं, बाजार की स्थिति, प्रतिस्पर्द्धियों की स्थिति आदि से संबंधित सूचनात्मक रिपोर्टें

रिपोर्ट के अंग

रिपोर्ट लिखने के पूर्व रिपोर्टलेखक को उसका एक ढांचा बना लेना चाहिए। यही है रिपोर्ट की आयोजना। इसे तैयार करते समय रिपोर्ट के निम्नलिखित अंग

दृष्टि समक्ष रहने चाहिए :

(i) **प्राधिकार** - अर्थात् उस आदेश, अनुदेश या संकल्प का उल्लेख जिसके तहत रिपोर्ट तैयार की जा रही हो।

(ii) **विचारणीय विषय**—इसके अंतर्गत रिपोर्टलेखक जिस विषय पर रिपोर्ट लिखने जा रहा हो उसका उल्लेख करता है। यदि विषय बड़ा हो और उसके कुछ पहलुओं पर ही विचार करने की अपेक्षा रिपोर्टलेखक से की गई हो तो विषय के साथ उन पहलुओं का भी स्पष्ट उल्लेख वह कर देगा। जैसे, रिपोर्टलेखक को 'लाभप्रदता में सुधार' पर रिपोर्ट प्रस्तुत करनी हो लेकिन, धोखाधड़ियों की दृष्टि से ही इस विषय पर विचार करने के लिए उसे कहा गया हो तो विषय के साथ-साथ 'धोखाधड़ियों के विशेष संदर्भ में' इस बात का उल्लेख करना पड़ेगा। इससे रिपोर्ट की एक सीमा निर्धारित हो जाएगी। अन्यथा, रिपोर्ट अनावश्यक रूप से बड़ी हो जाएगी।

(iii) **सूचना संकलन की कार्यविधि**—इसमें विचारणीय विषय से संबंधित सूचना, आंकड़े या सामग्री प्राप्त करने के आधारों, स्रोतों आदि का उल्लेख किया जाता है। इसके अलावा सूचना संकलन की कार्यविधि का भी निर्देश कर दिया जाता है।

(iv) **सूचना विश्लेषण**—इसके अंतर्गत रिपोर्टलेखक एकत्रित की गई सूचना का विश्लेषण और निर्वचन करता है।

(v) **निष्कर्ष**—एकत्रित सूचना और उसके विश्लेषण के आधार पर रिपोर्ट-लेखक कुछ निष्कर्षों पर पहुंचता है जैसे कि किसी दुर्घटना पर रिपोर्ट प्रस्तुत करने वाला लेखक या समिति दुर्घटना की सारी परिस्थितियों के विश्लेषण के बाद इस निष्कर्ष पर पहुंचता है कि दुर्घटना चालक की लापरवाही के कारण हुई।

(vi) **सिफारिश**—अपने निष्कर्षों के आधार पर रिपोर्टलेखक विषय के संबंध में अपनी सिफारिशें प्रस्तुत करता है। यदि उपर्युक्त दुर्घटना संबंधी रिपोर्ट हो तो सिफारिशों में उन उपायों का उल्लेख होगा जिन्हें अपनाने से भविष्य में दुर्घटनाओं से बचा जा सकता है। यही वह हिस्सा है जिसमें रिपोर्टलेखक के कौशल और बुद्धिमत्ता का परिचय मिलता है।

यदि रिपोर्ट बड़ी या विस्तृत हो तो उपर्युक्त अंगों के अलावा उसमें मुखपृष्ठ, अनुक्रमणिका, रूपरेखा, धन्यवादज्ञापन, परिशिष्ट आदि का भी समावेश होता है।

रिपोर्टों के कुछ उदाहरण आगे प्रस्तुत हैं—

(1) निरीक्षण रिपोर्ट

राजभाषा विभाग
................बैंक
प्रधान कार्यालय,
....
ता०....................

महा प्रबंधक,
(राजभाषा)
.... बैंक,
प्रधान कार्यालय,
....

प्रिय महोदय,

विषय : ....शाखा की निरीक्षण रिपोर्ट

आपके आदेशानुसार मैंने ता०................को हिन्दी कार्यान्वयन की दृष्टि से................शाखा का निरीक्षण किया। शाखा में शाखा प्रबंधक श्री....................एवं अन्य अधिकारियों और कर्मचारियों से भेंट की। निरीक्षण से संबंधित फाइलों, रजिस्टरों एवं अन्य सामग्री का भी अवलोकन किया।

उपर्युक्त प्रक्रिया के बाद जो स्थिति सामने आई वह इस प्रकार है—

1. मस्टर नियमित रूप से हिंदी में नहीं लिखा जा रहा है। उसमें प्रविष्टियां भी अंग्रेज़ी में लिखी जाती हैं, जो हिन्दी में लिखी जानी चाहिए।
2. ....को समाप्त तिमाही की प्रगति रिपोर्ट शाखा द्वारा काफी विलंब से भेजी गई है जिसके कारण में खाताबंदी, हड़ताल आदि का उल्लेख किया गया।
3. ....को समाप्त तिमाही की रिपोर्ट में राजभाषा अधिनियम की धारा 3 (3) के अंतर्गत आने वाले दस्तावेज़ों की संख्या में दो केवल अंग्रेज़ी में जारी दर्शाया गया है। केवल अंग्रेज़ी में जारी करना राजभाषा अधिनियम की धारा 3 (3) का उल्लंघन है। ऐसे दस्तावेज़ द्विभाषिक ही जारी किए जाने चाहिए।
4. उपर्युक्त तिमाही के दौरान शाखा के हिन्दी पत्राचार का प्रतिशत...... था, जो निर्धारित लक्ष्य से..........प्रतिशत कम/अधिक था।
5. शाखा में टेलेक्स मशीन केवल अंग्रेज़ी में है। इसके स्थान पर द्विभाषिक टेलेक्स मशीन लगवाने के लिए डाक-तार विभाग के साथ कार्रवाई अपेक्षित है।

6. शाखा में टंकक.........हैं लेकिन, न तो कोई हिन्दी टंकण जानता है और न तो कोई प्रशिक्षणाधीन है। सरकारी निदेशों के अनुसार उन्हें हिन्दी टंकण का प्रशिक्षण दिलाना अनिवार्य है।

7. शाखा में कुल रजिस्टर.........हैं जिनमें से अधिकांश रजिस्टरों में या तो अंग्रेज़ी में प्रविष्टियां की जाती हैं या तो कभी अंग्रेज़ी और कभी हिन्दी में।

8. उपर्युक्त तिमाही की रिपोर्ट के अनुसार शाखा में हिन्दी में किए जाने वाले कार्यों का प्रतिशत निम्नानुसार है—

पासबुक—90 प्रतिशत
लेजर में प्रविष्टि—90 प्रतिशत
वाउचर—80 प्रतिशत
ड्राफ्ट—50 प्रतिशत
चेक/भुगतान आदेश—60 प्रतिशत
जमा रसीदें—50 प्रतिशत
विवरणियां—100 प्रतिशत

9. आवेदन अधिकांश हिन्दी में दिए जाते हैं।

10. शाखा में.........में राजभाषा कार्यान्वयन समिति गठित की गई है।

उपर्युक्त स्थिति से कुल मिलाकर हिन्दी कार्यान्वयन का संतोषजनक चित्र सामने नहीं आता।

अपेक्षा यही है कि प्रशासनिक प्रमुख की हैसियत से शाखा प्रबंधक राजभाषा कार्यान्वयन से संबंधित अपना उत्तरदायित्व पूरी गंभीरता से निभाएं। इस संबंध में यह सिफारिश भी है कि शाखा को क्षेत्रीय कार्यालय द्वारा संदर्भ साहित्य उपलब्ध कराया जाए और शाखा की आवधिक रिपोर्टों की उसके द्वारा नियमित रूप से समीक्षा की जाए।

भवदीय

मुख्य प्रबंधक
(राजभाषा)

(2) अन्तर्देशीय साख-पत्र की समिति की रिपोर्ट
अन्तर्देशीय साख-पत्र

I. प्रस्तावना

भारतीय विदेशी मुद्रा व्यापारी संघ ने प्रस्ताव दिया था कि अन्तर्देशीय साख-पत्र के अन्तर्गत हुए लेन-देनों को आइ सी सी पुस्तिका सं० 400 एवं भारतीय

विदेशी मुद्रा व्यापारी संघ के नियमानुसार दस्तावेज़ी साख हेतु समान प्रथाओं एवं पद्धतियों के अन्तर्गत लाया जाए। यह प्रस्ताव 11 नवंबर 1993 को आयोजित संघ की प्रबंध समिति की बैठक के समक्ष विचार हेतु प्रस्तुत किया गया। प्रबंध समिति ने प्रस्ताव का विस्तृत अध्ययन करने और अन्तर्देशीय साख-पत्र फॉर्मेट, प्रभारों एवं अन्य संबंधित पहलुओं पर विचार करने हेतु भारतीय बैंक संघ के तत्कालीन उपाध्यक्ष एवं इलाहाबाद बैंक के अध्यक्ष एवं प्रबंध निदेशक, श्री आर० श्रीनिवासन की अध्यक्षता में एक समिति गठित करने का निर्णय लिया। समिति के सदस्यों की सूची अनुबंध 1 में दी गई है। तारीख 27 नवंबर, 1993 एवं 4 दिसंबर, 1993 को समिति की दो बैठकें हुईं जिनमें सिफारिशों को अंतिम रूप दिया गया।

II. मानकीकरण की आवश्यकता

यह पाया गया कि इस समय बैंकों द्वारा अन्तर्देशीय साख-पत्र के मामले में भिन्न-भिन्न कार्य-पद्धतियां अपनाई जा रही हैं। प्रयोग में लाए जा रहे फॉर्म एवं वसूल किए जा रहे प्रभार भी एक जैसे नहीं थे। यद्यपि, बहुत-से बैंकों द्वारा अन्तर्देशीय साख-पत्र पर लिख दिया गया था कि साख-पत्र आइ सी सी दस्तावेज़ सं० 400 के अंतर्गत आता है। तथापि, इस संबंध में शंका बनी रहती थी कि अन्तर्देशीय साख-पत्र को आइ सी सी दस्तावेज़ सं० 400 के अंतर्गत कवर किया जा सकता है या नहीं। जहां तक प्रभारों का प्रश्न है यद्यपि, विदेशी साख-पत्रों हेतु अधिकांश बैंक भारतीय विदेशी मुद्रा व्यापारी संघ द्वारा निर्धारित प्रभार सूची का पालन कर रहे थे तथापि, कई मामलों में भारतीय विदेशी मुद्रा व्यापारी संघ सूची में लिए जाने वाले प्रभारों की दरों का उल्लेख नहीं था तथा प्रत्येक बैंक के अपने-अपने प्रभार तय कर दिए गए थे। अतः यह महसूस किया गया कि निम्नलिखित चार क्षेत्रों का मानकीकरण करने से जहां एक ओर अन्तर्देशीय साख-पत्र का कार्य करने वाले कर्मचारियों के ज्ञान का दायरा विस्तृत होगा वहीं दूसरी ओर बैंकों में एकरूपता भी हो जाएगी।

(i) अन्तर्देशीय साख-पत्र आवेदन फॉर्म

(ii) अन्तर्देशीय साख-पत्र प्रारूप

(iii) एकसमान हिदायतें

(iv) प्रभार सूची

III. विचार-विमर्श एवं सिफारिशें

(i) अन्तर्देशीय शाख-पत्र

यह पाया गया कि विदेशी मुद्रा व्यापारी संघ ने एक मानक आवेदन तैयार

किया था तथा इसे उपयुक्त संशोधनों के साथ अपनाया जा सकता है। तदनुसार भारतीय बैंक संघ सचिवालय ने भारतीय विदेशी मुद्रा व्यापारी संघ के मुख्य कार्यपालक के साथ परामर्श करके आवेदन पत्र का संशोधित रूप तैयार किया तथा समिति ने कुछ परिवर्तनों के साथ इसे अनुमोदित कर दिया। समिति द्वारा स्वीकृत आवेदन पत्र की एक प्रति संलग्न है (अनुबंध-2)। आवेदन पत्र अपने आप में पूर्ण है तथा इसमें सभी पहलू शामिल हैं। यह ऋण दस्तावेज व आवेदन पत्र दोनों उद्देश्यों को पूरा करता है।

(ii) अन्तर्देशीय साख-पत्र प्रारूप

इन्टरनेशनल चेम्बर ऑफ कॉमर्स, पेरिस द्वारा अनुमोदित मानक फॉर्मेट पर आधारित एक सदस्य बैंक के संशोधित साख-पत्र फॉर्मेट को (जिसे मानक फॉर्मेट के रूप में अपनाया गया है) आधार बनाकर उसमें उपयुक्त संशोधन किए गए ताकि वह अन्तर्देशीय लेन-देन के अनुरूप बन सके। इस प्रकार, समिति की पहली बैठक में अंतिम रूप दिए गए फॉर्मेट को समिति के सभी सदस्यों को भेज दिया गया। दूसरी बैठक में कुछ सदस्यों की राय थी कि एम एम टी सी, आदि—जैसे संगठनों ने उनके साख-पत्र में विभिन्न वाक्यांश जोड़ने पर बल दिया है अतः तैयार किया जाने वाला फॉर्मेट अपने आप में पूर्ण होना चाहिए। बहरहाल, यह महसूस किया गया कि मानक फॉर्मेट में सामान्य स्थितियों के लिए ही व्यवस्था होनी चाहिए और यदि कहीं कोई अपवाद हो तो उनके लिए अलग से व्यवस्था की जा सकती है। अंत में, यह निर्णय लिया गया कि अंतिम प्रारूप सदस्य बैंकों को भेज दिया जाए। इसके अतिरिक्त, मूल प्रारूप के साथ-साथ मूल प्रारूप को भरने हेतु हिदायतों की सूची भेजी जाए। यह प्रत्येक बैंक पर छोड़ दिया जाए कि वह चाहे तो प्रारूप के सभी खण्डों को साथ मुद्रित करा ले या केवल मूल प्रारूप को ही मुद्रित करा ले एवं उन खण्डों को बाद में टाइप करा ले। उक्त विचार के बाद तैयार किए गए निम्नलिखित फॉर्मेट संलग्न हैं—

(क) सभी खण्डों सहित मुद्रित अन्तर्देशीय साख-पत्र—(अनुबंध-3)

(ख) अनुदेश पन्ने सहित अन्तर्देशीय साख-पत्र मूल फॉर्मेट—(अनुबंध-4)

(ग) परिक्रामी अन्तर्देशीय साख-पत्र का फॉर्मेट—(अनुबंध-5)।

(iii) एकसमान हिदायतें

समिति ने महसूस किया कि चूंकि भारत आइ सी सी सं० 400 का अंशदाता है, अतः अन्तर्देशीय साख-पत्रों के लिए भी दस्तावेज को बिना किसी कठिनाई के अपना सकता है। यह पाया गया कि अन्य देशों में भी आइ सी सी दस्तावेज़ सं० 400 अन्तर्देशीय व्यापार के लिए प्रयोग में लाया जा रहा है। आइ सी सी

दस्तावेज़ सं० 400 सभी देशों को स्वीकार्य है तथा आमतौर पर, समझ में भी आ जाता है। यहां तक कि न्यायालयों में भी यह एक स्वीकार्य दस्तावेज़ है, अतः आइ सी सी दस्तावेज़ सं० 400 को अन्तर्देशीय साख-पत्र लेन-देन हेतु भी अपनाने पर स्वीकृति हुई।

(iv) प्रभार सूची

यह पाया गया कि इस समय अधिकांश बैंक विदेशी साख-पत्र लेन-देन हेतु भारतीय विदेशी मुद्रा व्यापारी संघ द्वारा निर्धारित प्रभार दरों को अपना रहे हैं। बहरहाल, भारतीय विदेशी मुद्रा व्यापारी संघ की दरों में कुछ मामलों का उल्लेख ही नहीं किया गया है। कुछ बैंकों द्वारा अपनाई गई प्रभार दरें भारतीय विदेशी मुद्रा व्यापारी संघ सूची की दरों से कुछ अधिक थी। यह भी पाया गया कि प्रचलित भारतीय विदेशी मुद्रा व्यापारी संघ की दरें काफी पहले 1974 में निर्धारित की गई थीं तथा स्वयं भारतीय विदेशी मुद्रा व्यापारी संघ भी इन प्रभारों में वृद्धि करना चाहता था। यह निर्णय लिया गया कि प्रभारों का निर्धारण भारतीय विदेशी मुद्रा व्यापारी संघ के संशोधित प्रभारों के आधार पर किया जाए परंतु इनमें कुछ वृद्धि होनी चाहिए। कमीशन भी अधिक लेना आवश्यक समझा गया ताकि निर्यात-आयात लेन-देनों के मामले में विनिमय लाभ मिल सके। अन्तर्देशीय साख-पत्र के अंतर्गत हुए लेन-देन पर यह लाभ नहीं मिलता था।

समिति द्वारा संस्तुत प्रस्तावित प्रभारों की सूची (अनुबंध 6 के रूप में) संलग्न है।[8]

(समिति के सदस्यों के हस्ताक्षर)

(3) हानि उठाने वाली शाखा के संबंध में रिपोर्ट

क्षेत्रीय कार्यालय का नाम व पता)

सं० सं०...................... ता० ....

अंचल प्रबंधक

......................बैंक

....

....

प्रिय महोदय,

विषय : ....**शाखा के संबंध में रिपोर्ट**

आपके द्वारा उपर्युक्त शाखा, जो कि पिछले तीन वर्ष से लगातार हानि दिखा रही है, के संबंध में जांच रिपोर्ट प्रस्तुत करने के लिए मुझे निर्देश दिया गया था। तदनुसार, मेरी ओर से निम्नलिखित रिपोर्ट सादर प्रस्तुत है—

................शाखा, जो कि एक कस्बाई शाखा है, पिछले तीन साल से

हानि दिखा रही है उसके कारण मेरी जांच के अनुसार निम्नलिखित हैं—

(1) …………के वर्ष में जब उक्त शाखा खोली गई थी तब इस इलाके में अन्य बैंकों की केवल तीन शाखाएं थीं लेकिन, बाद में उन शाखाओं की संख्या बढ़ती चली गई। फलत: आज हमारी शाखा को अन्य बैंकों की छह शाखाओं से मुकाबला करना पड़ता है।

(2) अन्य बैंकों की शाखाएं खुले और आकर्षक परिसरों में कार्यरत हैं। उनकी तुलना में अब हमारी शाखा का परिसर ग्राहकों के लिए उतना आकर्षक नहीं रहा है।

(3) हमारी शाखा की प्रचार सामग्री भी केवल अंग्रेज़ी में है जब कि अन्यत्र स्थानीय भाषा की प्रचार सामग्री का ज़ोरों से उपयोग किया जा रहा है।

(4) ग्राहकों को आकृष्ट करने के लिए अन्य बैंक शाखाएं विभिन्न आकर्षक योजनाओं में काफी पैसा खर्च कर रही हैं जब कि हमारे सीमित संसाधन भारी अड़चन बने हुए हैं।

(5) उक्त शाखा द्वारा प्रदत्त ऋणों में ऐसे मामले 50 प्रतिशत से भी अधिक हैं जिनमें वसूली बिल्कुल नहीं हो पा रही है। वसूली न होने के कारणों में प्रमुख कारण है शाखा के स्टाफ में टीम भावना का अभाव, जिसके मूल में यूनियनों की पारस्परिक प्रतिस्पर्धा है।

(6) जमाराशियों में भी उपर्युक्त कारण से गिरावट आई है। और ऐसी स्थिति में वेतनमानों में तो वृद्धि होती ही रही है।

सिफारिशें—(1) शाखा के परिसर में या तो सुधार किया जाए या नये परिसर में शाखा को स्थानांतरित किया जाए।

(2) प्रचार अभियान के लिए बजट की सीमा बढ़ाई जाए।

(3) स्टाफ के पारस्परिक विवादों को दूर करने हेतु प्रधान कार्यालय के कार्यपालकों को आमंत्रित कर स्टाफ के साथ आंतरिक बैठक की जाए।

(4) कारोबार-वृद्धि में योगदान देने वाले कर्मचारियों को सम्मानित या पुरस्कृत किया जाए। इसके विविध मानदंडों में ऋण-वसूली को भी अहमियत दी जाए।

आशा है उपर्युक्त सूचना भावी कार्रवाई के लिए उपयोगी सिद्ध होगी।

भवदीय

क्षेत्रीय प्रबंधक

(4) निर्धारित प्रोफार्मा में क्षेत्र की मासिक रिपोर्ट

……………बैंक

क्षेत्र का नाम……………

…………माह के लिए मासिक प्रगति रिपोर्ट

1. शाखा विस्तार

1.1 लंबित लाइसेंसों की संख्या : शून्य

1.2 माह के दौरान खोली गई शाखाएं : शून्य

1.3 आगामी माह के लिए योजना—

2. जमाराशियां

(करोड़ रुपयों में)

	अंतिम शुक्रवार के अनुसार				
	मार्च 1993	चालू माह	माह के दौरान वृद्धि रकम	%	तिमाही के लिए बजट
2.1 कुल जमाराशियां	103.77	111.97	+ 5.96	5.62	115.00
2.2 अंतरबैंक जमाराशियां	7.78	8.13	+	—	—
2. कुल	111.55	120.10	+ 4.96	4.31	
2.3 जमाराशियों में उच्च संभाव्य शाखाओं का निष्पादन	52.26	54.89	2.49	4.75	

3. अग्रिम

3.1 प्राथमिकता प्राप्त क्षेत्र	48.85	48.50			49.00
अग्रिम जिनमें से—					
क. प्रत्यक्ष कृषि	19.16	19.50			
ख. लघु उद्योग	11.15	11.00			
3.2 अन्य	18.09	18.00			
3.3 कुल (3.1 और 3.2)	48.85	62.82			
3.4 अग्रिमों में उच्च संभाव्य शाखाओं का निष्पादन	25.85	24.48			

4. नकदी स्थिति

4.1 नकदी प्रतिधारण सीमा	0.77	0.77
4.2 हाथ में नकदी	2.30	1.90
4.3 नकदी जमा अनुपात	2.75	1.77

5. लाभ

5.1 क्षेत्र की कुल हानि	--55.26	लागू नहीं
5.2 उ० सं० शा० का कुल लाभ	+29.83	लागू नहीं
5.3 हानि उठाने वाली शाखाओं की प्रगति	—	—

6. नवीकरण की स्थिति

	रु० 1-10 लाख	रु० 10 लाख और ऊपर	कुल
6.1 माह के प्रारंभ में लंबित की संख्या	18	4	22
6.2 माह के दौरान नवीकरणीय की संख्या	51	—	51
6.3 माह के दौरान किए जाने वाले कुल नवीकरणों की संख्या (6.1+8.2)	69	4	73
6.4 माह के दौरान नवीकृत संख्या	48	1	49
6.5 अगले माह के लिए योजना	21	3	24

7. बहियों का संतुलन

7.1 उन शाखाओं की संख्या जहां माह के प्रारंभ में संतुलन बकाया था : 2

7.2 माह के दौरान प्रगति :—

7.3 माह के अंत में लंबित : 2

क्षेत्रीय प्रबंधक/उप क्षेत्रीय प्रबंधक द्वारा शाखाओं के दौरे

क्षेत्रीय प्रबंधक

शाखा का नाम **तारीख**

उप क्षेत्रीय प्रबंधक

शाखा का नाम **तारीख**

वाद दाखिल खाते	**बजट**	**चालू माह के दौरान वसूली**
(i) डिक्रीकृत खाते	रु० 10.00 लाख	रु० 1.47 लाख
(ii) वाद दाखिल खाते	रु० 32.00 लाख	रु० 1.31 लाख
(iii) राजस्व वसूली प्रमाणपत्र	—	रु० 25.42 लाख

(टिप्पणी—इसे अग्रेषण पत्र के साथ बैंक के अध्यक्ष एवं प्रबंध निदेशक को प्रति माह भेजे जाने की परंपरा है।)

(5) अधिकारी के स्थायीकरण के लिए सिफारिशी रिपोर्ट

(बैंक शाखा का नाम व पता)

सं० सं० .... ता० ....

क्षेत्रीय प्रबंधक

............बैंक,

....

....

प्रिय महोदय,

विषय : श्री....................का स्थायीकरण

श्री................जिनकी नियुक्ति हमारी शाखा में परिवीक्षाधीन अधिकारी के रूप में की गई, ने ता०.........को अपनी परिवीक्षा अवधि समाप्त कर ली है। उनका कार्य संतोषजनक है और उन्होंने अपनी मातृभाषा के अलावा हिन्दी का ज्ञान प्राप्त कर लिया है। अतः मैं सिफारिश करता हूं कि उनको बैंक सेवा में स्थायी किया जाए।

भवदीय

शाखा प्रबंधक

(टिप्पणी—जहां स्टाफ की प्रगति रिपोर्ट का प्रोफार्मा निर्धारित है वहां उसी में सिफारिश करना पर्याप्त होता है।)

संदर्भ :

1. 'Chamber's Twentieth Century Dictionary'—First Indian Edition—1964, P. 935
2. 'वृहत् हिन्दी कोश'—ज्ञानमंडल लिमिटेड, वाराणसी—द्वितीय संस्करण—सं० 2013, पृ० 1133
3. 'Principles and Practice of Business Communication' — Rhoda Doctor and Aspi Doctor—Seventeenth Edition—1991, P. 441
4. 'Effective Business Communications'—Herta A. Murphy & Charles E. Peck, P. 610
5. 'Modern Business Correspondence'—L. Gartside—Fourth Edition—1989, P. 311
6. 'बैंकों में ग्राहक सेवा समिति की रिपोर्ट'—भारतीय बैंक संघ—1991, पृ० 36-37
7. 'Principles and Practice of Business Communication'—Rhoda Doctor and Aspi Doctor Seventeenth Edition—1991, P. 442-443
8. 'अन्तर्देशीय साख-पत्र की समिति की रिपोर्ट'—भारतीय बैंक संघ, पृ० 1 से 4

अध्याय-6

अभिवेदन

अभिवेदन क्या है ?

संकल्पना की दृष्टि से 'अभिवेदन' का संबंध अंग्रेज़ी शब्द 'Representation' से है। शब्दकोश और शब्दावली में इस शब्द के विभिन्न अर्थ मिलते हैं जिनमें से आलोच्य विषय अर्थात् व्यावसायिक संप्रेषण की दृष्टि से निम्नलिखित अर्थ विचारणीय हैं—

(i) तथ्यों के संबंध में दृष्टिकोण या तर्क प्रस्तुत करना; याचिका, विरोध-प्रदर्शन, प्रतिवाद, विरोध[1]

(ii) किसी विषय के संबंध में प्राधिकारियों का ध्यान आकृष्ट करना; इसके लिए किया गया निवेदन-आवेदन[2]

(iii) परिवर्तन करवाने, किसी कार्रवाई पर रोक लगाने आदि के उद्देश्य से तथ्यों, कारणों या तर्कों सहित प्रस्तुत एक औपचारिक और गंभीर विवरण, अभ्यावेदन[3]

(iv) अभिवेदन किसी व्यक्ति या समान हितों वाले जनसमूह द्वारा उच्च अधिकारी या स्वतंत्र निकाय को प्रस्तुत किया गया विनम्र विरोध, विरोध-प्रदर्शन या शिकायत है।[4]

अभिवेदन के प्रमुख तत्त्व

उपर्युक्त अर्थों एवं परिभाषा के आधार पर अभिवेदन के प्रमुख तत्त्वों में निम्नलिखित की ओर निर्देश किया जा सकता है—

(1) **विरोध या विरोध-प्रदर्शन**—किसी विषय या निर्णय के संबंध में प्राधिकारियों का मात्र ध्यानाकर्षण ही नहीं बल्कि लिखित रूप में विरोध या उसका प्रदर्शनी, अभिव्यक्ति करना भी इसमें शामिल है। लिखित रूप में विरोध की

अभिव्यक्ति की बात से विरोध की अलिखित या मौखिक अभिव्यक्ति का भी संकेत मिलता है। व्यक्ति या व्यक्तियों का समूह किसी प्राधिकारी के पास जाकर मौखिक रूप से भी किसी बात को लेकर अपना विरोध अभिव्यक्त कर सकता है। रेलवे के बुकिंग काउंटरों पर या ऐसे सार्वजनिक स्थानों में विरोध का मौखिक रूप प्रायः देखने को मिलता है। कभी-कभी यह विरोध-प्रदर्शन झगड़े का स्वरूप भी धारण कर लेता है। लेकिन, यहां हमारा संबंध लिखित रूप में विरोध-प्रदर्शन से है।

शिकायत के रूप में भी विरोध प्रदर्शित किया जा सकता है लेकिन, अभिवेदन में शिकायत होते हुए भी वह केवल शिकायत नहीं है। शिकायत में सामान्यतः केवल असंतोष की अभिव्यक्ति रहती है जबकि अभिवेदन में प्रस्तुतकर्ता किसी विषय, निर्णय या समस्या के संबंध में अपने तर्क प्रस्तुत करते हुए निर्णय में पुनर्विचार या कार्रवाई में दिशापरिवर्तन के लिए प्राधिकारियों से अनुरोध या अपील करता है।

विरोध-प्रदर्शन में भी विनम्रता की ध्वनि अपेक्षित है। लेकिन, अभिवेदन प्रस्तुत करने वाले व्यक्ति या समूह को जब लगता है कि विनम्रतापूर्वक प्रस्तुत की गई मांगों पर कोई ध्यान नहीं दिया जा रहा है तब अभिवेदन की भाषा में विनम्रता के स्थान पर कठोरता आ जाती है और कभी-कभी उसमें उद्दंडता का भी दर्शन होने लगता है।

(2) **तथ्यात्मकता और तार्किकता**—अभिवेदन में तथ्यात्मकता और तार्किकता का प्रमाण जितना अधिक होगा उतना ही उसका प्रभाव बढ़ेगा। केवल राग-द्वेष या भावुकता का आधार अभिवेदन को कमज़ोर बना देगा। उस स्थिति में वांछित परिणाम निकलने की बात तो एक ओर रही, उल्टे उसकी विपरीत प्रतिक्रिया उत्पन्न हो सकती है।

अपनी बात को तर्कसम्मत ढंग से प्रस्तुत करने पर ही संप्रेषण सार्थक और प्रभावी हो सकता है। यही बात हमें अभिवेदन के उद्देश्य की ओर ले जाती है।

(3) **उद्देश्य की विभिन्नता**—अभिवेदन के उद्देश्य भिन्न-भिन्न हो सकते हैं—जैसे, किसी विषय के संबंध में प्राधिकारियों का ध्यानाकर्षण, तथ्यों के संबंध में अपने दृष्टिकोण की अभिव्यक्ति, प्राधिकारियों द्वारा लिए गए निर्णय में परिवर्तन करवाना, कार्यान्वयन पर रोक लगाना आदि। अभिवेदन का क्षेत्र इतना व्यापक है कि इसमें समाचारपत्रों के संपादकों को संबोधित पत्र, प्राधिकारियों को प्रस्तुत किए जाने वाले ज्ञापन, शिकायती पत्र आदि भी शामिल किए जा सकते हैं।

(4) **औपचारिकता**—अभिवेदन में विचार या दृष्टिकोण की अभिव्यक्ति का

जितना महत्त्व है उतना ही औपचारिकता का भी। औपचारिकता का तात्पर्य है पत्रों की भांति अभिवेदन के प्रारूप और विषयवस्तु में शिष्टाचार का पालन। अभिवेदन है इसलिए विरोध-प्रदर्शन तो कमोबेश रहेगा ही लेकिन, औपचारिकता का निर्वाह भी साथ-साथ होना चाहिए। औपचारिकता के अभाव में अभिवेदन तू-तू मैं-मैं का भद्दा प्रदर्शन मात्र रह जाएगा। औपचारिकता अभिवेदन की गंभीरता को बनाए रखने में सहायक होगी।

हालांकि, अभिवेदन की गंभीरता के लिए यही पर्याप्त नहीं है। उसमें उपर्युक्त सभी तत्त्वों का और विशेष रूप से तथ्यात्मकता और तार्किकता का समावेश अत्यंत आवश्यक है।

आइए, अब कुछ उदाहरणों पर दृष्टिपात कर लें—

(1)

व्यक्ति की ओर से अभिवेदन

(व्यक्ति का नाम एवं पता)
ता० ....

अध्यक्ष एवं प्रबंध निदेशक
....................बैंक
....

प्रिय महोदय,

विषय : **लिपिक वर्ग से अधिकारी वर्ग में पदोन्नति**

उपर्युक्त विषय के संदर्भ में मैं निम्नलिखित बातों की ओर आपका ध्यान आकृष्ट करना चाहता हूं—

1. मैंने इस बैंक में 2 जनवरी 1979 को एक लिपिक के रूप में अपनी सेवा का आरंभ किया था। इस दौरान मैंने.........और.........शाखाओं में कार्य किया एवं जनवरी 1992 से वर्तमान शाखा में पदस्थ हूं। इन सभी शाखाओं में मेरे उच्चाधिकारी मेरे कार्य से संतुष्ट रहे हैं।
2. बैंक सेवा में आने के बाद मैंने सी० ए० आइ० आइ० बी० की परीक्षा उत्तीर्ण की है तथा मैं वाणिज्य में स्नातकोत्तर हूं।
3. कुछ पारिवारिक समस्याओं के कारण मैं इससे पूर्व अधिकारी वर्ग में पदोन्नति परीक्षा में सम्मिलित नहीं हो सका था।

    इस वर्ष जून 1994 में आयोजित पदोन्नति परीक्षा में मैं 'योग्यता' तथा 'वरिष्ठता एवं योग्यता' के दोनों विकल्पों के लिए पात्र था। परि-

पत्र के अनुसार दोनों ही प्रकार के विकल्पों में 'उत्तीर्णांक' पाने पर पदोन्नति का प्रावधान रखा गया था।

4. मुझे 'योग्यता' वाले विकल्प में 48.25 प्रतिशत अंक मिले जबकि उत्तीर्णांक रहा 49 प्रतिशत। किन्तु 'वरिष्ठता एवं योग्यता' वाले विकल्प में 33 प्रतिशत के उत्तीर्णांक की तुलना में मुझे 34.25 प्रतिशत अंक मिले हैं फिर भी मुझे पदोन्नत घोषित नहीं किया गया है।

उपर्युक्त तथ्यों से यह स्पष्ट है कि बैंक की घोषित नीति में स्पष्ट व्यतिक्रम हुआ है।

आपसे निवेदन है कि मेरे मामले में वस्तुस्थिति का पुनः विश्लेषण करते हुए मुझे 'वरिष्ठता एवं योग्यता' वाले विकल्प का लाभ प्रदान करें और पदोन्नति की मूल तिथि से मुझे पदोन्नत घोषित करने के लिए आवश्यक निदेश जारी करें।

आपसे पूर्ण न्याय की अपेक्षा है।

भवदीय

(   )

(2)

शाखा प्रबंधक की ओर से अभिवेदन

......................बैंक,
......................शाखा
....
....

सं० सं० ....   ता० ....

प्रबंधक,
..............ट्रान्सपोर्ट कंपनी प्रा. लिमिटेड
....
....

प्रिय महोदय,

विषय : शाखा के दरवाज़े के पास ट्रकों की पार्किंग

पिछले एकाध महीने से आपकी ट्रकें हमारे शाखा परिसर के प्रवेश द्वार के पास पार्क की जाती हैं। इससे हमारे ग्राहकों को भारी असुविधा होती है। उनकी ओर से हमारे पास शिकायतें भी आयी हैं।

हमने इस संबंध में ट्रक चालकों से भी सीधे बात की लेकिन, इसका कोई असर नहीं हुआ। उल्टे, ट्रकचालक कभी-कभी हमारे ग्राहकों को, विशेष रूप से

महिला ग्राहकों को परेशान करते रहते हैं। इससे हमारे कारोबार पर अब प्रतिकूल असर पड़ने की संभावना है। इस बात पर तो आप सहमत होंगे ही कि पारस्परिक सहयोग से ही ऐसे मामलों को सुलझाया जा सकता है।

हमें विश्वास है कि आप उपर्युक्त समस्या का शीघ्र ही कोई संतोषजनक हल खोजेंगे और हमें अपना कारोबार सुचारु ढंग से चलाने में सहयोग देंगे।

भवदीय

( )

शाखा प्रबंधक

(3)

यूनियन की ओर से अभिवेदन

(यूनियन का नाम—उसके अध्यक्ष, महासचिव आदि के नाम सहित)

सं० सं० ………… ता० ……………

अंचल प्रबंधक,

…………………बैंक,

………………

प्रिय महोदय,

विषय : संघ की लंबित मांगें

…………बैंक के पंजीकृत संघ एवं कर्मचारियों के एकमात्र मान्यता-प्राप्त प्रतिनिधि संघ के रूप में हमने कर्मचारियों के हितों की सुरक्षा और जायज़ मांगों के लिए समय-समय पर अपनी मांगें दर्ज कराई हैं किन्तु हमें खेद के साथ कहना पड़ता है कि प्रबंधक वर्ग ने हमारी निम्नलिखित मांगों पर अभी तक कोई कार्रवाई नहीं की है—

1. जिन शाखाओं में दस या अधिक कर्मचारी हैं वहां सब्सिडी प्राप्त कैंटीन आरंभ करना।
2. अंचल के भीतर कर्मचारियों के पारस्परिक स्थानांतरण आवेदनों पर अनुकूल कार्रवाई।
3. श्री…………का आधे दिन का वेतन वापस करना। गौर करें कि उनका यह मामला विगत तीन वर्ष से लंबित पड़ा है।
4. शाखाओं में कर्मचारियों की अपर्याप्तता को दूर करना। बढ़ते काम, घटते कर्मचारियों के कारण बैंक के कारोबार में इज़ाफे के लिए भी यह ज़रूरी है।
5. विशेष सहायक के रिक्त पदों को भरने के लिए प्रक्रिया तुरंत आरंभ

करना।

6. स्थायी अंशकालिकों को पूर्णकालिक अधीनस्थों में तबदील करने के पुराने आश्वासनों पर अमल करना।

हम चाहते हैं कि हमारी उक्त मांगों पर विचार करने के लिए तत्काल एक बैठक बुलायी जाए व अपेक्षित कार्रवाई की जाए। ऐसा न किए जाने की स्थिति में हम प्रबंधक वर्ग के कर्मचारी-विरोधी रवैये के खिलाफ असहयोग का मार्ग अपनाने के लिए विवश होंगे।

भवदीय

( )

सचिव

(4)
बस-सेवा बढ़ाने के मामले में अभिवेदन

............बैंक

....

बम्बई-400005

सं० सं० .... ता०............

महा प्रबंधक,
'बेस्ट' उपक्रम
....
....
बम्बई

प्रिय महोदय,

विषय : बस-सेवा बढ़ाने की आवश्यकता

हम, अधोहस्ताक्षरी,............बैंक के कर्मचारी पिछले एक महीने से यह महसूस कर रहे हैं कि सुबह 8.30 से 10.00 और शाम को 4.30 से 6.00 की समयावधि में नगर चौक और विश्व व्यापार केन्द्र के बीच आवागमन करनेवाली बसों की संख्या बहुत ही अपर्याप्त है जो निम्नलिखित बातों से स्पष्ट है—

(1) बस की प्रतीक्षा करने में 15-20 मिनट की बरबादी तो आम बात हो गई है जिसके फलस्वरूप सबेरे कार्यालय पहुंचने में हमें रोज़ विलंब हो जाता है। और, जब रोज़ विलंब होता है तब प्रबंधकवर्ग के लिए भी, कारण चाहे कितना ही सही क्यों न हो, विश्वास करना मुश्किल हो

जाता है। फलतः हमारा दोष न होते हुए भी अनुशासनिक कार्रवाई का सामना हमें करना पड़ता है।

(2) शाम को भी इसी प्रकार बस के लिए हमें लंबी प्रतीक्षा करनी पड़ती है। फलतः कर्जन-कसारा की ओर रहनेवाले कर्मचारियों को भारी परेशानी होती है। निर्धारित समय तक वी० टी० न पहुंच पाने के कारण हम अपनी गाड़ियां अक्सर चूक जाते हैं।

(3) महिला कर्मचारियों को अपनी धरेलू ज़िम्मेदारियों के कारण और भी अधिक परेशानी होती है।

(4) एक तो विशेष बसों की संख्या कम है और उसमें भी कुछ अरसे से उसके स्टापों की संख्या बढ़ा दी गई है जिसका असर स्वाभाविक ही बसों की बारंबारता (frequency) पर पड़ता है।

(5) सरकारी उपक्रमों और निजी कार्यालयों की संख्या भी आज हमारे क्षेत्र में कितनी बढ़ गई है! और, वृद्धि की यह प्रक्रिया निरंतर जारी है। कार्यालयों की वृद्धि के साथ बस-यात्रियों की संख्या में भी वृद्धि हुई ही है।

उपर्युक्त बातों के सत्यापन के लिए आप सर्वेक्षण भी करवा सकते हैं या उपर्युक्त समयों में स्थिति का स्वयं जायज़ा भी ले सकते हैं। लेकिन, इस संबंध में शीघ्र ही कुछ उपाय करने की आवश्यकता है अन्यथा, हालत और बिगड़ती चली जाएगी। यदि आपकी ओर से कोई कार्रवाई नहीं की गई तो यात्रियों को बरबस ही निजी बसों का सहारा लेना पड़ेगा।

हमें विश्वास है कि आप इस क्षेत्र में भी सर्वोत्तम सेवा की अपनी प्रतिष्ठा बनाए रखेंगे।

भवदीय,

(सभी प्रार्थियों के हस्ताक्षर)

....

....

....

संदर्भ :

1. 'Chambers's Twentieth Century Dictionary'—1964, P. 936
2. 'अंग्रेज़ी-गुजराती कोश'—पांडुरंग गणेश देशपांडे—पहला संस्करण—1970, पृ० 580
3. 'विधि शब्दावली'—विधायी विभाग, विधि, न्याय और कम्पनी कार्य मंत्रालय, भारत सरकार—1979, पृ० 218
4. 'Principles and Practice of Business Communication'—Rhoda Doctor, and Aspi Doctor—17th Edition—1991, P. 483

अध्याय-7

व्यावसायिक संप्रेषण के अन्य रूप

व्यावसायिक संप्रेषण के प्रमुख रूपों पर विचार करने के बाद इस अध्याय में हम इसके शेष रूपों पर संक्षेप में विचार करेंगे। ये हैं—कार्यवृत्त, प्रेस विज्ञप्ति/नोट, प्रशंसापत्र और प्रमाणपत्र, संविदा और करार, सूचनाएं, नियम-विनियम, नोट या टिप्पण, प्रचार-सामग्री, फार्म, विवरण, निविदा, तार, प्रबंधन सूचना आदि।

कार्यवृत्त

अंग्रेज़ी के Minutes के पर्याय के रूप में प्रयुक्त 'कार्यवृत्त' या 'कार्यविवरण' का अर्थ निम्नानुसार है—

(1) "किसी बैठक की कार्यवाही का संक्षिप्त सारांश"[1]

(2) "कार्यवाही का संक्षेप; (बैठक का) संक्षिप्त कार्यविवरण" (Minutes of proceedings)[2]

(3) "किसी सभा, समिति आदि की बैठक की कार्यवाही का अभिलेख, घटनाओं या लेनदेनों का संक्षिप्त विवरण"[3]

(4) "मंडल, समिति या आम बैठक में किए गए कार्यों का लिखित अभिलेख या विवरण"[4]

कंपनी अधिनियम 1956 में इन बैठकों के कार्यवृत्त लेखन की आवश्यकता, प्रक्रिया, कानूनी महत्त्व आदि के सबंध में विस्तृत दिशानिर्देश दिए गए हैं। केवल कंपनियां ही नहीं बल्कि स्वैच्छिक और गैर-लाभकारी संस्थाएं, सहकारी समितियां, सहकारी आवास समितियां, संघ, सामाजिक संस्थाएं आदि भी कार्यवृत्तों के ज़रिए अपनी बैठकों की कार्यवाहियों का रिकार्ड रखती हैं।

बैंकिंग स्तर पर भी निदेशक मंडल, प्रबंध समिति से लेकर ग्राहक सेवा समिति तक भिन्न-भिन्न प्रकार की अनेक समितियां होती हैं जिनकी समय-समय

पर बैठकें हुआ करती हैं। सरकारी स्तर पर तो समितियों की कोई सीमा ही नहीं है। जहां-जहां समिति वहां-वहां बैठकों और कार्यवृत्तों का अस्तित्व उतना ही सहज और स्वाभाविक हो जाता है।

कार्यवृत्तलेखन के सिद्धांत

कंपनी अधिनियम में या कंपनी स्तर पर कार्यवृत्तलेखन के विभिन्न अंगों पर जितना व्यवस्थित रूप से विचार किया गया है उतना कदाचित् किसी भी स्तर पर नहीं किया गया है। उक्त अधिनियम के अनुसार कार्यवृत्तलेखन का दायित्व सचिव का है (अन्य स्तरों पर उसे सदस्य-सचिव भी कहा जाता है)।

शैली की दृष्टि से उसके सामने दो प्रकार के विकल्प रहते हैं—

(1) संकल्पात्मक कार्यवृत्त

(2) विवरणात्मक कार्यवृत्त

संकल्पात्मक कार्यवृत्त में केवल औपचारिक और अंतिम रूप से पारित किए गए संकल्पों का ही अभिलेखन होता है, संकल्पों से संबद्ध विभिन्न चर्चाओं, मतदान, मतभेद आदि का नहीं।

विवरणात्मक कार्यवृत्त में संकल्पों के अतिरिक्त उन पर बैठक में हुई चर्चा, सहमति-असहमति की स्थिति, मतदान-पद्धति आदि का भी संक्षिप्त विवरण रहता है जिससे पाठक के सामने बैठक की कार्यवाही का सही और समग्र चित्र सामने आ जाता है। इस प्रकार का कार्यवृत्त संकल्पों की वैचारिक पृष्ठभूमि समझने में अत्यंत सहायक होता है।

उपर्युक्त अधिनियम के अनुसार कार्यवृत्तलेखन के सामान्य सिद्धांत इस प्रकार हैं—

(1) बैठक की तारीख से एक महीने की अवधि के भीतर कार्यवृत्त लिखा जाना चाहिए।

(2) कार्यवृत्त के लिए एक विशेष रजिस्टर या पुस्तक रखी जानी चाहिए और उसीमें कार्यवृत्त लिखा जाना चाहिए।

(3) कार्यवृत्त रजिस्टर के प्रत्येक पृष्ठ पर संख्या दी जानी चाहिए और बायीं ओर लगभग दो इंच का हाशिया छोड़ा जाना चाहिए।

(4) इसी प्रकार, प्रत्येक कार्यवृत्त की भी संख्या दी जानी चाहिए और उसकी अनुक्रमणिका भी बना ली जानी चाहिए। कार्यवृत्तों की संख्या सामान्यतः क्रमागत रूप से दर्शायी जाती है। अनुक्रमणिका सामान्यतः वर्णमाला के अनुसार बनाईजाती है।

(5) कार्यवृत्त रजिस्टर के प्रत्येक पृष्ठ पर सामान्य बैठकों के मामले में बैठक के अध्यक्ष के आद्यक्षर या हस्ताक्षर और निदेशकों की बैठक के मामले

होंगे। प्रत्येक बैठक के कार्यवृत्त के अंतिम पृष्ठ पर तारीख सहित अध्यक्ष के हस्ताक्षर होंगे।

(6) कार्यवृत्त सीधे रजिस्टर में ही लिखा जाना चाहिए। उसे टंकित या मुद्रित रूप में रजिस्टर में चिपकाना वर्जित है।

(7) निदेशक मंडल की या मंडल की विभिन्न समितियों की बैठकों में उपस्थित निदेशकों के नाम कार्यवृत्त में शामिल किए जाने चाहिए। अमुक प्रस्ताव पारित करने में यदि किसी निदेशक ने असहमति प्रकट की हो तो उसका भी कार्यवृत्त में उल्लेख किया जाना चाहिए।

(8) बैठक में अधिकारियों की नियुक्ति की गई हो या उनकी कार्यावधि बढ़ाई गई हो तो उसका भी उल्लेख कार्यवृत्त में आवश्यक हो जाता है।

(9) लिमिटेड कंपनियों के मामले में दो प्रकार के कार्यवृत्त रजिस्टर रखे जाते हैं—एक शेयरधारकों की बैठकों के लिए और दूसरा निदेशकों की बैठकों के लिए।

(10) प्रत्येक बैठक के कार्यवृत्त को उचित शीर्षक भी दिया जाना चाहिए। हां, उसमें 'कार्यवृत्त' पद डालने की ज़रूरत नहीं है। शीर्षक में बैठक का स्वरूप, तारीख, समय और आयोजन स्थान का समावेश होता है।

(11) मंडल की बैठकों को छोड़कर अन्य बैठकों के मामले में प्रस्ताव रखने वाले और उसका समर्थन करने वाले व्यक्तियों का नामोल्लेख होना चाहिए।

(12) ऐसी किसी भी सामग्री को, जो किसी व्यक्ति की मानहानि से संबंधित हो, अप्रासंगिक हो या महत्त्वपूर्ण न हो या कंपनी के हितों की दृष्टि से हानिकर्त्ता हो, कार्यवृत्त में शामिल नहीं किया जाना चाहिए।

(13) पारित संकल्प साधारण था या विशेष उसका भी स्पष्ट उल्लेख होना चाहिए। विशेष संकल्प की स्थिति में पक्ष और विपक्ष में मतदान करने वालों की संख्या भी दर्शायी जानी चाहिए।

(14) कार्यवृत्त को अंतिम रूप देने के पूर्व काट-छांट की संभावनाओं को ध्यान में रखते हुए निदेशक मंडल की बैठक के कार्यवृत्त का प्रारूप तैयार कर बैठक में उसे वितरित करवाने की भी एक परंपरा विशेषकर भारत में प्रचलित है। यह सचिव का फर्ज बनता है कि वह कंपनी अधिनियम में निर्धारित समय सीमा के अन्दर अध्यक्ष के हस्ताक्षर कार्यवृत्त पर करवा ले। अध्यक्ष के हस्ताक्षरों का मतलब होता है 'कार्यवृत्त की पुष्टि'।

(15) कार्यवृत्त रजिस्टर कंपनी के पंजीकृत कार्यालय में सदस्यों के निरीक्षण

के लिए रोज़ कम-से-कम दो घंटों के लिए रखने का प्रावधान है । उचित सूचना एवं सामान्य फीस के भुगतान के बाद सदस्य कार्यवृत्त की प्रति भी पा सकते हैं । यह प्रावधान निदेशक मंडल की उन बैठकों के लिए लागू नहीं होता जिनमें गोपनीय विषयों पर विचार किया गया हो ।

जहां तक राष्ट्रीयकृत बैंकों का प्रश्न है, निदेशक मंडल और प्रबंधन समिति एवं मंडल द्वारा गठित अन्य सलाहकार समितियों की बैठकों, कार्यक्षेत्र, कार्यविधि आदि के संबंध में बैंककारी कंपनी (उपक्रमों का अर्जन और अंतरण) अधिनियम, 1970 और 16 नवंबर 1970 को वित्त मंत्रालय, आर्थिक कार्य-विभाग, बैंकिंग प्रभाग, नई दिल्ली द्वारा जारी की गई अधिसूचना में दिशानिर्देश दिए गए हैं ।

कार्यवृत्त : एक झलक

ऊपर हमने दो प्रकार के कार्यवृत्तों का उल्लेख किया है––संकल्पात्मक कार्यवृत्त और विवरणात्मक कार्यवृत्त । बैंकिंग क्षेत्र से ही दोनों की एक-एक झलक देख लें—

(1)

……………बैंक के निदेशक मंडल की
प्रधान कार्यालय,……………में दिनांक
……………19………को प्रात: 11 बजे
आयोजित बैठक का कार्यवृत्त

दिनांक……………को जारी की गई बैठक की सूचना के अनुसरण में ……………बैंक के निदेशक मंडल की बैठक प्रधान कार्यालय,………में ……………वार, दिनांक……………, 19……………को प्रातः 11 बजे आयोजित हुई ।

निम्नलिखित निदेशक उपस्थित थे—

……………………, अध्यक्ष एवं प्रबंध निदेशक

……………………, कार्यालय निदेशक

……………………

……………………

……………………

श्री……………………और श्री……………………………………………………को अनुपस्थित रहने की अनुमति दी गई थी ।

1. कार्यवृत्त की पुष्टि (मद सं०......)

निदेशक मंडल की दिनांक.............................को आयोजित बैठक का कार्यवृत्त, जिसे पहले ही परिचालित किया गया था, पढ़ा गया तथा उसकी पुष्टि की गई।

2. संकल्प किया गया कि बैंककारी कंपनी (उपक्रमों का अर्जन और अंतरण) अधिनियम, 1970/1980 और राष्ट्रीयकृत बैंक (प्रबंध और प्रकीर्ण उपबंध) योजना, 1970/80 की संगति में, मंडल समय-समय पर जो ऐसे सामान्य और विशेष निदेश जारी करे उनके अधीन प्रबंधन समिति निम्नलिखित मामलों के संबंध में बैंक में निहित सभी अधिकारों का प्रयोग कर सकती है—

(i) जमा संग्रहण के लिए नई जमा योजनाओं का प्रारंभ ;

(ii) ग्राहकों को दिए जाने वाले ऋण एवं अन्य सहायता, चाहे 12.00 करोड़ रु० या उसके बराबर की रकम तक/का निधीयन किया गया हो या नहीं लेकिन, कंपनियों के शेयरों और डिबेंचरों में निवेश या उनकी हामीदारी को छोड़कर, के सभी मामले ;

(iii) 2.00 लाख रु० से ऊपर और 10.00 लाख रु० तक बट्टे खाते डाले जाने वाले, हानि, छूट/माफी, समझौते और निपटान के सभी मामले लेकिन, इस शर्त पर कि अशोध्य ऋण/बट्टे खाते डाली गई हानियों, दी गई छूट/माफी और देनदारों/उधारकर्ताओं के साथ किए गए समझौतों/निपटानों का विवरण प्रबंधन समिति के अनुमोदन के साथ मंडल के समक्ष भी प्रस्तुत करना होगा, जैसाकि योजना में उपबंधित है ; और

(iv) भारतीय रिज़र्व बैंक द्वारा निर्धारित प्राचलों के अंतर्गत दान।

1. मंडल की अगली बैठक

यह निर्णय लिया गया कि निदेशक मंडल की अगली बैठक............वार, दिनांक.......................बैंगलूर में आयोजित होगी।

(2)

मद 5 : आधिकारिक प्रलेखों पर हिन्दी में हस्ताक्षर

उपर्युक्त मद पर सरकारी क्षेत्र के कतिपय बैंकों द्वारा उठाई गई समस्याओं पर विचार-विमर्श हुआ। तथापि अन्य बैंकों द्वारा इस बारे में कोई कठिनाई महसूस नहीं की गई। क्षेत्रीय भाषाओं के उपयोग का प्रश्न सरकारी क्षेत्र के बैंकों के स्वविवेक पर छोड़ दिया गया।

जहां तक आधिकारिक प्रलेखों पर हिन्दी में हस्ताक्षर करने का संबंध है, यह तय हुआ कि बैंकों के अधिकारियों और कर्मचारियों को यदि वे आधिकारिक प्रलेखों

पर हिन्दी में हस्ताक्षर करना चाहें, उन्हें ऐसा करने की अनुमति है बशर्ते कि वित्तीय स्वरूप के प्रलेखों के मामले में अधिकारियों को गड़बड़ी से बचने के लिए हमेशा एक ही लिपि (अंग्रेज़ी अथवा हिन्दी) में हस्ताक्षर करने चाहिए।·········
बैंक के श्री·········द्वारा पूछे गए एक प्रश्न पर यह तय हुआ कि उक्त शर्त संबंधित बैंक के पास रखे जानेवाले बैंक के अधिकारियों के हस्ताक्षरों (अर्थात् जब भी नमूने के हस्ताक्षरों को कार्यालयों में घुमाया जाना हो) पर भी लागू की जाए।

कार्यवृत्त की चर्चा के सिलसिले में सरकारी स्तर पर प्रयुक्त 'संकल्प' शब्द पर भी थोड़ा विचार कर लेना चाहिए। "संकल्प का प्रयोग नीति संबंधी सरकारी निर्णयों, जांच समितियों या जांच आयोगों की नियुक्तियों अथवा समितियों के निर्णयों के निष्कर्षों आदि की सार्वजनिक घोषणा करने के लिए किया जाता है।"[5]

अधिसूचना की तरह संकल्प भी भारत सरकार के राजपत्र में प्रकाशित होता है। अधिसूचना और संकल्प में संयुक्त-सचिव स्तर के अधिकारी ही हस्ताक्षर करते हैं। एक नमूना नीचे प्रस्तुत है—

(भारत सरकार के राजपत्र भाग 1-खंड 4 में प्रकाशनार्थ)

सं०·················

भारत सरकार,

रेल मंत्रालय,

नई दिल्ली, दिनांक···············

संकल्प

विगत कुछ वर्षों से रेल-दुर्घटनाओं की रोकथाम के लिए सरकार चिंतित रही है और इसके लिए प्राप्त अनेक सुझाओं को कार्यान्वित करने हेतु बड़ी गंभीरता से विचार करती रही है। अब भारत सरकार ने इस समस्या के सभी पहलुओं पर विचार करने के लिए समिति गठित करने का निर्णय लिया है, जिसमें सरकारी प्रतिनिधियों के अतिरिक्त महत्त्वपूर्ण जनसेवी संस्थाओं के व्यक्तियों को भी मनोनीत किया जाएगा।

2. इस समिति के अध्यक्ष श्री·········होंगे।

इसके निम्नलिखित सदस्य होंगे—

(1)·····················

(2)·····················

(3)·····················

3. यह समिति निम्नलिखित विषयों या अन्य ऐसे विषयों पर जिन्हें वह आवश्यक समझे, अपनी सिफारिशें प्रस्तुत करेगी—

(क)......................

(ख)......................

(ग)......................

4. समिति 1 अक्तूबर 1994 से अपना काम शुरू करेगी। इसका कार्यकाल छह महीने का होगा।

(क० ख० ग०)
सचिव, रेलवे बोर्ड

आदेश—आदेश दिया जाता है कि इस संकल्प की प्रतिलिपि प्रस्तावित समिति के अध्यक्ष तथा सदस्यों को दी जाए।

(2) यह भी आदेश दिया जाता है कि इसे भारत के राजपत्र में तथा जनसाधारण की सूचनार्थ देश के प्रमुख समाचार-पत्रों में प्रकाशित कराने का प्रबंध किया जाए।

(क० ख० ग०)
सचिव, रेलवे बोर्ड[6]

प्रेस विज्ञप्ति/नोट

चाहे सरकारी स्तर हो या गैर-सरकारी, चाहे बैंक हो या वित्तीय संस्था, चाहे सामाजिक संस्था हो या धार्मिक, चाहे शैक्षणिक संस्था हो या गैर-शैक्षणिक, प्रत्येक के जीवन में कुछ ऐसी घटनाएं घटती हैं जिनकी सूचना समाचार-पत्रों के माध्यम से आम जनता तक पहुंचाना आवश्यक हो जाता है। ऐसी स्थिति में प्रेस विज्ञप्ति या प्रेस नोट (टिप्पणी) का सहारा लिया जाता है।

विक्षप्ति के लिए अंग्रेजी शब्द है—communique जिसका अर्थ होता है 'आधिकारिक घोषणा'।[7] इसके दायरे में सरकार द्वारा घोषित सार्वजनिक छुट्टी, गाड़ियों/उड़ानों के समयों में परिवर्तन, यात्रा-किरायों में वृद्धि, नये कार्यालय, विभाग या शाखा का प्रारंभ, शाखा के कामकाज के समयों में परिवर्तन, जमाराशियों और ऋण की ब्याज दरों में परिवर्तन, नई जमा और ऋण-योजनाओं का प्रारंभ, परीक्षाओं या उनके परिणामों की तारीखों में परिवर्तन, पुरस्कारों की घोषणा, विशेष कार्यों के लिए आयोग या समिति का गठन इत्यादि असंख्य बिषय आ जाते हैं।

कभी-कभी प्रेस विज्ञप्ति और प्रेस नोट को एक ही मान लिया जाता है। लेकिन, दोनों में तात्विक अंतर है। "प्रकाशित की जाने वाली सूचना यदि विशेष महत्त्व की हो और उसके मसौदे में थोड़ा-सा भी अंतर कर देने पर यदि उसके

मतंव्य को समझने में कुछ कठिनाई या अर्थभेद होने की आशंका हो तो उसे **प्रेस विज्ञप्ति** के नाम से संपादक के पास भेजा जाता है। प्रेस विज्ञप्ति औपचारिक होती है इसलिए संपादक को उसके संपादन का अधिकार नहीं होता। उसे ज्यों-का-त्यों समाचारपत्र में प्रकाशित किया जाता है।······**प्रेस टिप्पणी** औपचारिक नहीं होती। इसका उद्देश्य केवल सूचना को विस्तृत प्रचार के लिए प्रकाशित करना होता है। प्रेस टिप्पणी को संपादक सुविधानुसार संपादित कर सकता है, अर्थात् वह उसके आकार को छोटा या बड़ा कर सकता है। शब्दों या वाक्य रचना को बदल सकता है।[8]

इसके अतिरिक्त प्रेस विज्ञप्तियों (परीक्षा-परिणाम जैसे मामलों से संबंधित) के साथ इस बात का भी निर्देश दे दिया जाता है कि उसे अमुक तारीख को अमुक बजे से पहले प्रकाशित न किया जाए। यह इसलिए कि उसके प्रकाशन की तारीख पहले से ही घोषित की गई होती है। प्रेस नोट के प्रकाशन के मामले में संपादक अपनी सुविधानुसार एकाध दिन इधर-उधर भी कर सकता है।

यहां 'प्रकाशनार्थ विज्ञप्ति' (Press Release) पर भी थोड़ा विचार कर लें। व्यावसायिक संस्थाएं अपनी गतिविधियों की सूचना के प्रकाशन के लिए इस माध्यम का भी काफी उपयोग करती हैं। लेकिन, यहां यह भी ध्यातव्य है कि समाचार के रूप में प्रकाशित होने वाली इस प्रकार की विज्ञप्ति विज्ञापन से भिन्न है। संस्थाएं सामान्यतः अपने विज्ञापन में अपनी प्रगति या उपलब्धियों का एक गुलाबी चित्र प्रस्तुत करती हैं। विज्ञापनों पर संपादक अपने अधिकारों का प्रयोग नहीं कर सकता क्योंकि, विज्ञापनों पर संस्थाएं मुंहमांगा दाम देती हैं। विज्ञापनों के लिए संस्थाओं का अलग बजट ही होता है। जबकि, समाचारों के रूप में प्रकाशित होने वाली 'प्रकाशनार्थ विज्ञप्तियां, जनता की दृष्टि से अधिक विश्वसनीय होती हैं क्योंकि संपादक की ओर से उसमें एक संतुलन लाया जाता है।

श्रेष्ठ 'प्रकाशनार्थ विज्ञप्ति' वही हैं जिसमें संपादक के लिए परिवर्तन करने की कम-से-कम या नहींवत् गुंजाइश हो। और, इसके लिए यह ज़रूरी है कि उसमें अतिशयोक्तिपूर्ण विशेषणों से रहित घटना, समारोह या प्रगति का वस्तुपरक निरूपण किया गया हो, गलत दावे न किए गए हों, सरल भाषा का प्रयोग किया गया हो, एक साथ अनेक मदों का मिश्रण या घालमेल न किया गया हो, अपने वरिष्ठ लोगों को आसमान पर चढ़ाने या प्रतिस्पर्धियों को पटकने की प्रवृत्ति न हो, अनावश्यक विस्तार न हो, समाचार-पत्र की रिपोर्ट की भांति शीर्षक हो एवं विषय-वस्तु में कौन, क्या, कहां, कब, क्यों और कैसे की अपेक्षित जिज्ञासाओं का सहज और स्वाभाविक रूप में उत्तर मिल जाता हो।

उदाहरण प्रस्तुत हैं—

(1)

(सरकारी) प्रेस विज्ञप्ति

(दिनांक·········जनवरी·········को 10 बजे (पूर्वाह्न) से पूर्व प्रसारित और प्रकाशित न किया जाए।)

प्रेस विज्ञप्ति

भारत और बर्मा के बीच व्यापारिक संबंध

भारत सरकार और बर्मा सरकार के बीच व्यापारिक संबंध मज़बूत करने के लिए आज दिनांक·········जनवरी·········4 बजे (अपराह्न) भारत और बर्मा के विदेश मंत्रियों के बीच नई दिल्ली में एक समझौते पर हस्ताक्षर हुए। तदनुसार दोनों देशों के परस्पर व्यापार को बढ़ावा देने के लिए एक-दूसरे से आयात की जाने वाली वस्तुओं पर लगने वाले सरकारी शुल्क की दर 25 प्रतिशत कम कर दी गई है। दोनों देशों की सरकारों को विश्वास है कि इससे व्यापारिक संबंध के साथ-साथ उनके पारस्परिक राजनीतिक और सांस्कृतिक संबंध भी सुदृढ़ होंगे।

भारत सरकार
विदेश मंत्रालय
नई दिल्ली, दिनांक·········

सं०············

प्रधान सूचना अधिकारी, प्रेस सूचना ब्यूरो, भारत सरकार नई दिल्ली को यह विज्ञप्ति विस्तृत प्रचार और प्रकाशनार्थ भेजी जाती है।

(क० ख० ग०)
सचिव, भारत सरकार
फोन नं०············9

(2)

प्रकाशनार्थ विज्ञप्ति

·········बैंक द्वारा समृद्धि स्टाकइन्वेस्ट
योजना का प्रारंभ

अपनी सेवाओं के सतत विस्तार की परंपरा में············बैंक ने आज

……बजे……(बम्बई)…में 'समृद्धि स्टाकइन्वेस्ट' के नाम से एक नई योजना का प्रारंभ किया।

2. यह योजना निवेशकर्ता जनता की आवश्यकता को ध्यान में रखकर तैयार की गई है। उन्हें अब शेयर और डिबेंचरों के लिए आवेदन करते समय अपनी गाढ़ी कमाई के पैसों से वंचित नहीं होना पड़ेगा। 'समृद्धि स्टाकइन्वेस्ट' भुगतान की एक ऐसी लिखत है जो मांग ड्राफ्ट या बैंकर चेक की भांति व्यक्ति को चिंतामुक्त करती है। तथापि, शेयर और डिबेंचरों के लिए आवेदन करने वाले निवेशकर्ता को मांग ड्राफ्ट के मामले की तरह अपने खाते से पैसा निकालने की ज़रूरत नहीं पड़ेगी। इसके स्थान पर वह निश्चित मूल्यवर्ग में 'समृद्धि स्टाकइन्वेस्ट' के लिए अनुरोध कर सकता है जिसके फलस्वरूप शेयरों/डिबेंचरों के आबंटन के बाद ही उसके खाते से उतनी रकम नामे की जाएगी। तब तक उसके पैसे पर उसे ब्याज मिलता रहेगा।

3. 'समृद्धि स्टाकइन्वेस्ट' 250 रु०, 500 रु०, 1000 रु०, 2,500 रु०, 5,000 रु० और 10,000 रु० के मूल्यवर्गों में उपलब्ध होंगे। यह योजना प्रायोगिक स्तर पर 16 शाखाओं में, जिनमें 10 बम्बई की शाखाएं भी शामिल हैं, प्रारंभ की गई है। प्राप्त अनुभव और ग्राहकों की प्रतिक्रिया को देखते हुए क्रमशः अन्य शाखाओं में भी इसका विस्तार किया जाएगा।

4. 'समृद्धि स्टाकइन्वेस्ट' के अलावा……बैंक कुछ महत्त्वपूर्ण केन्द्रों में नये सार्वजनिक निर्गमों, भारतीय यूनिट ट्रस्ट की नई योजनाओं और उनके भुगतान, स्टाकइन्वेस्ट स्क्रिपों, लाभांश भुगतान/ब्याज, भुगतान/वापसी आदेश प्रबंधन आदि से संबंधित आवेदनपत्र उपलब्ध कराने की सुविधा प्रदान करने वाले स्वतंत्र निवेश सेवा केन्द्रों की भी स्थापना करेगा।

बम्बई महा प्रबंधक
ता०…………

(3)

प्रेस नोट (टिप्पणी)

भारत सरकार ने फरवरी 1980 से केन्द्रीय सरकार के कर्मचारियों को महंगाई भत्ते की एक और किस्त देने का निर्णय किया है। यह महंगाई भत्ता 1600/- रुपए तक मूल वेतन पानेवाले कर्मचारियों को दिया जाएगा। भत्ते की अधिकतम राशि साठ रुपए होगी। परंतु इसका आधा अंश कर्मचारियों की भविष्य निधि में जमा किया जाएगा। इस महंगाई भत्ते में वृद्धि का लाभ पेंशन पाने वालों को भी मिलेगा।

(क० ख० ग०)
सचिव, वित्त मंत्रालय 10

मित्त मंत्रालय,
दिनांक 10 मई, 1980

पिछले उदाहरणों से यह स्पष्ट है कि व्यावसायिक संस्थाओं की ओर से जारी होने वाली 'प्रकाशनार्थ विज्ञप्तियां' तात्विक दृष्टि से जितनी 'प्रेस नोट' के नज़दीक हैं उतनी 'प्रेस विज्ञप्तियों' के नहीं।

प्रशंसापत्र और प्रमाणपत्र

अंग्रेज़ी शब्द Testimonial और Certificate के लिए क्रमश: 'प्रशंसापत्र' और 'प्रमाणपत्र' का प्रयोग किया जाता है। प्रशंसापत्र के लिए 'शंसापत्र, सिफारिशनामा, सिफारिशी चिट्ठी'[11] जैसे पर्याय भी शब्दकोश में दृष्टिगोचर होते हैं। 'बृहत् हिन्दी कोश' में इसके लिए 'प्रमाणपत्र' शब्द का प्रयोग किया गया है।[12] यों तो प्रशंसापत्र भी एक प्रकार का प्रमाणपत्र ही है लेकिन, 'प्रमाणपत्र' एक व्यापक शब्द है जबकि 'प्रशंसापत्र' उतना व्यापक नहीं है।

'प्रशंसापत्र' की परिभाषा गर्टसाइड ने इस प्रकार दी है—

"किसी अन्य व्यक्ति के चरित्र, योग्यता, क्षमता, व्यवहार या साख के प्रमाणस्वरूप किसी ज़िम्मेदार व्यक्ति द्वारा दिया गया प्रमाणपात्र।"[13]

इसकी तुलना में प्रमाणपत्र प्रशंसापत्र के अतिरिक्त 'किसी भी तथ्य का लिखित घोषणा पत्र[14] हो सकता है। 'विधि शब्दावली' में प्रमाणपत्र की परिभाषा इस प्रकार दी गई है—"ऐसा लिखित माध्यम जिसके द्वारा कोई अधिकारी या अन्य व्यक्ति प्रमाणित करता है कि कोई घटना घटी है या नहीं; किसी भी घटना की सचाई का लिखित प्रमाण।"[15] इसके अंतर्गत तो जन्म से लेकर मृत्यु तक की कोई भी घटना आ सकती है अर्थात् जन्म और मृत्यु के अलावा एस० एस० सी०, विश्वविद्यालय या व्यावसायिक संस्था से प्राप्त उपाधि या डिप्लोमा, आरोग्य या स्वास्थ्य, प्रशासन, सुपुर्दगी, सक्षमता, पहचान, निगमन, बीमा, डाक, व्यवसाय, मान्यता, रजिस्ट्रीकरण, विक्रय, सेवा, शेयर, बीमारी, अस्पताल में भर्ती से मुक्ति, सर्वेक्षण, इत्यादि असंख्य विषयों का विराट विश्व प्रमाणपत्रों के लिए खुला है।

प्रशंसापत्र और प्रमाणपत्र दोनों का संबंध पत्र की विधा के साथ होने पर भी निम्नलिखित बातों में वे पत्र से भिन्न हैं—

(i) उनमें संबोधन और अभिवादनात्मक समाप्ति नहीं होती।

(ii) वे संक्षिप्त होते हैं।

(iii) उनका संबंध केवल एक ही विषय से होता है।

जब किसी कर्मचारी को प्रशंसापत्र दिया जाता है तब उसमें उसके सेवाकाल और सेवात्याग के कारण का स्पष्ट उल्लेख आवश्यक हो जाता है।

अब दोनों के उदाहरणों पर निगाह डाल लें।

(1)
प्रशंसापत्र

................बैंक

....

....

ता०....................

श्री....................के लिए यह प्रशंसापत्र लिखते हुए मुझे अत्यंत प्रसन्नता हो रही है। पिछले सात वर्ष से हमारे विभाग में रहकर राजभाषा अधिकारी के रूप में उन्होंने अपनी सेवाएं प्रदान कीं।

श्री..............एक निष्ठावान एवं प्रतिभाशाली व्यक्ति हैं। उन्होंने अपने सेवाकाल के दौरान जिस सूझ-बूझ, कार्यदक्षता एवं ईमानदारी का परिचय दिया उसे देखते हुए उनका उज्ज्वल भविष्य संदेहातीत है। प्रगति की बेहतरीन संभावनाओं की दृष्टि से उनके द्वारा प्रस्तुत त्यागपत्र स्वीकृत करने के लिए बैंक को बाध्य होना पड़ा है।

उनके निरंतर उत्कर्ष की हम मंगल कामना करते हैं।

मुख्य प्रबंधक

(**टिप्पणी**—प्रशंसापत्रों में अब 'To Whomsoever it may concern' अर्थात् 'जिससे भी संबंधित हो' लिखने की परंपरा लुप्त हो गई है इस पर कृपया ध्यान दें।)

(2)
प्रमाणपत्र

प्रमाणित किया जाता है कि विभिन्न कार्य की मदों के लिए इस......चल बिल/अंतिम बिल में ठेकेदारों......द्वारा जितनी मात्रा में दावा किया गया है वे उतनी मात्रा में और उचित दरों पर पूरी हो चुकी हैं और मदें मानक/निर्धारित विनिर्धारणों व नक्शों के अनुसार एवं उनके पूर्णतः समनुरूप हैं। हम यह भी प्रमाणित करते हैं कि हमने इस बिल में दावा की गई प्रत्येक मद से संबंधित...... प्रतिशत तक के मापनों, लेकिन 25 प्रतिशत से कम नहीं, की जांच कर ली है। अतः रु०..........के बिल के भुगतान की सिफारिश की जाती है।

तारीख.................... ....

(वास्तुविद् के हस्ताक्षर)[16]

(3)

……………………बैंक

……………………

……………………

ता०………………

प्रमाणित किया जाता है कि हमारे विभाग में कार्यरत अधिकारी श्री……
……का माह सितंबर 1993 का वेतन विवरण निम्नानुसार है—

मूल वेतन रु०……………………

महंगाई भत्ता रु०……………………

मकान किराया भत्ता रु०………………

नगर प्रतिपूरक भत्ता रु०………………

कुल रु०………………

मुख्य प्रबंधक
कार्मिक

संविदा और करार

संविदा (Contract) की परिभाषा इस प्रकार दी गई है—

"एक ऐसा करार जो विधि द्वारा प्रवर्तनीय कानूनी बाध्यता निर्मित करने के उद्देश्य से किया जाता है।"[17]

भारत में इससे संबंधित अधिनियम भी है जिसे 'भारतीय संविदा अधिनियम, 1872' कहते हैं। 1 सितंबर, 1872 से इसे सारे भारत पर लागू किया गया। बाद में सन् 1951 में अधिनियम 3 द्वारा संशोधन के बाद जम्मू और कश्मीर को इसकी परिधि से मुक्त किया गया।

"इस अधिनियम का उद्देश्य सामान्य मानवीय व्यवहारों की विधिविहित अपेक्षाओं, आश्वासनों तथा वचनों के अनुपालन और उन्हें पूरा करने से संबंधित व्यवस्थाएं निरूपित करना है।"[18]

संविदा की प्रक्रिया के मूल में किसी काम को करने या न करने या उससे प्रविरत रहने (abstain from doing) संबंधी कोई प्रस्ताव होता है। इसके दो पक्ष होते हैं—एक प्रस्ताव रखनेवाला या करनेवाला 'वचनदाता' (Promisor) और दूसरा प्रस्ताव स्वीकार करनेवाला 'वचनगृहीता' (Promisee)। वचन पूरा करने का परिणाम 'वचन का प्रतिफल' (Consideration) होता है।

जैसाकि ऊपर हम देख चुके हैं संविदा एक करार है। भारतीय संविदा अधिनियम के अनुसार "प्रत्येक वचन या वचनों का प्रत्येक समुच्चय, जो एक-दूसरे के

लिए प्रतिफल बनता हो, करार है ।"[19]

तात्पर्य यह है कि सही करार संविदा बन सकता है जिसमें निम्नलिखित तत्त्व हों—

(1) संविदा दो या उससे अधिक व्यक्तियों के बीच होती है।

(2) वह विधि द्वारा प्रवर्तनीय होती है।

(3) किसी पार्टी द्वारा किसी कार्य को करने या उससे प्रविरत रहने के संबंध में प्रस्तुत प्रस्ताव की स्वीकृति दूसरी पार्टी द्वारा हो।

(4) उसमें प्रतिफल का विचार किया गया हो।

यह ध्यातव्य है कि प्रत्येक संविदा करार है लेकिन प्रत्येक करार संविदा नहीं है। किसी विषय पर दो पक्षों की सहमति, भले ही वह विधि द्वारा प्रवर्तनीय न हो या उसमें प्रतिफल का विचार न किया गया हो, करार को जन्म दे सकती है। लेकिन, कोई भी करार संविदा में परिवर्तित तभी होगा जब उसमें उपर्युक्त तत्त्व विद्यमान होंगे।

अब 'संविदा' का एक उदाहरण लें। निर्माणकार्य के संदर्भ में निविदाकार और बैंक के बीच जिस संविदा विलेख का निष्पादन अपेक्षित है उसमें निम्नलिखित बातें आवश्यक समझी गई हैं [20]—

1. करार के अंतर्नियम—करार के अंतर्नियमों का सामान्य रूप निविदा के दस्तावेजों के प्रारंभ में समाविष्ट होगा। मूल निविदा पर जिस राज्य में करार निष्पादित होने वाला है उस राज्य के प्रचलित स्टाम्प अधिनियम तथा स्टाम्प शुल्क के अनुसार उचित मूल्य के 'स्टाम्प कागज़' पर करार के अंतर्नियम होंगे।
2. मूल निविदा दस्तावेज़
3. निविदा दस्तावेज़ों में संशोधन
4. संबंधित पत्राचार—वे सभी पत्र तथा पत्रव्यवहार जो संविदा के भाग हैं और जिनका स्वीकृति-पत्र में उल्लेख है।
5. स्वीकृतिपत्र
6. नक्शे-निविदा दस्तावेज़ में सूचीबद्ध सभी नक्शे

भाषा-शैली की दृष्टि से इनका केवल एक अंश नीचे प्रस्तुत है—

यह करार············में एक हजार नौ सौ············के············
महीने के दिन···(अधिनियम का नाम)··········अधिनियम, 19·········के
अधीन नियत निगमित निकाय···················(बैंक का नाम)············
जिसका प्रधान कार्यालय···········(बैंक का पता)·························
में है (जिसे इसमें इसके पश्चात् 'नियोक्ता' कहा गया है) जो कि एक पक्ष है और
························(वास्तुविदों के नाम और पते)················

(जिन्हें इसमें इसके पश्चात् 'वास्तुविद्' कहा गया है) जो कि **दूसरा पक्ष है के** बीच किया जाता है। यतः नियोक्ता······(भवन परियोजना का पता दें)······ पर (जिसे इसमें इसके पश्चात् 'परियोजना' कहा गया है) भवन बनवाने का इरादा रखता है और यतः नियोक्ता प्रस्तावित भवन (कार्य का स्वरूप अर्थात् कार्यालय/फ्लैट आदि दें) की डिज़ाइन हेतु वास्तुविदों को नियुक्त करने का इच्छुक है।

अब यह विलेख इस बात का साक्ष्य है और इसके पक्षकार एतद्द्वारा निम्नानुसार सहमत हैं—

(निबंधनों व शर्तों का उल्लेख)

1.··

2.··

की उपस्थिति में··············(बैंक का नाम)···························के

श्री·····························(पदनाम)·································

जो मुख्तार भी हैं, द्वारा हस्ताक्षरित और प्रदत्त।

1.··

2.··

की उपस्थिति में श्री················के·······(वास्तुविदों के नाम)·········

भागीदार द्वारा हस्ताक्षरित और प्रदत्त जिसके साक्ष्य में इस करार के पक्षकार एतद्द्वारा उपर्युक्त वर्ष और दिन को हस्ताक्षर करते हैं।

(देखिए—'निर्माण कार्य निर्देशिका'—भा० बै० सं०—संशोधित, पृ० 91 से 96)

अब माल के दृष्टिबंधन से संबंधित करार के प्रारूप की ओर केवल एक दृष्टिपात कर लें।

विशेष चिपकने वाला टिकट

············बैंक

माल दृष्टिबंधन

आज वर्ष·········के·········माह के··········· दिन को···················

···

···

(जिन्हें इसके बाद "उधारकर्ता" कहा जाएगा) प्रथम पक्ष और········बैंक, जो कि एक निगमित निकाय है, बैंकिंग कंपनी (उपक्रमों का अधिग्रहण एवं अन्तरण) अधिनियम, 1970 का 5, के अंतर्गत गठित, और जिसका प्रधान कार्यालय·········बम्बई में है तथा जिसका कारोबार अन्य स्थानों के अलावा··········में भी है (जिसे इसके बाद "बैंक" कहा जाएगा), द्वितीय पक्ष के बीच एक करार किया जाता है।

जबकि उधारकर्ता ने बैंक के साथ अपना एक नकद उधार खाता बैंक के···········कार्यालय की बहियों में खोलने के लिए आवेदन किया है तथा बैंक ऐसा करने को इस शर्त पर सहमत हुआ है कि इसके बाद उल्लिखित तरीके से जमानतें दी जाएं और संयुक्त रूप से एवं अलग-अलग मांग वचनपत्र हस्ताक्षर करके, उधारकर्ता···

उक्त खाते को और अधिक प्रत्याभूतिकृत करे।

अब एतद्द्वारा निम्न प्रकार सहमत हुआ जाता है—

(निबंधन व शर्तों का उल्लेख)

तो यह है संविदा और करार का प्रारूप जिसमें दो पक्षों के बीच होने वाले विधिक संप्रेषण का स्वरूप हमारे सामने आता है। यही संप्रेषण व्यावसायिक संबंधों को एक सुदृढ़ आधार प्रदान करता है। इसमें भाषा-शैली की प्रयोजनमूलकता द्रष्टव्य है। यहां हर शब्द का महत्त्व है, हरेक की अलग-अलग अर्थछाया है। यहां अपेक्षित है वस्तु और भाषा की अधिकतम शुद्धता, जिसके अभाव में अनर्थकारी परिणाम आ सकते हैं।

सूचनाएं

'विधि शब्दावली' के अनुसार सूचना (Notice) का तात्पर्य है—बताने, जताने की क्रिया; लेख; सूचना या चेतावनी देनेवाला विज्ञापन, भित्तीपत्रक बोर्ड आदि।[21] बैंकों के संदर्भ में जहां तक राजभाषा अधिनिर्यम, 1963 (1967 में यथा संशोधित) की धारा 3 (3) का प्रश्न है, भारतीय रिज़र्व बैंक के 24 अक्तूबर 1991 के परिपत्र सं० बैंपविव, सं० राभा, 240/सी० 486 (53)—91 के अनुसार सूचना अर्थात् नोटिस के अंतर्गत "कर्मचारियों के समूह को किसी विशेष विषय के संबंध में दी जानेवाली विशेष सूचनाएं और ग्राहक समूह या जनता को दी जानेवाली सूचनाएं इस मद में शामिल की जानी चाहिए।"

विधिक संदर्भ में तो सूचनाओं के अनेक प्रकार हैं—जैसे कि, मामले की स्वी-

कृति की सूचना, मांग की सूचना, निक्षेप की सूचना, बेदखली की सूचना, तथ्य की सूचना, विरोध की सूचना, पेश करने की सूचना, इंकार की सूचना, प्रतिक्षेप की सूचना, नामंज़ूरी की सूचना, त्याग की सूचना, प्रतिसंहरण की सूचना, हक की सूचना, दस्तावेज़ों/तथ्यों को स्वीकृत करने की सूचना, पेश करने के लिए सूचना, छोड़ देने की सूचना, खाली कर देने की सूचना, आदि।

बैंकिंग क्षेत्र में, किसी ग्राहक द्वारा ऋण की चुकौती में चूक किए जाने पर या बिल का अनावरण होने पर या खाता परिचालन में नियमों का उल्लंघन किए जाने पर लिखे जाने वाले पत्र इसी प्रकार की श्रेणी में आ सकते हैं। दूसरी ओर, कार्मिक मामलों में 'कारण बताओ सूचना' (Show Cause Notice) जैसे पत्रों का भी इस संदर्भ में उल्लेख किया जा सकता है।

बैंक, वित्तीय संस्था, कंपनी, सहकारी समिति आदि को कोई बैठक बुलानी हो तब निदेशकों, शेयरधारकों, सदस्यों आदि को 'सूचना' के माध्यम से ही बैठक के स्थान, तिथि, समय, कार्यसूची आदि विवरण परिचालित किया जाता है। कभी-कभी हड़ताल, आकस्मिक रूप से घोषित की गई छुट्टी, कार्यालय-स्थानांतरण या कामकाज के समयों में परिवर्तन, धोखाधड़ी, गलत प्रचार जैसे मामलों में आम जनता को इसी माध्यम से सूचित या आगाह किया जाता है।

इस प्रकार, सूचनाओं का क्षेत्र काफी व्यापक और विस्तृत है। जब उसका संबंध व्यक्ति से हो तब उसका रूप प्रायः पत्रात्मक होता है लेकिन, जब उसका संबंध समूह से हो तब उसका स्वरूप बदल जाता है। दोनों के उदाहरण नीचे प्रस्तुत हैं।

(1)

................बैंक

....

....

सं० सं०.....................   ता०...............

कारण बताओ सूचना

श्री................................., टंकक व लिपिक के खिलाफ निम्नलिखित बातें पायी गई हैं—

(1) ता० .... को उन्हें संयुक्त सचिव, बैंकिंग प्रभाग, वित्त मंत्रालय को संबोधित एक अत्यंत महत्त्वपूर्ण पत्र टाइप करने एवं उसी दिन अधोहस्ताक्षरी के हस्ताक्षर हेतु प्रस्तुत करने के लिए कहा गया था लेकिन, ऐसा न करते हुए वह बिना किसी को सूचित किए कार्यालय समय पूरा होने के 15 मिनट पहले कार्यालय छोड़कर चले गए।

(2) सवेरे भी कार्यालय में आकर वह सीधे कैन्टीन में चले जाते हैं और आधे-पौने घंटे बाद वापस लौटते हैं। यह उनकी आदत-सी बन गई है।

(3) कार्यालय समय के दौरान भी वह कभी भी और कहीं भी चले जाते हैं जिसके लिए वह किसी को भी बताना ज़रूरी नहीं समझते।

(4) ता० …………, ता०…………और ता०……………… के दिन अपनी अनुपस्थितियों के लिए उन्होंने अभी तक अधोहस्ताक्षरी को अपनी रिपोर्ट नहीं दी है।

उन्हें एतद्द्वारा निदेश दिया जाता है कि वह सात दिन के अंदर अधोहस्ताक्षरी को अपना लिखित स्पष्टीकरण देते हुए बताएं कि क्यों न उनके विरुद्ध अनुशासनात्मक कार्रवाई की जाए।

यदि उपर्युक्त अवधि में उनकी ओर से कोई स्पष्टीकरण प्राप्त न हुआ तो यह मानकर कि इस संबंध में उन्हें कुछ नहीं कहना है, आवश्यक कार्रवाई की जाएगी।

(हस्ताक्षर)
सहायक महा प्रबंधक
(आयोजना)

श्री………… …………
……………………
……………………

(2)

……………………बैंक

सूचना

हमारे प्रतिष्ठित ग्राहकों और आम जनता की सुविधा के लिए निम्नलिखित शाखाओं में उन सभी निर्गमों के शेयरों/डिबेंचरों के लिए, जहां कि………… बैंक की बम्बई मुख्य शाखा को विशेष निर्गम के लिए बैंकर के रूप में नामित किया गया है, आवेदन/मांग स्वीकृत करने हेतु विशेष काउंटर खोलने का निर्णय किया गया है—

1. अंधेरी (पूर्व) 2. फोर्ट मार्केट
3. घाटकोपर (पूर्व) 4. कल्याण
5. नामगांव (दादर) 6. नरीमान पॉइंट

7. नौपाडा (ठाणे)	8. शंकर गली
9. शिवाजी पार्क	10. उल्हासनगर

ता० ....

उप महा प्रबंधक
................बैंक
प्रधान कार्यालय,
....
बम्बई............

नियम-विनियम

अंग्रेजी में Rules & Regulations के पर्याय के रूप में प्रयुक्त होने वाले 'नियम' और 'विनियम' शब्द लगभग साथ-साथ ही दिखाई पड़ते हैं, यद्यपि दोनों में अंतर है। 'नियम' से तात्पर्य है—"आचार या कार्य के लिए निर्धारित, प्रस्तावित या स्वगृहीत मार्गदर्शक; विनियम; विनियम या उपविधि का एक प्रकार; किसी कार्य को विनियमित करने वाला सिद्धांत"।[22] 'विनियम' की व्याख्या इस प्रकार की गई है—"1. विनियमन की प्रक्रिया, 2. किसी वस्तु के प्रबंधन के लिए निर्धारित नियम; सामान्यतः संविधान द्वारा प्रदत अधिकार के अंतर्गत किसी सरकार के कार्यपालक प्राधिकारी द्वारा जारी विधि-बल युक्त नियम या आदेश।"[23]

उपर्युक्त व्याख्याओं के संदर्भ में विचार किया जाए तो 'नियम' शब्द अपनी परिधि में समग्र विश्व को समेट लेता है। संपूर्ण सृष्टि निसर्ग के नियमों से संचालित है। सागर का ज्वार-भाटा, दिन-रात और मौसमों का आवागमन, वर्ष का आरंभ और समाप्ति, प्रकृति के परिवर्तन की विविध छटाएं, ग्रहों और नक्षत्रों की गतिविधियां सब कुछ नियमों के अनुसार हो रहा है। मानव-जीवन की उत्पत्ति, स्थिति और लय भी नियमों के अस्तित्व की ही शाश्वत गाथा है। ज्यों-ज्यों मानव का बौद्धिक विकास होता गया वह सृष्टि के विभिन्न व्यापारों में अंतर्निहित नियमों को अनावृत करता गया। साथ ही उसने यह भी पाया कि यदि जीवन के विभिन्न क्षेत्रों में व्यवस्था का निर्माण करना है तो नियमों का बंधन स्वीकार करना ही होगा। जहां नियमों का पालन हुआ वहां व्यक्ति, परिवार, गांव, समाज और देश के जीवन में खुशहाली और आबादी का दर्शन हुआ और जहां नियमों की मर्यादा का अतिक्रमण हुआ वहां बरबादी, विश्रृंखलता और विनाश ने अपना तांडव दिखाया। नियमों की नींव पर ही विभिन्न शैक्षणिक, सामाजिक, धार्मिक, राजनीतिक, वाणिज्यिक संस्थाओं का सृजन हुआ और उनकी विभिन्न गतिविधियों का विकास हुआ।

जहां संस्थाओं के प्रबंधन की बात आई, जहां शासन-प्रशासन की बात आई वहां विनियमों की भी आवश्यकता पड़ गई। इसी आवश्यकता के फलस्वरूप सर-

कारी और गैर-सरकारी सेवाओं में कार्यरत अधिकारियों और कर्मचारियों के लिए सेवा-विनियम बनाए गए। इनमें उनके पदों की श्रेणियों, प्रवर्गीकरण, नियुक्ति, परिवीक्षा, स्थायीकरण, पदोन्नति, वरिष्ठता, सेवा-समाप्ति, भत्ते, अनुलाभ, अवकाश, यात्रा व्यय की प्रतिपूर्ति, सेवांत लाभ, स्थानांतरणीयता जैसे प्रश्नों पर विचार किया जाता है।

जहां तक व्यावसायिक संप्रेषण का सवाल है, व्यावसायिक गतिविधियों के सुचारु संचालन के लिए संस्था के प्रत्येक अधिकारी और कर्मचारी को नियमों और विनियमों की जानकारी होना अत्यंत आवश्यक है। इसीलिए ही प्रत्येक संस्था मैनुअलों या अनुदेश पुस्तिकाओं का निर्माण करती है। यदि कोई व्यक्ति अपना स्वतंत्र व्यवसाय करता है तो भी उसे दूकान और स्थापन अधिनियम, आय-कर, विक्रय-कर, व्यवसाय कर, भारतीय संविदा अधिनियम आदि अनेक अधिनियमों और उनके अंतर्गत बनाए गए नियमों की जानकारी रखनी पड़ती है।

ग्राहक के लिए भी नियमों की जानकारी उतनी ही आवश्यक है। यदि कोई व्यक्ति बैंक में खाता खुलवाता है तो उसके दायित्वों और उसे मिलनेवाले लाभों की जानकारी उसे होनी ही चाहिए जो केवल नियमों के अध्ययन से ही संभव है। यही बात ऋण लेने के मामले में भी लागू होती है। यह जानकारी केवल व्यक्ति के लिए नहीं, भागीदारी फर्मों, कंपनियों आदि के लिए ही उतनी ही आवश्यक है। बैंक का तो केवल एक उदाहरण हुआ। पैसे के लेन-देन का जहां कहीं भी प्रश्न आता है और उसके आधार पर जो वाणिज्यिक संबंध स्थापित होता है वहां नियमों की जानकारी दोनों पक्षों के लिए लाभदायक सिद्ध होती है। आज का ग्राहक इस मामले में अधिक सतर्क होता जा रहा है। 'ग्राहक सुरक्षा' के कानूनी प्रावधानों के अंतर्गत प्रत्येक क्षेत्र के ग्राहक को सुरक्षा प्रदान करने का आधुनिक अभियान ग्राहकों की जागरूकता का ही जीवंत प्रमाण है।

नियम-विनियम स्वभावतः ही कानूनी पैदाइश हैं अतः उनकी भाषा-शैली पर भी विधिक सूक्ष्मता, समग्रता एवं शुद्धता का प्रभाव रहेगा ही।

नीचे एक झलक प्रस्तुत है—

बचत बैंक खाता पासबुक नियमों से

पासबुक में जमाकर्ता के खाते की संख्या, जमाकर्ता का नाम, व्यवसाय या वृत्ति और पता लिखा होगा। जब चेक के अलावा अन्य किसी प्रकार से रकम निकाली जाय तब यह आवश्यक होगा कि पासबुक भी प्रस्तुत की जाए। पासबुक प्रस्तुत किए बिना रकम जमा करवायी जा सकती है; पर इसके बाद जितनी जल्दी हो सके प्रविष्टियों की पूर्ति के लिए पासबुक बैंक के पास भेज दी जानी चाहिए।

ब्याज के विवरण की प्रविष्टि को पूरा करने के लिए पासबुक हर स्थिति में प्रत्येक वर्ष अक्तूबर के आरंभ में बैंक के पास भेज दी जानी चाहिए। जब पासबुक की प्रविष्टियां यथोचित रीति से पूरी कर दी जाएं और उन्हें वापस भेजा जाय तब जमाकर्ता को प्रविष्टियों की जांच सावधानी से करनी चाहिए और अगर उसे किसी भूल-चूक का पता लगे तो उसे बैंक का ध्यान उसकी ओर आकृष्ट करना चाहिए। बैंक उस किसी भी हानि के लिए उत्तरदायी न होगा जो पासबुक में की गई प्रविष्टियों की खातेदार द्वारा सावधानीपूर्वक जांच न करने और पासबुक में हुई किसी भूल-चूक की ओर खातेदार द्वारा ध्यान आकृष्ट न करने के कारण हुई हो। बैंक पासबुक में दी गई ऐसी किसी भी प्रविष्टि के लिए उत्तरदायी नहीं होगा जिसे बैंक के प्राधिकृत अधिकारी के आद्यक्षरों से अभिप्रमाणित न किया गया हो।

बैंक अधिकारी सेवा विनियम से

स्थानांतरणीयता

- प्रत्येक अधिकारी को बैंक के किसी भी कार्यालय या उसकी किसी भी शाखा या भारत में किसी अन्य स्थान में स्थानांतरित किया जा सकता है।
- प्रत्येक अधिकारी बैंक की ड्यूटी के लिए दिन के किसी भी समय उपलब्ध होगा।

अवकाश के प्रकार

- सेवा की तात्कालिक आवश्यकताओं को ध्यान में रखते हुए अधिकारी निम्नलिखित प्रकार के अवकाश के लिए पात्र होगा—

  (क) आकस्मिक अवकाश

  (ख) अर्जित अवकाश

  (ग) बीमारी अवकाश

  (घ) विशेष बीमारी अवकाश

  (ङ) प्रसूति अवकाश

  (च) वेतन हानि पर असाधारण अवकाश

  (छ) विशेष आकस्मिक अवकाश और विशेष अवकाश

आदि···आदि···

नोट या टिप्पण

बैंकों एवं सरकारी कार्यालयों में संप्रेषण के इस प्रकार की काफी महत्त्वपूर्ण भूमिका है। इन शब्दों का संबंध अंग्रेज़ी के 'Note' और 'Noting' से है। 'विधि शब्दावली' के अनुसार 'नोट' का अर्थ है—

- "किसी तथ्य/घटना की विशिष्टियों/ब्योरों का संक्षिप्त विवरण"

○ "टिप्पणी करना"[24]

हिन्दी का टिप्पण 'टीप' शब्द से जुड़ा हुआ है जिसका अर्थ होता है 'प्रविष्टि' (Entry)। टीका-टिप्पण/टिप्पणी शब्द तो हिन्दी में प्रचलित ही है। "असल में दफ्तर में कोई निर्णय या आदेश लेने के लिए या किसी कार्रवाई को अंतिम रूप देने के लिए जो 'नोटिंग' की जाती है उसे हिन्दी में हम टिप्पण कहते हैं।"[25]

टिप्पण की एक और परिभाषा देखिए—

"टिप्पण प्रबंधक वर्ग तथा अधिकारी कर्मचारी वर्ग के मध्य काम निपटाने की एक कार्यविधि (प्रोसीजर) का नाम है जिसके अंतर्गत लिखित रूप में तथ्यगत सूचना के आदान-प्रदान के माध्यम से निर्णय लिए जाते हैं और उनका कार्यान्वयन किया जाता है।"[26]

टिप्पण की प्रक्रिया विभिन्न रूपों में हमारे सामने आती है—

(i) प्राप्त पत्र पर आगे की कार्रवाई हेतु की गई टिप्पणी के रूप में, जैसे
—संबंधित कागज़-पत्र प्रस्तुत किए जाएं।
—पत्र केवल सूचनार्थ है अतः फाइल कर दिया जाए।

(ii) प्राप्त पत्र में कोई जानकारी या किसी पत्र या परिपत्र की प्रतिलिपि मांगी गई हो तब पत्र पर लिखी जाने वाली टिप्पणी—
—"मांगी गई जानकारी भेजी जा सकती है। अग्रेषण-पत्र हस्ताक्षर के लिए प्रस्तुत है।"

(iii) जहां प्राप्त पत्र पर कार्रवाई करने के पूर्व वरिष्ठ अधिकारी का अनुमोदन या मार्गदर्शन आवश्यक हो वहां अधीनस्थ अधिकारी द्वारा तैयार किया जाने वाला ऐसा नोट या टिप्पण, जिसमें मामले की पृष्ठभूमि बताते हुए, यदि भूतकाल में कोई वैसी ही घटना घटी हो या अनुरोध प्राप्त हुआ हो तो उस समय लिए गए निर्णय के उद्धरण के साथ, अनुमोदन या मार्गदर्शन के लिए अनुरोध किया गया हो।

(iv) वरिष्ठ अधिकारी के समक्ष स्वतंत्र रूप से कोई प्रस्ताव अनुमोदन के लिए या मार्गदर्शन के लिए रखना हो तब प्रस्तुत किया जाने वाला नोट या टिप्पण।

(v) जब वरिष्ठ अधिकारी द्वारा अपने अधीनस्थ अधिकारी से किसी विषय के संबंध में कोई जानकारी मांगी गई हो या पूछताछ की गई हो तब उसके उत्तर में प्रस्तुत किया जाने वाला नोट या टिप्पण।

(vi) कार्रवाई को लिखित रूप में रखने के उद्देश्य से प्रस्तुत किया जानेवाला टिप्पण, जो भविष्य में अधिकारियों/कर्मचारियों के लिए मार्गदर्शक सिद्ध हो सकते हैं।

टिप्पण के उपर्युक्त रूपों के आधार पर उसका निम्नलिखित वर्गीकरण किया

जा सकता है—

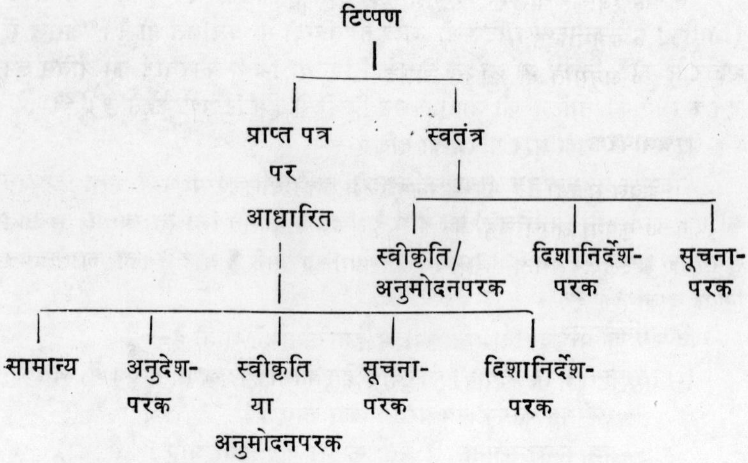

प्राप्त पत्र पर आधारित टिप्पण के नमूने—

सामान्य— ० देख लिया।

० फाइल करें।

० पावती भेजी जाए।···आदि

अनुदेशपरक—जहाँ वरिष्ठ अधिकारी अपने अधीन कार्यरत अधिकारियों/कर्मचारियों को अनुदेश देता है—

० संबंधित कागज़ात के साथ प्रस्तुत किया जाए।

० एक कार्ययोजना बनाई जाए।

० अध्ययन करें और रिपोर्ट दें।

० बात करें।

० नोट करें।···आदि

स्वीकृति या अनुमोदनपरक

(1) जहां अधीनस्थ अधिकारी/कर्मचारी अनुमोदन या स्वीकृति मांगता है, जैसे—

० भुगतान के लिए आदेश दें।

० भुगतान के लिए पारित करें।

० कृपया आदेश दें।

० कृपया अनुमोदन करें।

० कृपया मंज़ूर करें/स्वीकृति दें।···आदि

(2) जहां वरिष्ठ अधिकारी द्वारा अनुमोदन या स्वीकृति दी जाती है—

- स्वीकृत/मंजूर
- अनुमोदित।
- अनुमति दी गई।···आदि

सूचनापरक

केवल सूचना देने भर के लिए लिखे जाने वाले टिप्पण—

- कृपया अवलोकन करें।
- देखकर लौटाने के लिए।···आदि।

दिशानिर्देशपरक

ऐसे टिप्पण जिनमें दिशानिर्देश लेने/देने की प्रक्रिया होती है—

- कृपया मार्गदर्शन करें।
- कृपया रिपोर्ट मंगाएं।
- कृपया कार्यपालक निदेशक से बात करें।
- कृपया पिछली टिप्पणियां देखें।···आदि

स्वतंत्र टिप्पण नोट के रूप में वरिष्ठ अधिकारी को प्रस्तुत किया जाता है। इस प्रकार का टिप्पण सफल तभी माना जा सकता है जब उसमें विषय से संबंधित सभी पहलुओं का इस तरह निरूपण किया गया हो जिससे कि वरिष्ठ अधिकारी को उस संबंध में आगे पूछताछ करने की ज़रूरत न पड़े। दूसरे शब्दों में ऐसा टिप्पण स्वतः पूर्ण होना चाहिए।

उसका एक नमूना यहां प्रस्तुत है—

················बैंक

कम्प्यूटर नीति एवं आयोजना विभाग,

प्रधान कार्यालय······

सं० सं०············ ता०············

उप महा प्रबंधक

विषय : **पीसी से संबद्ध सोफ्टवेयर-चैकमेट की खरीद**

बैंक के विभिन्न पीसी एवं ए एल पी एम पर वाइरस से उत्पन्न समस्याओं से उबरने के लिए हमने कुछ वाइरस-विरोधी सोफ्टवेयर पैकेजों की छान-बीन की है। हमारे द्वारा छान-बीन किए गए कुछ पैकेज इस प्रकार हैं—

1. रेड एलर्ट
2. पीसी गार्ड

3. सेंट्रल पोइंट एन्टी वाइरस

4. नोर्टन का एन्टी वाइरस

5. चैकमेट

हमने प्रति कापी लगभग 2000.00 रु० की लागत से रेड एलर्ट और पीसी गार्ड खरीद लिए हैं। इन्हें हमारे कतिपय ए एल पी एम पर प्रायोगिक स्तर पर लगाया गया है। हाल ही में हमने चैकमेट नामक एक नये सोफ्टवेयर की छान-बीन की थी जो वाइरस को न केवल रोकता और हटाता है बल्कि उसमें और भी कई उपयोगिताएं हैं जो पीसी में भरे गए विभिन्न पैकेजों की पहुंच से वाइरस को रोकती हैं और इसके अलावा उसकी अन्य भी कुछ उपयोगिताएं हैं। पैकेज की विशेषताओं की सूची निम्नानुसार है—

1. ऑपरेटर मोनीटरिंग प्रणाली (System)
2. डिरेक्टरी एक्सेस (Access) सुरक्षा
3. अनधिकृत रूप से प्रणाली की पहुंच की रोक-थाम
4. हार्ड डिस्क फार्मेट सुरक्षा
5. फ्लापी ड्राइव एक्सेस रोक-थाम
6. फ्लापी ड्राइव बूट सुरक्षा
7. एन्टी वाइरस
8. डीओएस शेल
9. उन्नत उपयोगिताएं
10. फाइल एन्क्रिप्शन
11. फाइल कॉम्प्रेशन
12. क्रिटिकल बेकअप

यदि हम कम-से-कम 10 कापियां खरीदते हैं तो सोफ्टवेयर की कीमतें भी आकर्षक हैं। 10 कापियों का देय मूल्य 8000·00 रु० है। इस हिसाब से प्रति कापी का मूल्य 800.00 रु० है, जो उसके निकट के प्रतिस्पर्धी द्वारा दी गई न्यूनतम 1500.00 रु० की दर से बहुत ही कम है। ऐसा कोई सोफ्टवेयर हमने नहीं देखा है, जिसमें एक ही पैकेज में वाइरस विरोधी एवं पीसी प्रचालन साधन दोनों उपलब्ध हों।

इसका उपयोग प्रधान कार्यालय में लगाए गए विभिन्न पीसी पर किया जाएगा। यदि अनुभव संतोषजनक रहा तो हम प्रधान कार्यालय के सभी पीसी पर इस सोफ्टवेयर को लगा सकेंगे।

हमें सूचित किया गया है कि मेसर्स टाटा कन्सल्टेन्सी सर्विस, जो कि भारत की प्रथम पंक्ति की सोफ्टवेयर कंपनी है, ने सोफ्टवेयर की 1400 कापियां खरीदी हैं।

उपर्युक्त के संदर्भ में कुल 8000·00 (आठ हजार) रुपये की लागत पर चैक-मेट एन्टी वाइरस और पीसी प्रचालन सोफ्टवेयर की 10 कापियां खरीदने की हम सिफारिश करते हैं।

अनुमोदन के लिए प्रस्तुत—

मुख्य प्रबंधक

(क. नी. आ. वि.)

ऐसे टिप्पण पर कार्यपालक के हस्ताक्षर ही अनुमोदन के द्योतक बन जाते हैं। इस पर 'अनुमोदित' जैसी टिप्पणी की कोई ज़रूरत नहीं रहती।

चाहे टिप्पण प्राप्त पत्र पर आधारित हो या स्वतंत्र, उसकी भाषा सरल और अभिव्यक्ति बड़ी सीधी होती है। जहां तकनीकी विषय आ जाता है वहां भी भाषा की सरलता और संप्रेषणीयता सुरक्षित रहनी चाहिए। ऐसे मामलों में प्रत्येक शब्द के अनुवाद के मोह से मुक्त रहना चाहिए। कुछ अभिव्यक्तियां ऐसी भी हैं जहां हिन्दी की अपनी शैली या प्रकृति का ध्यान रखा जाना चाहिए, जैसे—

'शीघ्र भुगतान करें' ऐसे वाक्यों में 'कृपया' शब्द का प्रयोग अनिवार्य नहीं है क्योंकि 'करें' में वह भाव समाहित है।

'टिप्पण' में 'प्रयोजनमूलक हिन्दी' की वे सभी विशेषताएं दृष्टिगोचर होती हैं जिनकी चर्चा हम व्यावसायिक पत्रों के संदर्भ में कर चुके हैं।

प्रचार-सामग्री

बैंकों, वित्तीय संस्थाओं, कंपनियों आदि में जनसंपर्क विभाग की बड़ी महत्त्वपूर्ण भूमिका होती है। जनसंपर्क विभाग का प्रमुख कार्य है—संस्था एवं जनता के बीच पारस्परिक समझ का निर्माण और निर्वाह। जनसंपर्क विभाग के विभिन्न क्रियाकलापों में प्रचार-सामग्री का निर्माण और प्रकाशन भी शामिल है। इस सामग्री में वे सभी मदें आ जाती हैं जो संस्था की गतिविधियों, योजनाओं, उपलब्धियों आदि को आकर्षक रूप में जनता के समक्ष प्रस्तुत करने में योगदान देती हैं, जैसे—

(i) विज्ञापन
(ii) विभिन्न योजनाओं से संबंधित विवरणिकाएं (ब्रोशर)
(iii) मेलों, प्रदर्शनियों के लिए तैयार की गई विभिन्न प्रकार की सामग्री
(iv) प्रेस सम्मेलन आदि के लिए तैयार की गई सामग्री
(v) विवरण पत्रिका (प्रोस्पेक्टस) ...... आदि,

यहां सबका थोड़ा-थोड़ा परिचय प्राप्त कर लें।

(i) विज्ञापन

विज्ञापन अंग्रेज़ी शब्द 'Advertisement' का हिन्दी पर्याय है। और Advertisement का मूल लेटिन शब्द 'Advertere' में है जिसका अर्थ होता है किसी की ओर (मन को) उन्मुख करना।[27] विज्ञापन का उपयोग जनता के मन को किसी उत्पाद, सेवा या विचार की ओर उन्मुख करने के लिए ही तो होता है।

"विज्ञापन में वे सभी क्रियाकलाप शामिल हैं जो लक्ष्य बाजार (Target Market) को किसी उत्पाद, विचार या सेवा से संबंधित संदेश श्रव्य या दृश्य, निर्वैयक्तिक या खुल्लमखुल्ला प्रायोजित रूप में प्रस्तुत करने से संबद्ध हैं।"[28] विज्ञापनों के लिए आज अनेक माध्यमों का उपयोग हो रहा है, जैसे पत्र-पत्रिकाएं और अखबार, फिल्में, टी० वी०, वीडियो, पोस्टर, साइनबोर्ड, धूम्रलेख (Sky-writing), पत्राचार, कैलेंडर, डायरी, राखदानी, उपहार की वस्तुएं, रेडियो, कार, बस, ट्रेन, बस-ट्रेन के टिकट, फोन, डिरेक्टरियां, हैंडबिल, परिपत्र आदि।

'विज्ञापन' के आवश्यक तत्त्व हैं—

- आवश्यकतापूर्ति का आश्वासन
- सूचनात्मकता
- बिक्रीकारी (कृपया व्यावसायिक पत्रों की चर्चा में उल्लिखित बिक्रीकारी या विक्रय कला के चार सोपान—'ध्यानाकर्षण', 'रुचि जागरण', 'इच्छा निर्माण' और 'शीघ्र कार्रवाई'—देखें)

'खादी और ग्रामोद्योग आयोग' के एक विज्ञापन का उदाहरण देखें—

"हाथ कागज़ क्यों ?

हाथ कागज़ का उपयोग करके आप············

—कीमती वन सम्पदा बचा सकते हैं।

—जल एवं वायु प्रदूषण कम कर सकते हैं।

—अपशिष्टों का उपयोग करके भारतीय अर्थव्यवस्था में मदद कर सकते हैं।

—गांव के हज़ारों कारीगरों को रोज़गार दे सकते हैं।

—भारतीय कला, परम्परा एवं संस्कृति को सुरक्षित रख सकते हैं।

संयुक्त राष्ट्र विकास कार्यक्रम—खादी और ग्रामोद्योग आयोग परियोजना

खादी और ग्रामोद्योग आयोग"

(ii) विभिन्न योजनाओं से संबंधित विवरणिकाएं (ब्रोशर)

बीमा कंपनियों, बैंकों, यूनिट ट्रस्ट जैसी संस्थाओं की ओर से समय-समय पर भिन्न-भिन्न योजनाएं जारी की जाती हैं जिनके प्रचार के लिए वे अलग-अलग

योजनाओं से संबद्ध विवरणिकाएं विभिन्न भारतीय भाषाओं में छपवाती हैं। इनमें जमा, ऋण, निवेश आदि से संबंधित योजनाओं की उपयोगिता एवं उनके विभिन्न पहलुओं का परिचय दिया जाता है।

उदाहरण के लिए देखिए एक बैंक की 'ऋण सम्बद्ध आवर्ती जमा योजना' की विवरणिका की विषय-वस्तु—

ऋण सम्बद्ध
आवर्ती जमा योजना

................बैंक
अपने सपने साकार करें

पात्रता

इस योजना के अन्तर्गत "स्वर्ण जयन्ती वर्ष" अथवा 1988 तथा उसके बाद 12 महीने तथा उससे अधिक अवधि के लिए एकल अथवा नाबालिग के साथ संयुक्त रूप में रु० 100/- की मासिक रकम के साथ खोले गए आवर्ती जमा खाते के मामले में कोई भी व्यक्ति ऋण पाने का पात्र होगा।

किस्त

न्यूनतम रु० 100/- और रु० 10 के गुणकों में

उद्देश्य

टिकाऊ उपभोक्ता वस्तुओं की खरीद के लिए

ऋण की रकम

आवर्ती जमा खाते की परिपक्वता पर खरीदी जानेवाली इच्छित वस्तु के लिए जमाकर्ता अपने आवर्ती जमा खाते की कुल प्राप्तियों के तीन गुने तक की रकम ऋण के रूप में प्राप्त कर सकता है। आवर्ती जमा खाते की परिपक्वता की रकम का 25 प्रतिशत सीमांत रकम में समायोजित कर लिया जाएगा। अधिकतम 75,000·00 रु०तक का ऋण सुलभ होगा।

ब्याजदर

गैर प्राथमिकता क्षेत्र आवधिक ऋण अग्रिमों पर लागू होने वाली दर।

चुकौती

3 से 5 सालों के अन्दर ब्याज सहित मासिक किस्तों में, जिसमें ब्याज की

रकम कम होती जाती रकम के अनुरूप लगाई जाएगी।

बीमा

इस योजना के अन्तर्गत आर्थिक सहायता-प्राप्त 15000·00 रु० की लागत तक की वस्तुओं के लिए बीमा कराने की ज़रूरत नहीं है।

सामान्य

आवर्ती जमा खाता चलते रहने के दौरान इस खाते में किसी भी अग्रिम की अनुमति नहीं दी जाएगी।

(iii) मेलों, प्रदर्शनियों के लिए तैयार की गई विभिन्न प्रकार की सामग्री

व्यापार, उद्योग, बैंक इत्यादि क्षेत्रों में विभिन्न स्थानों में समय-समय पर आयोजित होने वाले मेले एवं प्रदर्शनियां विज्ञापन के लिए स्वर्णिम अवसर के समान हैं। इस प्रकार के मेलों और प्रदर्शनियों में संस्थाओं द्वारा प्रकाशित प्रचार-सामग्री, उपहार की सामग्री एवं कंपनियों द्वारा निर्मित आकर्षक और उपयोगी अद्यतन उपभोक्ता सामग्री को प्रदर्शित किया जाता है।

विज्ञापन की भांति इसमें भी संस्था को स्टाल आदि के पीछे खर्च करना पड़ता है लेकिन, लाभ की व्यापक संभावनाओं की दृष्टि से इसे निवेश के रूप में ही देखा जाना चाहिए।

(iv) प्रेस सम्मेलन आदि के लिए तैयार की गई सामग्री

किसी भी नई योजना का प्रारंभ करते समय या संस्था की स्वर्ण जयन्ती, शताब्दी जैसे अवसरों पर संस्था के कार्यपालकों द्वारा विशेष प्रेस सम्मेलन का आयोजन किया जाता है। इसके लिए अवसरोचित प्रकाशनार्थ विज्ञप्ति तैयार कर अन्य उपहार सामग्री के साथ पत्र-पत्रिकाओं के प्रतिनिधियों को वितरित की जाती हैं।

इस प्रकार की विज्ञप्तियों में संस्था की ऐतिहासिक पृष्ठभूमि एवं उपलब्धियों के परिप्रेक्ष्य में वर्तमान या भावी योजनाओं की रूपरेखा प्रस्तुत की जाती है। तात्विक दृष्टि से इसमें 'प्रकाशनार्थ विज्ञप्ति' की वे सारी विशेषताएं विद्यमान रहती हैं जिनकी हम इसी अध्याय में पीछे चर्चा कर चुके हैं।

(v) विवरण पत्रिका (प्रोस्पेक्टस)

विवरण पत्रिका "किसी मिश्रित पूंजी कंपनी द्वारा जनता के अनुमोदनार्थ

प्रस्तुत किसी योजना की रूपरेखा"[29] है। इसमें कंपनी द्वारा जारी निर्गम के उद्देश्य, परियोजना की लागत एवं वित्तीय साधन, निवेश, कंपनी प्रबंधन और परियोजना, कंपनी के वर्तमान कार्यकलाप और परिचालन, प्रवर्तक और उनकी पृष्ठभूमि, नई परियोजनाएं/विस्तार/विविधीकरण, पूंजीगत व्यय का स्थानवार आबंटन, संयंत्र एवं मशीनरी का स्थानवार विवरण, उत्पादों एवं उनके उपयोगों का स्थानवार विवरण, निर्यात बाध्यताएं, कच्चा माल, उपयोगिताएं, कार्यान्वयन की समय-सारणी, विपणन व्यवस्था और भावी संभावनाएं, कंपनी द्वारा अनुमानित भावी प्रक्षेपण, कंपनी का पिछले पांच साल का निष्पादन, प्रकीर्ण सूचनाएं, कंपनी की चूकें और बकाया मुकदमे, एक ही प्रबंधन के अंतर्गत कार्य करने वाली अन्य कंपनियां, पिछले तीन साल में कंपनी द्वारा जारी सार्वजनिक/अधिकार निर्गम आदि से संबंधित जानकारी रहती है, जो निवेशकर्ताओं के लिए अत्यंत उपयोगी होती है।

यह सूचना तथ्यों पर आधारित होनी चाहिए जिससे कि निवेशकर्ता उचित और सही निर्णय ले सकें। इस दृष्टि से कंपनी द्वारा जारी विवरण पत्रिका का अत्यधिक महत्त्व है।

फार्म

संस्था के स्तर पर जहां कहीं भी सूचना या जानकारी के आदान-प्रदान की बात आती है वहां विभिन्न स्तरों पर विभिन्न विषयों से संबंधित प्रारूप तैयार कर लिए जाते हैं जिनके माध्यम से वांछित जानकारी प्राप्त करना या देना अधिक सुविधाजनक रहता है। उदाहरण के लिए कोई व्यक्ति बैंक में खाता खुलवाने के लिए हस्तलिखित आवेदनपत्र भी दे सकता है लेकिन, उसमें ऐसी कुछ बातें छूट भी सकती हैं जिनकी जानकारी या सूचना बैंक के लिए ज़रूरी हो। अतः बैंक का आयोजना विभाग एक ऐसा फार्म तैयार करता है जिसमें बैंक के लिए आवश्यक सभी सूचनाएं मांग ली जाती हैं। ऐसी सूचनाओं के लिए फार्म में रिक्त स्थान या कोष्ठक रखे जाते हैं जिनमें आवश्यक सूचना देना आवेदनकर्ता के लिए भी उतना ही ज़रूरी होता है।

रेल में यात्रा के लिए आरक्षण की आवश्यकता हो या बैंक या सार्वजनिक प्रतिष्ठान में किसी रिक्त पद के लिए आवेदन करना हो, कालेज में प्रवेश पाना हो या किसी संस्था की सदस्यता प्राप्त करनी हो, बैंक से ऋण लेना हो या पैसा जमा कराना हो, नौकरी में आकस्मिक अवकाश लेना हो या अर्जित अवकाश, वाहन व्यय की प्रतिपूर्ति लेनी हो या यात्रा व्यय के लिए अग्रिम, नौकरी में वार्षिक मूल्यांकन के लिए आवश्यक सूचना प्राप्त करनी हो या करदाता के रूप में आवश्यक सूचना देनी हो, निविदा भेजनी हो या ठेका लेना हो, हर जगह फार्म

की आवश्यकता पड़ती है। कोई भी क्षेत्र ऐसा नहीं है जहां फार्म का अस्तित्व न हो।

फार्म का नमूना नीचे प्रस्तुत है—

बचत खाता खोलने के लिए आवेदन फार्म का नमूना

बचत बैंक

मैं/हम घोषित करता हूं/करते हैं कि मैंने/हमने / मुझे/हमें आदर्श बैंक के बचत बैंक के नियमों को पढ़ लिया है।

————————और मैं/हम उन नियमों से पढ़कर सुनाया गया है। प्रतिबंधित रहना स्वीकार करता हूं/करते हैं।

विशेष अनुदेश (केवल संयुक्त खाते के लिए)

इस खाते को निम्नलिखित व्यक्ति चला सकेंगे—

(1) दोनों में से कोई एक अथवा उत्तरजीवी

(2) पहला अथवा उत्तरजीवी

(3) हम दोनों संयुक्त रूप से अथवा उत्तरजीवी

(4) हममें से कोई एक अथवा उत्तरजीवियों में से कोई एक

हस्ताक्षरों का नसूना	निम्न ने खाता खोला
1.	
2.	
3.	
	हस्ताक्षर क्र० सं०

कार्यालय के प्रयोग के लिए

दिनांक.............. खाता सं०..............

[**टिप्पणी**—उपर्युक्त आवेदन फार्म निम्नलिखित पुस्तक से उद्धृत है :
'सामान्य बैंकिंग'—इंडियन इन्स्टीट्यूट ऑफ बैंकर्स—प्रथम, आवृत्ति, 1990, पृ० 73]

विवरण

विवरण एक ऐसा प्रलेख है जिसके माध्यम से किसी विषय के संबंध में

सामान्यतः आवधिक रूप से सूचना दी जाती है।[30] बैंकों की शाखाओं को कई प्रकार के विवरण अपने प्रशासनिक कार्यालयों को भेजने पड़ते हैं जिनकी आवधिकता भिन्न-भिन्न होती है, जैसे कि—

(1)	एक लाख रु० और उससे अधिक की रकम के खरीदे गए/प्राप्त किए गए/समाशोधन/समाहरण द्वारा भेजे गए लेकिन निधि के अभाव में वापस किए गए चैकों का विवरण	दैनिक
(2)	शाखा को प्राप्त 25000/- रु० या उससे अधिक की रकम की नई जमाराशि संबंधी सूचना	,,
(3)	शाखा समाधान विवरण	,,
(4)	विदेशी मुद्रा के संबंध में दैनिक स्थिति	,,
(5)	चयनात्मक ऋण नियंत्रण पण्यों से संबंधित विवरण	महीने का 15वां और अंतिम दिन
(6)	विदेशी मुद्रा में लेन-देन से संबंधित विवरण	,,
(7)	6 महीने से अधिक अवधि के बकाया प्रस्तावों का विवरण	महीना का अंतिम दिन
(8)	गारंटियों का विवरण	,,
(9)	बंद किये गये खातों का विवरण	,,
(10)	मासिक कर्मचारी प्रगति रिपोर्ट	,,
(11)	विभिन्न शीर्षों के अंतर्गत कृषि अग्रिमों की स्थिति संबंधी विवरण	तिमाही का अंतिम शुक्रवार
(12)	स्टाफ की स्थिति दर्शानेवाला विवरण	तिमाही का अंतिम दिन
(13)	बैंक में हिन्दी के प्रगामी प्रयोग से संबंधित प्रगति रिपोर्ट	,,
(14)	निर्यात ऋण विवरण	तिमाही का शुक्रवार
(15)	जमा, अग्रिम, लाभ, हानि (खाताबंदी आंकड़े)	अर्ध वार्षिक
(16)	नया 20 सूत्री कार्यक्रम	,,
(17)	उचंत प्राप्ति और भुगतान	,,
(18)	राज्यवार और उद्योगवार अग्रिमों की सूचना देनेवाला विवरण	,, वर्ष का अंतिम दिन

टिप्पणी—उपर्युक्त आवेदन फार्म निम्नलिखित पुस्तक से उद्धृत है: 'सामान्य बैंकिंग'—इंडियन इन्स्टीट्यूट ऑफ बैंकर्स—प्रथम आवृत्ति 1990, पृ० 73

(19) गारंटीकृत अग्रिमों की सूचना देनेवाला विवरण 30 जून

(20) जिन खातों के दावों का भुगतान किया गया था उनका वार्षिक विवरण

ये तो केवल कुछ उदाहरण हैं। वस्तुतः इन विवरणों के माध्यम से विविध प्रकार की सूचनाएं प्राप्त करना यही प्रबंधतंत्र का लक्ष्य होता है। विवरणों में सही या अपेक्षित सूचना प्राप्त होने पर प्रबंधतंत्र के सामने संस्था के परिचालन की समग्र तस्वीर आ जाती है। यदि विवरणों में सही सूचना नहीं दी गई तो धोखा-धड़ी की संभावनाएं बढ़ जाती हैं। हालांकि, निरीक्षणों के माध्यम से विवरणों में दी गई सूचनाओं का सत्यापन किया जा सकता है लेकिन, सत्यापन का समय आने के पूर्व धोखाधड़ी की गुंजाइश रहती ही है। विवरणों का जो महत्त्व बैंक जैसी वित्तीय संस्थाओं के लिए है यही विनिर्माण कार्य में लगी कंपनियों के लिए है। संक्षेप में, सूचनाओं के आदान-प्रदान की दृष्टि से विवरण अत्यंत महत्त्वपूर्ण स्रोत हैं।

निविदा

निविदा "एक ऐसा औपचारिक प्रस्ताव है जो किसी ऋण या देयता के उन्मोचन हेतु विशेषतः पैसे के रूप में या अन्य रूप में एक पार्टी द्वारा दूसरी पार्टी को किया जाता है और इस प्रकार जो विधि और देयताओं के निबंधनों को पूरा करता है।"[31] यह तो हुई उसकी एक परिभाषा। लेकिन, उसका एक दूसरा अर्थ भी है जिसके साथ हमारा विशेष संबंध है। उसके अनुसार निविदा "एक ऐसा प्रस्ताव है जो सामान्यतः सार्वजनिक विज्ञापन के उत्तर में निविदा में निर्दिष्ट शर्तों के अधीन माल की आपूर्ति करने या कार्य करने के लिए भाव या दर प्रस्तुत करते हुए किया जाता है।"[32] बैंकों, वित्तीय या व्यावसायिक संस्थाओं, सरकारी कार्यालयों आदि में निविदा कार्यालयीन परिपाटी का ही एक अंग है।

जैसा कि हम ऊपर देख चुके हैं अखबार में 'विज्ञापन' के रूप में निविदा सूचना (Tender Notice) जारी की जाती है जिसके जवाब में निविदाकारों को निविदा भेजनी होती है। इसका एक नमूना नीचे प्रस्तुत है—

....................बैंक

परिसर विभाग

..............बैंक को बम्बई में प्रस्तावित ऋण वसूली न्यायाधिकरण एवं अपील न्यायाधिकरण के लिए वर्ली से दादर तक पट्टेवाला परिसर चाहिए।

क्षेत्रफल—तल मंज़िल और पहली मंजिल पर लगभग 6000 वर्ग फीट का कुल कार्पेट एरिया।

कब्ज़ा—तुरंत, तैयार, नवनिर्मित भवन अथवा अच्छी हालत वाला भवन, निर्माणाधीन भवन के परिसर के मामले में कब्ज़े की संभावित तारीख का उल्लेख

किया जाना चाहिए ।

सेवाएं—भवन में बी० एम० सी० (बम्बई नगर निगम) की आवश्यकताओं के अनुसार अग्निशामक व्यवस्था होनी चाहिए। भवन की आंतरिक व्यवस्था का ले आउट बैंक द्वारा प्रदान किया जाएगा तथा समस्त संकलन/परिवर्तन-निर्माण/नवीकरण को बैंक के प्लैन के अनुसार निष्पादित किया जाना होगा। भवन को ऑफिस लोडिंग संभालने की स्थिति में होना चाहिए। समस्त आइटमों के लिए समस्त कामों के उत्कृष्ट विनिर्देशों पर विचार किया जाएगा।

इच्छुक बिल्डर्स / मालिक अपने प्रस्तावों को उप महाप्रबंधक (सामान्य प्रशासन), ...बैंक.............. ...., बम्बई-4000...को इस विज्ञापन के प्रकाशन से 15 दिन के भीतर प्रस्तुत करें और उसमें स्थान, साइट प्लैन, ले आउट प्लैन्स, बी० एम० सी० मान्यता के विवरण, क्षेत्रफल, नियमों और शर्तों, दर, माप के स्वरूप, समापन कब्ज़े की तारीख आदि के समस्त विवरणों के उल्लेख युक्त प्रस्तावों को उल्लिखित करें।

बैंक को इस संबंध में बिना किसी प्रकार के कारण बतलाए किसी अथवा समस्त प्रस्तावों को रद्द करने का अधिकार सुरक्षित है।

निविदाओं को प्राप्त करने, खोलने व उनके अभिलेखन की भी कार्यविधि होती है। प्राप्त निविदाओं की विधिवत् छान-बीन करने के बाद प्रारंभिक मूल्यांकन रिपोर्ट तैयार करना, आवश्यकता पड़ने पर निविदाकारों से चर्चा करना, परिसर विभाग की सिफारिश के साथ अंतिम मूल्यांकन रिपोर्ट प्रस्तुत करना, उचित अनुमोदन के बाद स्वीकृतिपत्र आदि कार्य-आदेश जारी करना इत्यादि सारी औपचारिकताएं निविदा के साथ जुड़ी हुई हैं। निविदा से प्रारंभ हुई बात आखिर दो पक्षों के बीच करार में परिणत होती है।

इसमें तकनीकी शब्दावली से युक्त प्रयोजनमूलक हिन्दी का स्वरूप द्रष्टव्य है।

तार

जब हम लिखित संप्रेषण पर विचार कर रहे हैं तब 'तार' का विस्मरण भी कैसे हो सकता है। यों तो टेलीफोन पर 'एस. टी. डी.' (Subscriber Trunk Dialling) और 'आई एस डी' (International Subscriber Dialling) की सुविधाओं ने विश्व को बहुत ही छोटा बना दिया है फिर भी व्यवसाय-वाणिज्य की दुनिया में तार का वही महत्त्व है जो पत्राचार का है। तार को पत्र की तरह रिकार्ड में रखा जा सकता है, जो भावी संदर्भ के लिए उपयोगी सिद्ध हो सकता है।

तार, जो कि डाक-तार विभाग के माध्यम से ही भेजा जा सकता है, बहुत कीमती है। इसलिए तार का उपयोग केवल अत्यंत महत्त्वपूर्ण और तात्कालिक

प्रकृति के संदेश भेजने के लिए ही होता है। यह तो कहने की आवश्यकता नहीं कि तार में प्रत्येक शब्द का मूल्य होता है अतः तार बहुत ही सावधानी से तैयार किया जाना चाहिए।

तार का प्रारूप तैयार करते समय निम्नलिखित बातों का ध्यान रखा जाना चाहिए—

(1) तार पर पाने वाले का नाम और पूरा पता इस रूप में लिखा जाना चाहिए जिससे कि तार उसके पास आसानी से पहुंच सके।

बैंक और व्यावसायिक संस्थाएं अपना तार का पता अलग रूप से अंग्रेजी में पंजीकृत कराती हैं। इसे ही बिना किसी अतिरिक्त शुल्क के हिन्दी में भी पंजीकृत कराने की सुविधा है।

(2) यदि तार में पाने वाले के नाम के बाद फोन नंबर लिख दिया तो गंतव्य स्थान पर तार के पहुंचने पर वहां का तारघर उसे (पाने वाले को) टेलीफोन पर पढ़कर सुना देगा। बाद में उसकी प्रति डाक से उसे भेज दी जाएगी।

(3) इसी प्रकार तारघर को फोन पर तार लिखवाया भी जा सकता है लेकिन, उसमें खतरा यह रहता है कि सुनने वाला संदेश लिखने में गलती कर सकता है।

(4) तार में संबोधन और अभिवादनात्मक समाप्ति की औपचारिकता नहीं होती, केवल प्रेषक का नाम या पदनाम (और यदि किसी दूसरी संस्था को भेजा गया हो तो प्रेषक की संस्था का नाम भी जोड़ा जाए) ही पर्याप्त होता है।

(5) तार का संदेश साफ-साफ अक्षरों में या टाइप करवाकर भेजा जाना चाहिए।

(6) शब्दों में मितव्ययिता बरती जाए लेकिन, मूल संदेश की कीमत पर नहीं।

(7) हिन्दी में तार भेजने के लिए तो विशेष सुविधाएं भी उपलब्ध हैं, जिनसे खर्च में बचत होती है, जैसे—

- दस अक्षरों तक के शब्द (क्रिया, संज्ञा, पदनाम आदि) का तार-प्रभार एक शब्द के प्रभार के बराबर लगता है, जैसे—भेजदिया-गया, रामनारायणमेहता, मुख्यमंत्री, आदि।
- मात्राओं को अलग-अलग अक्षर नहीं गिना जाता, जैसे 'जी' को एक ही अक्षर माना जाएगा।
- विभक्ति चिह्नों और संबंधसूचक शब्दों को पहले शब्द के साथ मिला देना चाहिए। उदाहरण—रमेशको, जयेशकेलिए, स्टेशनपर, आदि।
- समास को एक ही शब्द माना जाता है, जैसे— उत्तराकांक्षी, दर्शना-

भिलाषी आदि।

- संयुक्त व्यंजनों में प्रत्येक अक्षर को तार-प्रभार के लिए अलग-अलग गिना जाएगा, जैसे—त्रि, ज्ञ, त्व, क्त में दो-दो अक्षर गिने जाएंगे।
- व्यापारिक चिह्न या पांच अंकों के चिह्न को एक शब्द माना जाता है।

तार दो प्रकार के होते हैं—

(1) शब्दबद्ध तार (Open Telegrams)

(2) कूट तार (Code Telegrams)

शब्दबद्ध तार स्पष्ट भाषा में लिखे होने के कारण समझने में कठिन नहीं होते जब कि, कूट तार, जिनका पैसे के लेन-देन के लिए उपयोग किया जाता है, गुप्त होते हैं।

सरकारी स्तर पर भेजे जाने वाले तार के निम्नलिखित प्रकार हैं—

(1) जीवन रक्षा (एस० वी० एच०)

(2) अतितत्काल

(3) संक्रियात्मक तत्काल (सेना से संबद्ध)

(4) तत्काल[33]

प्रकृति की दृष्टि से तार के दो प्रकार हैं—साधारण (Ordinary) और आवश्यक (Urgent)। आवश्यक का प्रभार दुगुना होता है।

कुछ विशेष अवसरों पर, जैसे, पुत्र जन्म, परीक्षा में सफलता, चुनाव में सफलता, विवाह, क्रिसमस, होली, पोंगल, दीपावली जैसे त्योहार, किसी की मृत्यु—विशेष प्रकार के तार भेजने की भी डाक-तार विभाग ने सुविधा दे रखी है जो अन्य तारों से सस्ते पड़ते हैं। ऐसे तारों में संदेश के स्थान पर केवल नंबर ही लिखना होता है।

अब तार के कुछ नमूने प्रस्तुत हैं—

1. स्टाफ वेतनविवरण शीघ्र भेजें।
2. दावा विलंबसे प्राप्त। विचार नहीं किया जा सकता।
3. प्रस्तावित शर्तोंपर स्थान किराएपर लेने का अनुमोदन नहीं।
4. कानपुर सातकी रातको पहुंचरहाहूं। ठहरनेका प्रबंध करें।
5. प्रगतिरिपोर्ट अभी तक अप्राप्त। समेकनकार्य अवरुद्ध।
6. 27 अक्तूबर को अंचल प्रबंधक सम्मेलन निर्धारित। आपकी उपस्थिति आवश्यक।
7. आपका आवासीय ऋण प्रस्ताव स्वीकृत।···आदि

जैसे-जैसे विज्ञान आगे बढ़ता जा रहा है तार से निकलकर हम टेलेक्स और

फेक्स की दुनिया में पहुंचते जा रहे हैं। जहां तक टेलेक्स का सवाल है, द्विभाषिक टेलेक्स मशीनें भी भारत में बनने लगी हैं जिनके माध्यम से अंग्रेज़ी के अलावा हिन्दी में संदेश-प्रेषण की प्रक्रिया प्रारंभ हो गई है। और, फेक्स में तो भाषा की सीमा है ही नहीं। व्यक्ति और व्यवसाय पर निर्भर करता है कि संप्रेषण का माध्यम क्या होगा।

प्रबंधन सूचना प्रणाली

जीवन के हर क्षेत्र में, चाहे व्यक्ति हो या संस्था, आज वैज्ञानिक दृष्टिकोण स्थान ले रहा है। इस दृष्टि-परिवर्तन में विश्व के दूसरे देशों से हमारा बढ़ता हुआ संपर्क, भुगतान-संतुलन जैसी समस्याओं से उबरने के लिए उद्योग, वाणिज्य आदि क्षेत्रों में प्रतिस्पर्धा की अनिवार्यता, कम्प्यूटर और प्रचार माध्यमों का प्रसार आदि अनेक कारक उत्तरदायी हैं। इसके फलस्वरूप प्रबंधन की अवधारणा भी बदलती जा रही है और उसमें नये-नये आयाम जुड़ते जा रहे हैं।

सूचना प्रणाली पहले जो व्यक्ति पर आधारित थी, पारंपरिक थी उसपर अब कम्प्यूटरीकरण का प्रभाव बढ़ता जा रहा है। अब वह स्थिति आ रही है जब कार्यपालक पीसी के बल पर जमा, अग्रिम, शाखाएं, क्षेत्र, कर्मचारी आदि से संबंधित कोई भी सूचना प्राप्त कर सकता है। एक समय था जब लेजर लिखने में कितना समय बरबाद होता था, आज वही बात मशीन के स्मृतिपट पर अंकित हो गई है। पहले कार्यालय और फाइलें एक-दूसरे का पर्याय थीं लेकिन, अब कम्प्यूटरों की वजह से बिना फाइल के कार्यालय की कल्पना की जा सकती है। पत्र-लेखन और अभिलेखन, संग्रहण और समेकन, संप्रेषण और अनुवर्तन की सारी प्रक्रियाएं मानव की छत्रछाया और नेतृत्व में जब संपन्न हो रही हैं तब व्यक्ति और यंत्र का समन्वय मनोहारी लगता है।

सूचना प्रणाली के आधार हैं सूचना का संकलन, समेकन, विश्लेषण और उसके आधार पर उच्च स्तर पर निर्णय लेना। आज की प्रबंधन सूचना प्रणाली कम्प्यूटर के माध्यम से इन्हीं लक्ष्यों को साकार करने में लगी हुई है। उसकी सफलता-असफलता का निर्णय तो भविष्य ही करेगा।

संदर्भ :

1. 'Chambers' Twentieth Century Dictionary'—1964, P. 677
2. 'बृहत् हिन्दी कोश' —ज्ञानमंडल लिमिटेड, बनारस—वि० सं० 2013, पृ० 1731
3. 'विधि शब्दावली'—विधायी विभाग, विधि, न्याय और कम्पनी कार्य मंत्रालय, भारत सरकार—1979, पृ० 155
4. 'Principles and Practice of Bisiness Communication'—Rhoda Doctor and Aspi Doctor—17th Edition—1991, P. 145
5. 'प्राज्ञ पाठमाला' —राजभाषा विभाग, गृह मंत्रालय, भारत सरकार, नई दिल्ली—1984, पृ० 67
6. वही, पृ० 71-72
7. 'Chambers' Twentieth Century Dictionary'—1964, P. 213
8. 'प्राज्ञ पाठमाला'—राजभाषा विभाग, गृह मंत्रालय, भारत सरकार, नई दिल्ली—1984, पृ० 74
9. वही, पृ० 76, 77
10. वही, पृ० 77
11. 'अंग्रेजी-हिन्दी कोश'—डॉ० कामिल बुल्के—द्वितीय संस्करण—1979, पृ० 729
12. 'बृहत हिन्दी कोश'—ज्ञानमण्डल लिमिटेड, बनारस—द्वितीय संस्करण—सं० 2013, पृ० 1750
13. 'Modern Business Correspondence'—L. Gartside—Fourth Edition—1989, P. 493
14. 'Chambers' Twentieth Century Dictionary'—1964, P. 172
15. 'विधि शब्दावली'—विधायी विभाग, विधि, न्याय और कम्पनी कार्य मंत्रालय, भारत सरकार—1979, पृ० 40
16. 'निर्माण कार्य निर्देशिका'—भारतीय बैंक संघ—1991—संशोधित, पृ० 12
17. 'Modern Business Correspondence'—L. Gartside—Fourth Edition—1989, P. 444
18. 'सामान्य बैंकिंग'—इंडियन इन्स्टीट्यूट ऑफ बैंकर्स—प्रथम आवृत्ति—1990, पृ० 254
19. 'The Law of Contracts'—Dr. S. Venkataraman and shri K. Ramamoorty—Fourth Edition—1983, P. 6

20. 'निर्माण कार्य निर्देशिका'—भारतीत बैंक संघ—1991—संशोधित, पृ० 70
21. 'विधि शब्दावली'—विधायी विभाग, विधि, न्याय और कम्पनी कार्य मंत्रालय, भारत सरकार—1979, पृ० 165
22. वही, पृ० 225
23. वही, पृ० 213
24. वही, पृ० 164
25. 'बैंकिग उन्मुख हिन्दी'—पहला पाठ्यक्रम—भारतीय रिज़र्व बैंक—1981, पृ० 153
26. 'टिप्पण-दर्पण'—देना बैंक—1988, पृ० vii
27. 'Advertising' —Amita Shankar—First Edition—1991, P. 1
28. वही, पृ० 1
29. 'विधि शब्दावली' —विधायी विभाग, विधि, न्याय और कम्पनी कार्य मंत्रालय, भारत सरकार—1979, पृ० 199
30. 'विधि शब्दावली'—विधायी विभाग, विधि, न्याय और कम्पनी कार्य मंत्रालय, भारत सरकार—1979, पृ० 243
31. 'विधि शब्दावली'—विधायी विभाग, विधि, न्याय और कंपनी कार्य मंत्रालय, भारत सरकार—1979, पृ० 256
32. 'Modern Business Correspondence'— L. Gartside—Fourth Edition—1989—P. 492
33. 'प्राज्ञ पाठमाला'—राजभाषा विभाग, गृह मंत्रालय, भारत सरकार, नई दिल्ली—1984, पृ० 79

संदर्भ ग्रंथों की सूची

हिन्दी

(1) भाषा-विज्ञान कोश—डॉ० भोलानाथ तिवारी—प्रथम संस्करण—सं० 2020

(2) हिन्दी साहित्य कोश—भाग 1—ज्ञानमंडल लिमिटेड, बनारस—प्रथम संस्करण—सं० 2015

(3) बृहत् हिन्दी कोश—ज्ञानमंडल लिमिटेड, बनारस—द्वितीय संस्करण—सं० 2013

(4) बैंकिंग पत्रव्यवहार—भारतीय रिज़र्व बैंक—पहला संस्करण—1985

(5) सरल पत्रव्यवहार—विराज—1969

(6) शुद्ध हिन्दी कैसे लिखें—राजेन्द्र प्रसाद सिंह—द्वितीय संस्करण—1971

(7) पत्रव्यवहार निर्देशिका—डॉ० भोलानाथ तिवारी, डॉ० विजय कुलश्रेष्ठ—प्रथम संस्करण—1986

(8) बैंकिंग उन्मुख हिन्दी—पहला पाठ्यक्रम—भारतीय रिज़र्व बैंक—प्रथम संस्करण—1981

(9) व्यावसायिक हिन्दी—प्रो० मेदीलाल आर्य—प्रथम संस्करण—1979

(10) टिप्पण और प्रारूप-लेखन—भारतीय रिज़र्व बैंक—प्रथम संस्करण—1984

(11) प्रयोजनमूलक हिन्दी—डॉ० विनोद गोदरे—प्रथम संस्करण—1987

(12) उच्चस्तरीय बैंकिंग उन्मुख हिन्दी पाठ्यक्रम—भारतीय रिज़र्व बैंक—प्रथम संस्करण—1983

(13) अच्छी हिन्दी—रामचन्द्र वर्मा—अठारहवां संस्करण—1980
(14) प्राज्ञ पाठमाला—राजभाषा विभाग, गृह मंत्रालय, भारत सरकार, नई दिल्ली—1984
(15) सामान्य बैंकिंग—इंडियन इन्स्टीट्यूट ऑफ बैंकर्स—प्रथम आवृत्ति—1990
(16) बैंकों में ग्राहक सेवा समिति की रिपोर्ट—भारतीय बैंक संघ—1991
(17) अन्तर्देशीय साख-पत्र की समिति की रिपोर्ट—भारतीय बैंक संघ
(18) निर्माण कार्य निर्देशिका—भारतीय बैंक संघ—1991 (संशोधित)
(19) टिप्पण-दर्पण—देना बैंक—1988
(20) मानक मसौदों की पुस्तिका—केनरा बैंक—1990
(21) नवनीत—दीपावली विशेषांक—अक्तूबर, 1992

अंग्रेज़ी

(1) Britannica Encyclopaedia—Vol. 16—1986
(2) Collier's Encyclopaedia—Vol. 7—1986
(3) Chambers' Twentieth Century Dictionary—First Indian Edition—1964
(4) Modern Business Correspondence—L. Gartside—Fourth Edition—1989
(5) Communication—Vincent Nolan—1987
(6) Principles and Practice of Business Communication—Rhoda Doctor, Aspi Doctor—16th Edition—1991
(7) Banking Law and Practice in India—M. L. Tannan—Seventeenth Edition—1979
(8) High School English Grammar and Composition—Wren & Martin—1990
(9) Effective Letters in Business—Robert L. Shurter—Second Edition—1989
(10) A Manual of Bank Correspondence—Aspi Doctor—Fifth Edition—1979
(11) The Law of Contracts—Dr. S. Venkataraman and Shri K. Ramamoorty—Fourth Edition—1983

(12) Advertising—Amita Shankar—First Edition – 1991

द्विभाषिक

(1) अंग्रेज़ी-गुजराती कोश—पांडुरंग गणेश देशपांडे – प्रथम संस्करण—1970

(2) अंग्रेज़ी-हिन्दी कोश—डॉ० कामिल बुल्के—द्वितीय संस्करण—1979

(3) विधि शब्दावली—विधायी विभाग, विधि, न्याय और कंपनी कार्य मंत्रालय, भारत सरकार—1979

(4) अंग्रेज़ी-हिन्दी शब्दकोश—डॉ० हरदेव बाहरी – तृतीय संस्करण—1992

(5) बैंकिंग शब्दावली : अंग्रेज़ी-हिन्दी—भारतीय रिज़र्व बैंक—1988 और 1992

(6) सरकारी क्षेत्र के बैंकों में हिन्दी के प्रयोग से संबंधित अनुदेशों का संक्षेप (दिसंबर 1982 तक)—भारतीय रिज़र्व बैंक

□□

कोश व सन्दर्भ ग्रन्थ

राजपाल राजभाषा प्रयोग कोश (अंग्रेज़ी-हिन्दी) : गोपीनाथ श्रीवास्तव
English-Hindi Dictionary of Official Terms and Usage

शासकीय शब्द प्रयोग कोशों में अन्यतम, यह नवीन कोश सात खण्डों में है : 1. शासकीय अंग्रेज़ी वाक्यांशों के हिन्दी पर्याय, 2. व्यावहारिक अंग्रेज़ी-हिन्दी शब्द पर्याय, 3. रेलवे कार्य में प्रयुक्त अंग्रेज़ी-हिन्दी शब्द, 4. बैंक कार्य में प्रयुक्त अंग्रेज़ी हिन्दी शब्द, 5. कानूनी कार्यों में प्रयुक्त अंग्रेज़ी-हिन्दी शब्द, 6. डाक-तार शब्दावली, 7. पदनाम तथा विभागीय नाम। कोशकार उत्तर प्रदेश के वरिष्ठ भाषा अधिकारी हैं जो भाषा संबंधी अनेक केन्द्रीय तथा राज्य समितियों के सदस्य भी रहे हैं। अत्यन्त व्यावहारिक संदर्भ ग्रन्थ।

आकार : **डिमाई** **पृष्ठ** : 368 **मूल्य** : **रु.** 100.00

राजपाल हिन्दी-अंग्रेज़ी पर्यायवाची कोश : गोपीनाथ श्रीवास्तव
Hindi-English Thesaurus

इसमें हिन्दी शब्दों के समानार्थी हिन्दी पर्याय तो दिये ही हैं, साथ ही उन शब्दों के समानार्थी अंग्रेजी पर्याय भी दिए गए हैं। इस प्रकार यह पुस्तक हिन्दी भाषा-भाषी क्षेत्रों के लिए, अहिन्दी भाषी क्षेत्रों के लिए और अंग्रेज़ी भाषाभाषी व्यक्तियों के लिए समानरूप से उपयोगी सिद्ध होगी। कोश में हिन्दी शब्दों के अतिरिक्त प्रचलित अरबी और फारसी शब्द भी समाविष्ट कर लिए गए हैं।

आकार : **डिमाई** **पृष्ठ** : 271 **मूल्य** : **रु.** 90.00

विद्यार्थी हिन्दी शब्दकोश : सं. डॉ. ओंप्रकाश

विद्यार्थियों के प्रयोग में आनेवाली हिन्दी की बेसिक शब्दावली पर आधारित इस शब्दकोश में न केवल शब्दों के सरल अर्थ दिए गए हैं साथ ही आवश्यकतानुसार उन अर्थों को स्पष्ट करने वाले प्रयोग भी दिए गए हैं। अर्थ की स्पष्टता के लिए प्रत्येक पृष्ठ पर अनेक चित्र हैं। यह कोश मोटे टाइप में, बड़े साइज में, कलात्मक ढंग से, दो रंगों में छपा है।

मूल्य : **रु.** 80.00

राजपाल साहित्यिक मुहावरा कोश : हरिवंशराय शर्मा

साहित्य में भाषा के लालित्य और सौन्दर्य के लिए मुहावरों का विशिष्ट योगदान होता है। इस 'साहित्यिक मुहावरा कोश' में हजारों प्रचलित तथा अप्रचलित मुहावरों को संग्रहीत किया गया है। अब तक उपलब्ध अन्य मुहावरा-कोशों से यह कोश इस दृष्टि से भी विशिष्ट है कि सभी मुहावरे हिन्दी के प्रमुख लेखकों के ग्रन्थों से लिए गए हैं। प्रत्येक मुहावरे के साथ उसका अर्थ, साथ ही उसका साहित्यिक प्रयोग और वह उद्धरण, जिसे लेखक के ग्रंथ से लिया गया है उसका संक्षिप्त नाम भी दिया गया है। इस प्रकार यह कोश मात्र मुहावरा कोश न रहकर अपने ढंग का साहित्यिक संदर्भ ग्रंथ भी बन गया है।

आकार : **डिमाई** **पृष्ठ** : 332 **मूल्य** : **रु.** 90.00

राजपाल

अंग्रेजी-हिन्दी शब्दकोश

Rajpal English-Hindi Dictionary

सम्पादक

डॉ॰ हरदेव बाहरी

एम.ए., पी-एच.डी., डी. लिट्

इस शब्दकोश की विशेषताएँ

- अभी तक प्रकाशित सभी अंग्रेज़ी-हिन्दी शब्दकोशों से अधिक उपयोगी और ज्ञानवर्धक।
- अंग्रेज़ी के सभी शब्दों के हिन्दी अर्थ के साथ ही प्रायः अंग्रेज़ी अर्थ और प्रयोग भी।
- शब्दों का हिन्दी में उच्चारण, व्याकरणिक कोटि तथा उनका उपयोग भी यथासंभव दिया गया है।
- वैज्ञानिक तथा तकनीकी शब्दों के अर्थ सम्मिलित किये गये हैं।
- ब्रिटिश अंग्रेज़ी, अमरीकी अंग्रेज़ी तथा अंग्रेज़ी में प्रचलित अन्य यूरोपीय भाषाओं के शब्द और उनके अर्थ भी सम्मिलित हैं।
- शब्दों के भिन्न-भिन्न अर्थों के साथ उनकी विषय संबंधी पृष्ठभूमि अर्थ से पूर्व दी गई है तथा और अधिक स्पष्टता के लिए विभिन्न अर्थों को क्रमशः 1;2;3 देकर दिया गया है।
- उपसर्ग (prefix), प्रत्यय (suffix) तथा संक्षिप्त रूपों (abbreviations) आदि को यथास्थान पर दिया गया है।
- अंग्रेज़ी में प्रचलित कहावतों, मुहावरों और लोकोक्तियों को, संबंधित शब्दों के साथ ही अर्थ सहित प्रस्तुत किया गया है।
- अध्यापक हो अथवा विद्यार्थी, अनुवादक हो या शोधार्थी-सभी की शब्दार्थ संबंधी आवश्यकताओं को पूरा करता है यह शब्दकोश।

फोटो टाइप सैटिंग
आफसेट की छपाई।
डिमाई साइज।
पक्की जिल्द। पृष्ठ संख्या : 948

मूल्य : 130.00

शिक्षार्थी

हिन्दी-अंग्रेजी शब्दकोश

Learners' Hindi-English Dictionary

सम्पादक

डॉ. हरदेव बाहरी

एम.ए., पी-एच.डी., डी. लिट्

इस शब्दकोश की विशेषताएँ

- भाषा की बारीकियों को सिखाने के उद्देश्य से 'लर्नर्स' अथवा 'शिक्षार्थी' श्रेणी के अंग्रेज़ी में कई शब्दकोश हैं मगर यह शब्दकोश सबसे अधिक उपयोगी, ज्ञानवर्धक और प्रामाणिक है।

- हिन्दी के 10,000 से ज़्यादा शब्दों का रोमन लिपि में सही उच्चारण, उनसे बनने वाले लगभग सभी वाक्यांशों, मुहावरों और लोकोक्तियों के अंग्रेजी अर्थ इस शब्दकोश में दिये गये हैं।

- यह शब्दकोश एक बहु-आयामी शब्दकोश है क्योंकि जहाँ यह अंग्रेजी-भाषियों को हिन्दी सिखाता है वहीं हिन्दी भाषी इससे अंग्रेजी सीख सकते हैं।

- हिन्दी से अंग्रेजी में अनुवाद करने वालों के लिए यह बेहद उपयोगी है।

- शब्दकोश के अन्त में दस उपयोगी परिशिष्ट हैं जिनमें वर्गीकृत शब्दावलियाँ, तौलमाप, मुद्रा, भारत की भाषाओं, त्यौहारों, प्रमुख व्यक्तियों, पौराणिक व ऐतिहासिक व्यक्तियों तथा भारत के गज़ेटियर सम्बन्धी महत्वपूर्ण सामग्री दी गयी है। ये परिशिष्ट हिन्दी सीखने वाले विदेशियों के लिए विशेष रूप से उपयोगी हैं।

फोटो टाइप सैटिंग
आफसेट की छपाई।
डिमाई साइज।
पक्की जिल्द। पृष्ठ संख्या : 758

मूल्य : 110.00